Jennifer Granger

Die unterdrückte Weiblichkeit

Wie Frauen darunter leiden, Männerrollen spielen zu müssen

Aus dem Englischen übersetzt von Annette Charpentier

L•E•O

L · E · O Verlag ist ein Imprint der Scorpio Verlag GmbH & Co. KG,
herausgegeben von Michael Görden

FSC
www.fsc.org
MIX
Papier aus verantwortungsvollen Quellen
FSC® C014496

Published by Arrangement with by Weinstein Books
A member of the Perseus Books Group New York
Die Originalausgabe ist erstmals 2014 bei Perseus Books LLC. erschienen.
Titel der amerikanischen Originalausgabe:
Feminine Lost - Why most woman are male

Umschlaggestaltung: Torge Niemann, WRAGE
Satz: BuchHaus Robert Gigler, München
Druck und Bindung: GGP Media GmbH, Pößneck
ISBN 978-3-95736-021-2

Mehr über unsere Bücher

www.leoverlag.de

FÜR MEINEN MANN IGGY SOOSAY
UND MEINEN SOHN ROBERT GRANGER.
DANKE!

Inhalt

TEIL EINS

TEIL ZWEI

TEIL DREI

TEIL
EINS

KAPITEL 1

Wie haben wir uns nur so verirrt?

SIE: »ICH HALTE MAL AN, DAMIT WIR NACH DEM WEG FRAGEN KÖNNEN.«
ER: »NEIN, DAS FINDEN WIR SCHON – FAHR WEITER.«

UNSERE WEIBLICHKEIT IST VIELLEICHT VERSCHWUNDEN – ABER NICHT AUF IMMER

In den letzten sechzig Jahren sind die Unterschiede zwischen den Geschlechtern derartig verschwommen geworden, dass es kaum überrascht, wenn wir nicht mehr genau wissen, auf welcher Seite wir stehen. Frauen sind immer ehrgeiziger und kämpferischer geworden und verhalten sich nun in vielerlei Hinsicht genau so wie Männer. Die Gleichheit, die die Frauen zu erreichen hofften, liegt immer noch in weiter Ferne. Gleichzeitig wurden die Männer dabei immer verwirrter und wissen nun nicht mehr, wann, wie und wo sie sich »männlich« verhalten sollen. Ein Date ist keine simple Angelegenheit mehr. Wer weiß schon, was erwartet wird und wie der andere auf bloße Gesten reagieren wird? Ob im Schlafzimmer oder im Aufsichtsrat, wir befinden uns in einer anderen Welt. Gesellschaftliche Veränderungen haben die traditionellen Männer- und Frauenrollen zu einem Grad ausgehöhlt und verändert, dass heute quasi alles erlaubt ist. Doch in Wirklichkeit funktioniert das alles nicht. Fragen Sie sich doch einmal selbst oder Ihre Freunde, ob sie wirklich mit ihren intimen und zwischenmenschlichen Beziehungen zufrieden sind. Oder fragen Sie einen jeden, der in den letzten vierzehn Jahren mein Sprechzimmer betreten hat.

Warum mein Sprechzimmer hier als Barometer dient? Nun, in den letzten vierzehn Jahren habe ich transformationales Coaching nicht nur von meinem Büro mitten in Melbourne aus angeboten, sondern auch per Telefon und Skype. Ich habe unglückliche, unausgefüllte und unsichere Männer und Frauen aus aller Welt kennengelernt. Ich habe mit Klienten in Sydney, New York, Los Angeles, Monaco, Singapur, London und an allen möglichen anderen Orten gearbeitet.

Lassen Sie mich eiligst darauf hinweisen, dass meine Klienten zwar nach Lösungen suchten, aber gleichzeitig erfolgreiche und hochintelligente Menschen waren. Die meisten waren kreativ tätig oder nutzten ihre beträchtlichen Führungsqualitäten als Manager in einer großen Gesellschaft, als Leiter einer wohltätigen Institution oder als Unternehmer in ihrer eigenen erfolgreichen Firma. Sie hatten sich an mich gewandt, weil sie ihr Leben in diesen wirren Zeiten schwer zu begreifen fanden. Sie wussten nicht genau, was ihnen fehlte, aber spürten, dass es sich um etwas sehr Wichtiges handelte. Sie suchten nach einem tieferen Sinn im Leben in der Erkenntnis, dass materieller Erfolg unbefriedigend bleibt, wenn er nicht von grundlegender Selbsterkenntnis und zufriedenstellenden privaten Beziehungen untermauert wird.

Ich habe im Laufe der Jahre vieles von meinen Klienten gelernt. Meine Arbeit beginnt stets bei ihren beruflichen Problemen, doch sehr schnell gehen wir über zu den privaten Beziehungen und konzentrieren uns auf diesen Bereich. In neun von zehn Fällen scheint sich das Problem um eine intime, persönliche Beziehung zu drehen, die aus dem Gleichgewicht geraten ist und Chaos verursacht. Aber Unruhe zu Hause oder in einem selbst macht sich unausweichlich auch am Arbeitslatz bemerkbar, und wie bei so vielen Dingen muss zuerst die Ursache behandelt werden, ehe die Lage sich bessern kann.

EIN NEUES VERHÄLTNIS ZWISCHEN MÄNNERN UND FRAUEN

Aus den Berichten meiner Klienten ergab sich allmählich, dass sie verschiedenen Kategorien angehörten und sozusagen verschiedene »Typen« waren. Wenn sie die Herausforderungen durch Partner, Freunde, Kollegen oder Bosse beschrieben, erkannte ich, dass auch diese bestimmte »Typen« darstellten.

Aufgrund meiner Laufbahn in der Wirtschaft war es für mich leicht, Empathie mit meinen Klienten und deren Problemen zu empfinden, denn ich hatte ähnliche Situationen erlebt und war selbst vielen der beschriebenen schwierigen Typen begegnet. Ich hatte fünfundzwanzig Jahre lang in verschiedenen multinationalen Gesellschaften als Marketingdirektorin gearbeitet und auf meinen Geschäftsreisen alle möglichen herausfordernden Persönlichkeiten kennengelernt. Viele von ihnen versuchten ständig, alles und jeden zu kontrollieren.

Aufgrund meiner Erfahrung in der Wirtschaft und nach mehr als einem Jahrzehnt als Lifestyle-Coach konnte ich die Dynamik zwischen Männern und Frauen immer deutlicher erkennen und zu einem neuen Mann-Frau-Paradigma entwickeln.

Ich begriff allmählich, warum zwischenmenschliche Beziehungen zu einem so bedrohlichen Minenfeld geworden waren und warum alle früheren Strategien, dies zu bewältigen, für die Männer und Frauen, die zu mir kamen, nicht mehr funktionierten. Sie brauchten eine neue Perspektive, den Graben zwischen den Gechlechtern zu erkennen und zu überbrücken, ehe er zum unüberwindbaren Grand Canyon wurde. Sie mussten herausfinden, wie sie mit dem neuen Persönlichkeitstyp umgehen konnten, der sich aufgrund der tief greifenden Gesellschaftsveränderungen nach dem Zweiten Weltkrieg entwickelt hatte.

Ich möchte in diesem Buch beschreiben, was ich gelernt habe. Meine persönlichen Erfahrungen fließen dabei natürlich ein, aber mein Hauptziel ist, Ihr Leben zu verbessern, indem Sie Ihre Mitmenschen so erkennen, wie sie tatsächlich sind. Diese Einsichten werden Ihnen helfen, sich selbst und Ihre Motivationen besser zu verstehen, denn dieses neue Paradigma betrifft sowohl innere als auch äußere Erkenntnisse.

EINE NEUE SPRACHE

Neue Ideen verlangen nach einer neuen Sprache. Ich werde meine Terminologie in Kapitel 4 ausführlicher erklären. Sie werden erkennen, dass die Grundlagen dieser neuen Konzepte so alt sind wie unsere ältesten Zivilisationen. Im Laufe der Jahrhunderte haben spirituelle Weisheiten und Einsichten immer schon unsere wahren innermenschlichen Prozesse verständlich gemacht. Wenn wir diese universalen Konzepte auf das übertragen, was sich uns heute stellt, wird manches vom gegenwärtigen tagtäglichen Umgang zwischen Männern und Frauen klarer. Sie als Leser reagieren dann vielleicht genauso wie so viele meiner Klienten: »Ach ja, das erklärt manches!«

UNSERE WAHRE NATUR LÜGT NICHT

Meine Arbeit führte dazu, dass ich mehrere Kategorien identifizieren konnte, in die heutige Männer und Frauen fallen. Es gibt darüber hinaus sicher noch andere Archetypen, aber ich konzentriere mich hier auf die verschiedenen Typen von männlich-orientierten Frauen und auf deren männliche Gegenpole, die sich stärker weiblich orientieren als jemals zuvor. Das Ganze ist wie eine Seifenoper: Was spielt sich zwischen diesen modernen Archetypen ab? Schlechtes Benehmen? Tyrannei? Manipulation? Märtyrertum? Ja, das kommt alles vor. Man fragt sich vielleicht, wie manche Leute es schaffen, Tag für Tag die Rolle des Ausnutzers zu spielen, aber dieses Buch wird Ihnen klarmachen, was sich hier abspielt. Sie werden es schließlich viel leichter finden, die Schmarotzer, die Ausnutzer und die Machthungrigen zu erkennen. Sie werden auf den ersten Blick den Kern der Menschen wahrnehmen, die Ihnen begegnen, damit sie eine vernünftige Beziehung zu ihnen aufbauen und gleichzeitig nachteilige Verhältnisse und die damit verbundenen Unannehmlichkeiten vermeiden können.

Ich beschreibe die Archetypen als realistische Fallbeispiele. Einige Einzelheiten wurden dabei natürlich verallgemeinert, aber Sie werden den Typus trotzdem sofort irgendwo in Ihrer Umgebung erkennen. Ich habe zur Verdeutlichung Personen ausgewählt, die fast sämtliche archetypischen Eigenschaften verkörpern. Menschen sind nicht immer schnell und leicht einzuordnen, doch als geübter Beobachter erkennt man bald, wie die Charakteristika eines bestimmten Archetyps allmählich auftauchen.

Ehe ich diese Kategorien kurz vorstelle, müssen Sie noch wissen, dass diesem Mann-Frau-Paradigma die Annahme zugrunde liegt, dass wir alle eine männliche und eine weibliche Seite haben, egal, ob wir nun heterosexuell, homosexuell, bisexuell oder transsexuell sind. Das heißt, dass wir alle irgendwo auf dem Spektrum zwischen männlich und weiblich angesiedelt sind, je nach Ausgewogenheit dieser Kräfte in uns.

Im Alltag demonstrieren wir entsprechend unserer natürlichen Veranlagung und der gestellten Aufgabe unsere männliche und weibliche Seite mehr oder minder ausgewogen. Dies werde ich in den folgenden Kapiteln noch ausführlicher erklären. Hier beschreibe ich lediglich kurz die Grundtypen, die ich entdeckt habe, damit Sie eine Vorstellung davon bekommen, worauf dies alles hinausläuft.

DIE NEUE WELT VON FRAUEN UND MÄNNERN

Der erste neue Archetyp ist die Andro-Frau, die weiblich zur Welt kam und ihre maskulinen Aspekte nutzt, um Dominanz zu erreichen, wobei ihre weiblichen Aspekte fast gänzlich ausgeblendet werden. Sie kleidet sich wie eine Frau, trägt elegante Kostüme und hat eine gepflegte Frisur, aber sie legt sich mit jedem an, der sich ihr in den Weg stellt. Vielleicht stellt sie sich auch als *Tugendhafte* oder als *Schurkin* dar. Sobald Sie mehr über diese Variation erfahren, wissen Sie auch, wie man am besten mit diesem Frauentyp im Alltag umgeht.

Der nächste Archetyp ist die *Gutmütige*. Sie kam in einem weiblichen Körper zur Welt und kann eigentlich ziemlich flexibel zwischen weiblichem und männlichem Aspekt wechseln. Doch in ihrem gnadenlosen Streben, Dinge zu erledigen, bedient sie sich größtenteils ihrer männlichen Eigenschaften. Gewöhnlich arbeitet sie zum Nutzen anderer, selten für sich selbst. Dieser Mangel an Ausgewogenheit wird für diesen Archetyp bald problematisch, aber sie ist oft die Letzte, die diese Gefahr erkennt – denn sie hat einfach viel zu viel zu tun.

Als Nächstes haben wir die Frau, die Macht anstrebt, aber nicht die geringste Absicht hat, sich dafür einzusetzen. Ich nenne diesen Archetyp die Frau mit falscher Weiblichkeit – kurz: *Faux Fem*. Diese Frau findet mit Sicherheit jemanden, der sich ihrer annimmt, jemanden, den sie in ihre Nähe bindet, damit er all ihre Wünsche erfüllt. Das Verhalten dieser Frau zu ändern ist sehr schwierig, denn dieser Archetyp sperrt sich energisch gegen Veränderungen. Warum soll man schließlich arbeiten, wenn man es nicht nötig hat, nicht wahr?

Der vierte Archetyp ist der *Panther*. Diese Frau ist ein Raubtier. Sie bewegt sich schleichend wie eine Katze, ist meist älter, hat gute Verbindungen, ist elegant gekleidet und sehr oft wohlhabend. Sie ist auf der Jagd nach jüngeren Männern, an deren Seite sie sich lebendiger fühlt, aber diese einseitigen Beziehungen enden oft schmerzlich für die Pantherfrau und ihren jungen Gespielen. Wir werden den Grund dafür herausfinden, wenn wir ihre wahren Absichten und Motive erkunden. Wir erfahren auch, was sich in dem jungen Mann abspielt, der sich von ihr einfangen lässt.

Nun wollen wir die Männer in unserer Welt betrachten. Als Erstes haben wir den *Sensiblen*, eine Person, die als Mann zur Welt kam und als Mann operiert, aber ohne Umschweife seine weibliche Seite akzeptiert. Er hat das Gleichgewicht zwischen Yin und Yang gefunden und weiß, wie er seine Weiblichkeit ausdrücken kann. Er bewegt sich locker in beiden Welten und ist ein

Held unter Männern, aber mit einem mitfühlenden Ohr für die Frauen. Leider aber ist dieser Typ so selten, dass man ihn auf die Liste der vom Aussterben bedrohten Wesen setzen sollte. Er ist schwer zu finden, aber die Suche durchaus wert. Lesen Sie weiter und Sie erfahren, wie man einen solchen Mann erfolgreich anziehen kann.

Doch derweil begegnen Ihnen andere Männer wie der *Pseudo-Maskuline* oder der *Extrem Weibliche*. Der erste sieht vielleicht aus wie ein Macho, der zweite tritt vermutlich eher als Metrosexueller auf. Beide Typen kleiden sich männlich, ob in Latzhosen oder feines Tuch, und sie sind hinter Frauen her. Aber vermutlich wollen Sie weder von dem einen noch dem anderen erobert werden. Alle Frauen sind für die Täuschungen dieser Typen empfänglich, doch Sie müssen begreifen, was sich hier abspielt.

EIN PFAD DURCH DIESEN DSCHUNGEL

Jetzt haben Sie also einen ersten Eindruck von diesem neuen Mann-Frau-Paradigma. Wir haben gut gekleidete Frauen am Arbeitsplatz kennengelernt, die sich wie Männer auf einem Powertrip benehmen und gnadenlos vorgehen. Und wir haben Männer, die wie Rugby-Spieler aussehen, aber ihre weibliche Seite zeigen können. Wer kann zum Vorbild für eine gesunde Mann-Frau-Beziehung werden? Sie haben jedes Recht, zu fragen: Was spielt sich hier eigentlich ab, und wie ist es so weit gekommen? Wie schlecht steht alles?

Ich glaube, wir erleben heutzutage eine Dynamik zwischen Männern und Frauen, wie sie noch nie zuvor existiert hat. Und ich fürchte, bis wir dies und den Prozess, der dazu geführt hat, voll begreifen, sind wir zu Hause und am Arbeitslatz zu unglücklichen Beziehungen verdammt. Doch sobald Sie die hier dargebotenen Informationen verarbeitet haben, werden Sie in der Lage sein, auf allen Ebenen Ihrer zwischenmenschlichen und intimen Beziehungen bessere Entscheidungen zu treffen.

Im nächsten Kapitel gehen wir näher auf den verbreitetsten

Archetypus ein, die *Gutmütige*, die sich in einer dramatischen Situation befindet und vor einem Zusammenbruch steht, wie ich ihn niemandem wünsche. Doch Sie werden erkennen, dass dies jedem zustoßen kann. Vermutlich erkennen Sie sich in dieser Fallstudie entweder selbst oder jemanden, den Sie gut kennen. Solche Zusammenbrüche passieren Tausenden von Frauen weltweit, mit der Folge, dass in deren eigenem Leben und dem ihrer Partner und Kinder das Chaos ausbricht.

KAPITEL 2
Fragen beim Aufwachen

SIE FRAGT: »SCHLÄFST DU?«
ER ANTWORTET: »JA.«

GEFAHRENZEICHEN OHNE REAKTION

Jenna lag auf ihrer Sonnenliege am exklusiven Strand von Palm Cove am australischen Great Barrier Reef. Sie fragte sich, warum sie sich so elend fühlte, wenn sie sich doch angeblich mitten im Paradies befand. Seit zwei Monaten war ihr Körper angespannt und völlig erschöpft. Und leider hatte sich dieser Zustand in den zwei Wochen Urlaub, zu denen sie sich gezwungen hatte, in keiner Weise verbessert. Tag für Tag lag sie am Strand und wartete geduldig auf ein Zeichen, dass das Unwohlsein, das sie am ganzen Körper spürte, allmählich nachließ. Aber das passierte nicht.

Da bemerkte sie, wie unter dem Pier ein fast drei Meter langes Krokodil auftauchte und direkt auf sie zu auf den Strand kroch. Ja, genau, ein Krokodil. Das Reptil war aufgrund der vergangenen tropischen Regengüsse gezwungen worden, sein Versteck aufzugeben, was im nördlichen Queensland keineswegs ungewöhnlich ist. Die anderen Badenden erkannten die Gefahr, packten rasch ihre Sachen zusammen und rannten so schnell wie möglich in Sicherheit.

Jenna hingegen war so ausgebrannt und erschöpft, dass es ihr nicht ungewöhnlich vorkam, dass ein riesiges Krokodil direkt auf sie zukam. Endlich wurde sie von den Rufen eines Fremden aus ihrer Trance gerissen, der ihr mit panischen Handbewegungen bedeutete, ja den Strand zu verlassen. Jenna erkannte schließlich, dass sie kurz davorstand, von einem Krokodil gefressen zu werden, stand auf und verließ die Gefahrenzone. Dieses knappe Entrinnen machte ihr klar, wie weit sie ihre übliche Lebendigkeit und emotionale Gesundheit hinter sich gelassen hatte.

BIS ZUM UMFALLEN

Jennas schlechter Zustand war drei Wochen zuvor offenkundig geworden, als sie morgens vor der Arbeit in der Dusche zusammenbrach. Es war, als hätte sie eine kosmische Grenze erreicht, ohne zu wissen, dass es überhaupt eine Grenze gab. Doch es war nicht etwa so, dass sie keine Ahnung hatte, wie gesund oder unwohl sie sich fühlte. Im Gegenteil, sie hatte sich schon jahrelang mit Energiearbeit befasst und begriff sehr wohl den Zusammenhang zwischen Körper, Seele und Verstand. Trotzdem hatte Jenna immer schon alles übertrieben, und diesmal war sie zu weit gegangen. Sie hatte geglaubt, ihre anstrengende Arbeit gut bewältigen zu können, aber ihr letzter Auftrag hatte sie in eine sehr herausfordernde Position in einem weitab gelegenen Landesteil geführt. Schließlich war ihr alles zu viel geworden. Nicht einmal ein wochenlanger Urlaub in der Sonne würde sie diesmal heilen.

Abgesehen davon war Jenna alleinerziehende Mutter eines Teenagers, und sie sorgte sich, dass ihr Sohn aufgrund ihrer häufigen Geschäftsreisen nicht genügend Fürsorge und Routine hatte. Außerdem litt sie immer noch unter den Nachwirkungen einer katastrophalen Scheidung. Nach dem Zusammenbruch in der Dusche machten die Ärzte eine Reihe von Tests und Untersuchungen, die aber alle nichts erbrachten. Schließlich einigte man sich auf »chronischen Erschöpfungszustand« als Diagnose und schlug Antidepressiva vor. Aber Jenna mochte keine derartigen Medikamente nehmen und glaubte weiterhin fest daran, dass es bestimmt ein anderes Heilmittel für ihren Zustand gab.

PARALLELEN ZWISCHEN JENNAS GESCHICHTE UND IHRER EIGENEN

Sie haben vermutlich schon erraten, dass Jenna und ich identisch sind. Ihre Geschichte ist meine Geschichte, aber ich wollte sie in der dritten Person erzählen, damit man leichter erkennt, dass dieses Szenarium dem von Millionen von Frauen in der Welt heute ähnelt, die alle zu viel arbeiten. Vermutlich erkennen Sie, liebe Leserin, auch einen Teil von sich selbst in Jennas Geschichte. Und wenn Sie ein Mann sind, kennen Sie vermutlich jede Menge Frauen, die so leben. Frauen, die nicht einmal merken, dass sie viel zu viel arbeiten, indem sie die Rollen von Frau und Mutter spielen, dazu voll- oder teilzeitbeschäftigt sind und darüber hinaus alle möglichen Funktionen übernehmen. Erst wenn sie unter dem Stress zusammenbrechen, fällt diese Überlastung den Menschen in ihrer Umgebung auf.

Ja, ich war also die Frau, die in der Dusche zusammenbrach und die unbewegt auf das herannahende Krokodil am Strand starrte. Das waren Alarmzeichen, die ich niemals vergessen werde, Alarmrufe, die in meinem Kopf schrillten: Gefahr! Gefahr! Gefahr! Da wusste ich, dass ich mein Leben wieder unter Kontrolle bekommen musste, und zwar ein für alle Mal. Vielleicht haben Sie Ähnliches erlebt und gelangten an einen Punkt, wo Sie Bestand aufnehmen mussten, um anschließend eine neue Richtung im Leben zu finden. Ich steckte in einer abgelegenen Ecke von Nordaustralien und fragte mich, was als Nächstes geschehen musste. Ich wusste, dass meine Arbeit für mich nicht richtig war, aber als Alleinerziehende hatte ich zu viel Angst, die gute Position in einer großen Firma aufzugeben. Ich war für meinen Sohn verantwortlich, bis er seine Erziehung abgeschlossen hatte – das dachte ich zumindest. Aber jetzt wusste ich, dass ich diesen Plan ändern musste, weil ich andernfalls vielleicht nicht mehr in der Lage wäre, auch nur für mich selbst aufzukommen. Ich steckte wirklich und wahrhaftig in einer dunklen Nacht der Seele.

DIE WURZELN MEINER MALAISE

Ich begann, über mein Leben nachzudenken. Wann hatte all dies angefangen, diese völlige Unausgewogenheit in meinem Leben? Meine Mutter war sehr spiritualistisch veranlagt, und schon als ich sieben war, wussten wir beide, dass ich ihre Gabe geerbt hatte. Diese Erkenntnis machte sie keineswegs glücklich. Da meine Mutter nicht wusste, wie sie mit ihrer Gabe in einer normalen Umwelt umgehen konnte, hatte sie sie fast ihr ganzes Leben lang verheimlicht. Meine Großmutter hingegen konnte ihr seltenes Talent sehr gut mit ihrem Alltag verbinden, aber sie war leider schon gestorben, als ich noch sehr klein war. Ich hatte also die Gabe, aber keinen Mentor, und so ging ich damit genauso um wie meine Mutter. Ich stritt ab, was ich fühlte, oder tat so, als würde ich nicht mehr wissen als alle anderen. Doch diese Haltung würde sich nun ändern müssen.

Von meiner spirituellen Perspektive aus erkannte ich, dass meine chronische Erschöpfung eine Krankheit der Seele darstellte. Mir wurde unzweifelhaft die Botschaft gegeben, dass ich nur gesund werden konnte, indem ich genauer über mein Leben nachdachte und alles überprüfte. Ich musste die Verantwortung für mein Talent übernehmen und mit der inneren Arbeit beginnen, die ich schon so lange vernachlässigt hatte.

HEILUNG VON INNEN HERAUS

Als Erstes entschloss ich mich, die Dynamik der Psychosomatik zu erforschen, die Rolle, die der Verstand bei der Entstehung von Krankheiten spielt. Ich fand nicht viel Literatur zu diesem Thema, aber letztendlich wurde mir gezeigt, wie ich die Quellen fand, die ich brauchte. Mich interessierte besonders die These, dass die seelische Gesundheit eines Menschen in direktem Zusammenhang damit steht, wie anfällig man für körperliche Krankheiten ist. Ich lernte bei meinen Studien, dass es eine wichtige Rolle bei familientypischen Krankheiten und genetischen Bedingungen spielt, wenn Familienangehörige ähnliche Ansichten und Überzeugungen teilen. Ich erkannte fasziniert, dass diese gemeinsamen und eindeutigen Glaubenssysteme innerhalb einer Familie bestimmte ähnliche Krankheitsbedingungen erzeugten.

Meine Studien führten mich natürlicherweise zur weiteren Selbsterforschung. Ich fand immer mehr Beweise für einen neuen Denkansatz hinsichtlich Krankheiten. Ich übernahm einige der Strategien, auf die ich stieß, verarbeitete sie und entwickelte sie weiter. Und bald darauf stellte ich fest, dass sich mein Zustand verbesserte!

Aber das alles war nicht leicht, und es gab auf diesem Weg keine Abkürzungen. Mein Verdauungssystem funktionierte beispielsweise nicht gut, und ich musste tief in mir nach dem Grund dafür forschen. Dabei entdeckte ich, dass die Unfähigkeit meines Körpers, der Nahrung Nährstoffe zu entnehmen, direkt zu meiner Überzeugung führte, dass meine gegenwärtigen Lebenserfahrungen mir ebenfalls nichts Wertvolles boten. Ich musste mich der Tatsache stellen, dass die Arbeit für eine große Firma mir nichts mehr bot – und das hatte ich eigentlich schon seit Jahren gedacht. Aber ich hatte zwangsläufig solche Gefühle und Gedanken verdrängt, bis mir nun schmerzlich klar wurde, dass meine gewählte Karriere völlig sinnlos für mich war. Als ich das erkannte, musste ich nicht nur diesen Gedanken akzeptieren, sondern auch die Konsequenzen daraus ziehen.

Glücklicherweise bot sich eine Lösung. Meine neue Denkweise in Bezug auf Gesundheit und Wohlbefinden wurde zum wichtigen Katalysator, auch alle anderen Aspekte meines Denkens kritisch unter die Lupe zu nehmen. Falls ein Gedanke sich als wenig hilfreich erwies, änderte ich ihn. Kein Gedanke und keine Bedingung waren für meine Forscherneugier zu geringfügig. Als ich diesen Prozess grundsätzlich für mich akzeptierte, ergab sich eine vollständige Verwandlung meines Lebens. Langsam, aber sicher kehrten meine Lebenskräfte zurück. Meine Vitalität war wiederhergestellt, und ich erkannte, dass es nun an der Zeit war, herausfordernde und aufregende Entscheidungen zu treffen.

DER KERN EINER NEUEN KARRIERE

Mit meiner wiedergewonnenen Energie begann ich eine Reise der Entdeckungen, die viel interessanter war als alle meine beruflichen Positionen bisher. Es ging mir besser, und ich begann darüber nachzudenken, wie viele andere Menschen ebenfalls auf diese Weise an ihre Grenzen stoßen. Ich fand meinen Weg durch Leid und Erschöpfung, und ich wusste nun, dass die Lösungen, die ich allmählich fand, auch für andere angebracht sein mochten.

Schon Jahre zuvor hatte ich Meditation als Teil meiner spirituellen Praktiken studiert. Das war ebenso lohnenswert wie anstrengend gewesen. Ehe ich in den Norden gezogen war, hatte ich sogar kleine Gruppen in Meditation geleitet. Mit meinen neu gewonnenen Lebensansichten schien nun ein guter Zeitpunkt, wieder Meditationskurse abzuhalten, aber diesmal untermauert von allem, was ich in der Zwischenzeit gelernt hatte. Dass die Verleugnung des Selbst wie Gift wirkt, hatte ich aus erster Hand erfahren, aber ich wusste nun auch, dass ich einen so toxischen Lebensansatz nur sehr allmählich aufgeben konnte. In meinem ersten Kurs setzte ich dies als Grundlage unserer Übungen fest: Wir würden unser emotionales Gepäck weder vergraben noch verleugnen, sondern uns allem offen stellen. Ich begann mit einem Thema, in dem ich mich gut auskannte: dem Chakrensystem der Energiepunkte im Körper. Dies benutzte ich als Teil einer Strategie, um Menschen zu helfen, die volle Wahrheit über sich selbst herauszufinden.

Diese Kombination von meinen intuitiven Gaben und dem jahrelangen spirituellen Training passte gut zusammen. Mein Leben war wie umgewandelt, denn der Grabenkrieg zwischen meiner beruflichen Welt und meinem inneren Ich war vorüber. Ich strahlte wieder Selbstbewusstsein und Vitalität aus, und ohne es selbst zu merken, wurde ich zum Rollenvorbild für Frauen, die nach mehr Wohlbefinden suchten, das in ihrem Leben zu fehlen schien. Einer nach dem anderen, überwiegend Frauen, bat mich um Hilfe, wie man wieder mehr Gleichgewicht und Ausgewogeheit zwischen Arbeit und Privatleben schaffen und eine Ruhezone inmitten dieses hektischen Lebens finden konnte.

Während meine Kurse immer voller wurden, verlangten meine Schüler ständig nach mehr und wurden immer ehrgeiziger. Den meisten ging es zwar besser, und das gefiel ihnen, aber sie wollten auch tiefer dringen, um jene zutiefst persönlichen Probleme zu lösen, die den Weg zu wahrem Frieden versperrten.

MEIN WEG ZUM TRANSFORMATIONALEN COACHING

Soweit ich wusste, gab es für meine Arbeit noch keinen Namen, aber es machte mir Spaß, und alles war sehr aufregend. Ich mochte die Menschen, die mich um Hilfe baten, vielleicht weil sie mich so stark an mich selbst vor noch wenigen Jahren erinnerten. Sie waren alle in meinem Alter, diese viel beschäftigten Geschäftsleute, die Aufsteiger in großen Firmen, die kreativen Unternehmer und die allgemein völlig erschöpften Frauen.

Im Australien der späten Neunziger gab es nur eine Handvoll von sogenannten »Lifestyle Coaches«. Mir war klar, dass dieser Titel meine Arbeit nicht genau bezeichnete, aber immer wenn jemand mich als seinen oder ihren »Coach« bezeichnete, dachte ich: »Okay, ich helfe den Leuten, ihr Leben zu transformieren, vielleicht bin ich daher ein Transformations-Coach.« Das war der neue Beruf, nach dem ich gesucht hatte. Er passte mir ausgezeichnet.

Mit einer Kombination aus Coaching und Anregungen, wie meine Klienten mehr Ausgewogenheit in ihren körperlichen Energien finden konnten, verwandelte ich deren Leben tatsächlich. Dadurch wurden sie glücklicher und gelassener im Alltag –

genauso wie ich es auch für mich erhofft hatte. Aber zu meiner Überraschung erlebten sie auch häufig riesige Fortschritte im Berufsleben und finanziell. Sobald sie ihr ureigenes Gleichgewicht gefunden hatten und sich eins mit sich fühlten, bekamen sie oft das Gefühl, die ganze Welt erobern zu können.

Meine Coaching-Praxis entwickelte sich immer besser, und allmählich fiel mir auf, dass zwischen den Problemen der Frauen und Männer oft große Ähnlichkeit bestand. Ich stellte auch fest, dass meine Klientinnen aus der Wirtschaft sich in Gruppen aufteilen ließen, die ähnliche Denkweisen aufwiesen. Das war der Beginn meines Konzepts der Archetypen, das ich in diesem Buch vorstelle. Es dauerte weitere zehn Jahre, um diese Theorie voll zu entwickeln. Dank meiner spirituellen Arbeit war mir schon seit Langem klar, dass wir als Menschen einen energetischen wie auch einen physischen Körper haben und dass unser energetischer Körper eine Doppelnatur hat: Jeder hat einen weiblichen und einen männlichen Aspekt in sich, und es geht uns am besten, wenn diese beiden Aspekte ausgeglichen sind.

TATEN SPRECHEN LAUTER ALS WORTE

Mir fiel auch auf, dass viele weibliche Klienten sich so verhielten wie das männliche Stereotyp, doch sie schienen sich dieser Tatsache keineswegs bewusst zu sein. Ich bin in einer ausgeprägt männlichen Umwelt in Südafrika groß geworden und wusste aus erster Hand, dass Männer mit hohem Testosteronspiegel stets sämtliche männlichen Positionen in ihrer Umgebung besetzten. Die Frauen in diesem Umfeld müssen ihr Verhalten dementsprechend anpassen. Schon als Kind fand ich diese Verhaltensmuster faszinierend, und diese frühen Erfahrungen haben mir vieles über Maskulinität beigebracht.

Viele jüngere Frauen heutzutage sind sich nicht bewusst, wie dramatisch die feministische Bewegung den Umgang zwischen Männern und Frauen verändert hat. Das überrascht nicht, denn die meisten sind in einer eher ausgewogenen Umgebung groß geworden. Warum sollten sie an den früheren Bedingungen interessiert sein? Aber meiner Ansicht nach sollten ihnen diese historischen Aspekte deutlicher bewusst sein. Meine Klientinnen sind gebildet und erfolgreich, aber sie scheinen nur wenig Ahnung zu haben, wie sich die »weibliche« Seite ihres Lebens ausgebildet hat. Wenn ich ihnen diese historischen Aspekte verdeutlichte und demonstrierte, wie wichtig es sei, sowohl die männlichen als auch die weiblichen Teile in sich zu nutzen, wurden sie stets sichtlich interessiert.

Mit diesem neuen Blickwinkel konnten meine Klientinnen ihre innere Unausgewogenheit besser analysieren. Allmählich fanden wir einen Weg, wie man die inneren Konflikte auf eine bewusstere Ebene bringt. Sobald meine Klientinnen diese Unausgewogenheit erkannten, veränderte diese sich, und damit veränderten sich auch die Frauen. Viele erkannten, wie ihre Weiblichkeit nicht nur eine Frage der Kleidung war, sondern auch, dass sie einen tiefen, dauerhaften Teil in sich ansprachen, den zu ignorieren sie konditioniert waren.

DIE VERSCHIEDENEN »MÄNNLICHEN« FRAUEN

Über mehrere Jahre hinweg fiel mir immer stärker auf, dass nicht alle »männlichen« Frauen einander ähneln. Eigentlich hatten sie nur ihre Männlichkeit gemeinsam. (Wenn ich von männlichen Frauen rede, meine ich Frauen, die primär vom maskulinen Standpunkt aus operieren statt vom femininen.) Ich beobachtete beispielsweise, dass die Frauen, die ich heute Andro-Frauen nenne, schwer arbeiteten, genau wie ihre *Gutmütigen* Schwestern, aber die Faux Femme und die Pantherfrau hatten eine starke Abneigung gegen die Ausübung eines Berufes. Wir behandeln diese Eigenschaften ausführlicher weiter unten; an dieser Stelle möchte ich nur darauf hinweisen, dass diese ursprünglichen Kernunterschiede es mir ermöglichten, diese Frauentypen deutlich voneinander zu unterscheiden, um denjenigen, die ihr Leben wirklich umwandeln wollten, besser helfen zu können.

Ich erkannte immer deutlicher, wie diese Frauen wirklich waren (ihre natürlichen Archetypen), und so wurde es auch leichter, ihnen zu helfen. Schon ziemlich früh in diesem Prozess wurde ich von Firmen gebeten, ihren weiblichen Angestellten auf Managementebene zu helfen. Man stellte in den großen Firmen allmählich fest, dass sich zwischen den weiblichen und männlichen Topmanagern signifikante Probleme entwickelt hatten. Einige dieser Frauen hatten manches gemeinsam. Sie waren ehrgeizig, furchtlos in ihrem Wunsch nach Macht, brüsk, zäh und vor allem rivalisierend. Da wir in unserer Gesellschaft diese Eigenschaften gewöhnlich mit Männern identifizieren, prägte ich den Begriff Andro-Frau für diesen Archetyp. Die Frauen waren als unfreundlich bekannt, was sie manchmal auch waren, ohne es zu erkennen, und sie hatten nicht die geringste Ahnung, wie sie ihr Verhalten ändern konnten.

Eine weitere Schwierigkeit in der damaligen Firmenwelt war, dass Frauen sich oft höchst rivalisierend, feindselig und häufig auch subversiv verhielten, wenn sie mit anderen Frauen zusammenarbeiteten. Dies war ein schwieriges Thema, denn viele talentierte, aber weniger selbstbewusste Frauen litten darunter, was unweigerlich deren Verlust für die Firma bedeutete. Man stelle sich einen zweiten Frauentyp vor, der nicht so zäh ist wie der Andro-Typ. Dieser zweite Typ ist freundlicher und nicht ganz so ehrgeizig. Macht ist für diese Frauen nicht so wichtig wie eine ausgeprägte Arbeitsethik und dass die Menschen in ihrer Umgebung sich wohlfühlen. Dieser zweite Typ ist immer noch sehr maskulin, aber echt an anderen Menschen interessiert. Hier ist die weibliche Seite immer noch erkennbar. Ich habe diesen Typ die *Gutmütige* genannt – jemand, der ohne viel Nahrung und Zuwendung gedeiht und gerne für andere arbeitet, ohne dafür große Belohnungen für sich selbst anzustreben. In der Wirtschaft versucht die *Gutmütige*, Machtpositionen zu vermeiden, aber sie werden ihr oft aufgedrängt, weil sie so effizient und arbeitswillig ist.

Mir gefiel die *Gutmütige*, aber ich machte mir um sie Sorgen. Immer wenn eine *Gutmütige* in meine Praxis kam, war sie restlos von ihrem Arbeitstag ausgelaugt, und ich wusste, sie brauchte rasch Hilfe. Ich entwickelte daher eine wirksame Methode für ihre spezifischen Probleme, die großartig funktionierte! Mit dieser Methode lernten diese Frauen, ihren Anteil an der Arbeit besser zu schützen und mehr Lob für sich zu beanspruchen, statt zuzulassen, dass ihre Erfolge stets anderen zugeschrieben wurden. Ein Kernvorteil als Folge meines Coaching von *Gutmütige*n war, dass sich ihre Gesundheit drastisch verbesserte.

DIE MÄNNER VOR DER TÜR

Ich hatte zwar angefangen, Frauen zu coachen, aber schon bald meldeten sich auch Männer bei mir. Frauen schickten ihre Partner oder Arbeitskollegen, um zu testen, ob sie tatsächlich mutig genug waren, sich dem zu stellen, was in deren Leben vorging. Wieder einmal ergaben sich interessante Beobachtungen, und ich stellte auch viele Gemeinsamkeiten zwischen meinen weiblichen und männlichen Klienten fest. Da ich zu dem Zeitpunkt einige sehr maskuline Frauen behandelte, fiel mir als Erstes auf, wie feminin diese ersten männlichen Klienten waren. Ich stellte fest, dass meine maskulin orientierten Klientinnen sich mit Männern verbanden, die deren Gegenpol ausdrückten. Weiblich orientierte Männer fühlen sich ganz natürlich von eher maskulinen Frauen angezogen. Und genau diese Männer saßen nun in meinem Büro!

Zu meiner großen Überraschung kam eines Tages ein Mann namens Michael in mein Büro. Er war hochgewachsen und sanft und schien nicht sonderlich weiblich. *Hmm*, dachte ich, da haben wir einen weiteren Archetyp. Michael war Besitzer einer multinationalen Firma, ein erfolgreicher, warmherziger und freundlicher Mensch. Wie sich herausstellte, hatte Michael bereits eine deutliche Vorstellung von seinem Leben, aber er konnte Frauen nie richtig einschätzen, besonders nicht diejenigen, die in seiner

Firma arbeiteten. Michael und ich begannen eine jahrelange interessante Reise der Zusammenarbeit.

Michael kam zu dem Schluss, dass seine Mutter eine *Gutmütige* war, und aufgrund dessen hatte er keine Ahnung, was er mit den starken *Andro-Frauen* anfangen sollte, denen er in seiner Firmenwelt immer wieder begegnete. Wir lösten dieses Dilemma, und er konnte bald sehr gut diesen Frauentyp identifizieren und mit ihm umgehen. Ich lernte immer mehr Männer wie Michael kennen, sodass ich bald einen Namen für seinen Archetyp fand: Der *Sensible*. Auf Michael passte diese Beschreibung besonders gut, aber er hatte noch weitere Eigenschaften, zum Beispiel Mut. Das ist einer der Schlüssel für diesen Persönlichkeitstyp. Wenn das Element Mut fehlt, fallen die Männer eher in die eine oder andere Kategorie des *Extrem Weiblichen* Mannes oder des *Pseudo-Maskulinen*.

Meine Forschung konzentrierte sich also auf die fünf Hauptkategorien bei den Frauen, von denen jede mehr oder minder männlich orientiert ist. Dazu gibt es drei Hauptkategorien für Männer, die unterschiedlich ausgeprägt weibliche Charakteristika aufweisen. Das Verhältnis fünf zu drei ist vielleicht ein wenig unausgewogen, aber das scheint nur so. Es gibt mehr weibliche Archetypen als männliche in diesem Mann-Frau-Paradigma, denn ich konzentriere mich auf das volle Spektrum von maskulin orientierten Frauen, wie sie in unserer heutigen Welt wirken, und diese fallen aufgrund ihres Verhaltens und ihrer Überzeugungen gewöhnlich in fünf Kategorien. Die drei männlichen Archetypen, die ich hier vorstelle, sind die natürlichen Entsprechungen dieser Frauen und ergeben ganz natürlich drei Haupttypen.

DAS PARADIGMA ALS FORMEL

Es hat eine ganze Weile gedauert, diese neuen Archetypen von Männern und Frauen zu entwickeln. Mir liegt daran, dem, was sich heute abspielt, einen Sinn zu verleihen. Ich betrachte es als meinen Auftrag, diese Typen von Männern und Frauen besser zu verstehen. Mein Spaß und meine Neugier wurden bei der Arbeit mit diesen wunderbaren Männern und Frauen Tag für Tag aufs Neue angeregt.

Wenn man diese Archetypen richtig begreift, kann man seine eigenen Schlussfolgerungen ziehen, wie diese Einsichten einen selbst betreffen sowie Freunde, Kollegen und Angehörige. Das Konzept, dass wir mehr sind als bloß physische Körper, ist anfangs vielleicht herausfordernd, aber ich bezweifle nicht, dass Sie diese einfachen Wahrheiten genauso integrieren wie schon Hunderte meiner Klienten zuvor. Ich bin überzeugt, dass hier und jetzt der Zeitpunkt gekommen ist, dies weiter zu erforschen. Heutige Beziehungen sind stärker von Angst und Missverständnissen zwischen den Geschlechtern geprägt als je zuvor in der Geschichte der Menschheit.

Doch ehe wir uns auf diese Achterbahn stürzen, wollen wir betrachten, wie wir hier gelandet sind. Wir betrachten etwa die Einflüsse der industriellen Revolution, des Zweiten Weltkriegs, von Feminismus und New Age, Weltwirtschaft, Technologie und des Internets.

KAPITEL 3
Und so kam es dazu

SIE SAGT: »LASS UNS HEIRATEN!«
ER SAGT: »WIR KÖNNEN DOCH EINFACH ZUSAMMENLEBEN.«

WIE DIE FRAUEN SO MÄNNLICH WURDEN

Wir haben in den vergangenen sechzig Jahren monumentale Veränderungen erlebt. Stück für Stück haben Männer und Frauen ihr Verhalten an die inneren Verschiebungen angeglichen, die sich als Folge von weltweiten Ereignissen ergaben. Das, was uns individuell betraf, hat uns als Gesellschaft insgesamt verändert und zur Entwicklung von eher männlichen Frauen und eher weiblichen Männern geführt. Im Laufe der Zeit haben Frauen den Kontakt zu ihrer weiblichen Seite verloren und die männliche Seite weiter ausgeprägt. Das heißt, dass die männlichen Aspekte mehr betont wurden und dieser Frauentyp in der heutigen Gesellschaft sehr häufig geworden ist. Dies hat eine Gegenbewegung bewirkt, denn die Männer haben in einer entsprechenden Entwicklung ihre weibliche Seite stärker ausgeprägt. Daher sind Männer allgemein heute weiblicher orientiert als jemals zuvor. Um diese Entwicklung genauer zu begreifen, müssen wir betrachten, wie es dazu kam. Schauen wir uns die Ursprünge dieser Bewegung an.

UNSERE AHNEN WUSSTEN, WO SIE HINGEHÖRTEN

Über Tausende von Jahren hinweg brauchte die Menschheit stereotype Rollen zum Überleben. Es waren kräftige und selbstbewusste Männer erforderlich, deren Aufgabe es war, auf die Jagd zu gehen, Nahrung zu beschaffen, Werkzeug aus Stein herzustellen und Raubtiere zu bekämpfen. Männer hatten eine Beschützerrolle, denn ohne sie hätten Frauen und Kinder das Überleben sehr schwierig gefunden. Die Geschlechterrollen waren also zwangsläufig sehr eindeutig definiert: Männer waren Jäger und Beschützer. Frauen bekamen Kinder und umsorgten und besänftigten sie.

Bis ins zwanzigste Jahrhundert hatten Männer viele Vorteile, weil Muskelkraft und Logik überlebenswichtig waren. Weibliche Eigenschaften hingegen, besonders die angeborenen wie Intuition und Kreativität, wurden nicht so hoch eingestuft. Dank ihrer physischen Kraft übernahmen Männer auch die politische Macht. Jahrhundertelang wurde Frauen eine angemessene Bildung versagt, was deren Unterlegenheit verfestigte. Wir kennen bis heute Kulturen, die Frauen unterdrücken, indem sie ihnen den Zugang zu Bildung verwehren. Die organisierten Religionen haben auch nicht gerade aufseiten der Frauen gestanden. In vielen Auslegungen von religiösen Schriften werden Frauen benachteiligt und deklassiert. Die christliche Kirche erlaubt Frauen beispielsweise nicht, wichtige Positionen einzunehmen, und ohne den mit diesem Status verbundenen Respekt der Kirche werden die Frauen weiterhin als zweitrangig eingestuft.

Im gesamten Verlauf unserer Geschichte behielten Männer die Herrschaft über das Weibliche. Weiblichsein bedeutete Schwäche und Unterwürfigkeit. Doch die Dinge änderten sich schließlich. Wir haben uns entwickelt. Die industrielle Revolution verwandelte die Arbeitswelt, und Größe und Körperkraft waren für die meisten Positionen nicht mehr wichtig. In den entwickelten Ländern wurden höhere Bildung und Technologien für Männer wie Frauen leichter zugänglich, was die Gleichberechtigung hinsichtlich Chancen und Herausforderungen verbesserte.

DER MYTHOS VON DER GUTEN ALTEN ZEIT

Wir sind also angeblich gleichberechtigt, und die Welt akzeptiert das auch, aber warum haben Männer und Frauen immer noch Probleme, miteinander umzugehen, und warum behandeln sie einander nicht mit dem verdienten Respekt? Man fragt sich, warum wir nicht einfach so leben wie in der guten alten Zeit, aber unsere Eltern und Großeltern hatten es keineswegs leichter. Früher hatten Paare aufgrund von wirtschaftlichem, religiösem und sozialem Druck kaum eine andere Wahl, als zusammenzubleiben. Diese Bedingungen sind zwar heute nicht mehr so zwingend – sind aber auch nicht durch neue Regeln ersetzt worden. Außerdem gibt es gute Gründe, warum die alten gesellschaftlichen Konventionen, die für unsere Eltern und Großeltern gut genug waren, heute nicht mehr für uns funktionieren. Wir leben in einer anderen Realität. Uns wird viel mehr abverlangt, aber ironischerweise sind wir weniger bereit als je zuvor, die an uns gestellten Anforderungen auch zu erfüllen.

Viele der alten Strategien für eine gute Beziehung passen nicht mehr in eine Welt, in der Frauen einen Grad an Freiheit und Erfolg erreicht haben, der noch vor wenigen Generationen unvorstellbar war. Wir suchen verzweifelt nach Ausgewogenheit, ohne uns dessen überhaupt bewusst zu sein. Wir wünschen uns bloß, dass das emotionale Leiden und das Gefühl von Verlassenheit aufhören. Leider aber müssen wir mit dieser Qual weiterleben, bis wir unser Denken dem anpassen, wie Männer und Frauen heute leben können.

DIE REALITÄT DER KRIEGSJAHRE UND DIE FARCE DER FÜNFZIGER

Während des Zweiten Weltkriegs Anfang der Vierzigerjahre beteiligten sich Frauen zum ersten Mal in größerem Umfang an der Arbeitswelt. In den Vereinigten Staaten wie anderswo wurden die Frauen gebraucht, weil die Männer an die Front gerufen wurden. Sie mussten daher ihre Rollen als Hausfrauen und Mütter aufgeben und die zusätzliche Belastung als Arbeitskraft auf sich nehmen, was bisher ausschließlich eine männliche Domäne gewesen war. Die Frauen machten sich gut in diesen Positionen, und viele genossen einen neuen Hauch von Freiheit, den der erste eigene Verdienst mit sich brachte.

Schwierig wurde es erst, als sie diese Posten wieder an die Männer abgeben mussten, die aus dem Krieg zurückkamen. Das geschah auch, aber das Denken der Frauen war unwiderruflich verändert. Sie waren stärker geworden und fühlten sich mit den gerade entdeckten männlichen Energien recht wohl. Sie hatten erfahren, dass sie neben der Hausfrauenarbeit sehr gut einen Job bewältigen konnten. Der Geist war der Flasche entschlüpft und wollte nicht mehr zurück. Und dann kamen die Fünfziger, eine Phase der Stagnation, in der sowohl Männer als auch Frauen sich von den vorgeschriebenen stereotypen Geschlechterrollen immer eingeengter fühlten. Die Länder, die gerade das Chaos des Zweiten Weltkriegs durchgemacht hatten, litten unter den tiefen emotionalen Wunden und großer Unsicherheit. Als Reaktion darauf versuchte die Gesellschaft, die alten gesellschaftlichen Normen neu zu verfestigen. Wenn sich alle daran hielten, konnte man vielleicht ein Gefühl von Stabilität wiedergewinnen. Individualität war nicht gefragt, alle strebten nur danach, als »anständig« betrachtet zu werden. Plötzlich versuchte jeder, mit den Nachbarn Schritt zu halten und an der perfekten Kleinfamilie zu arbeiten, die den ordentlichsten Rasen, das neueste Auto und das gepflegteste Haus in einem sauberen Vorort aufwies.

Was die Regierung und die Kirchen aber nicht berücksichtigten, war, dass sich die Welt auf immer verändert hatte und es keinen Weg zurück gab. Die Männer waren duch ihre Versuche frustriert, sich wieder im Beruf zu behaupten, und die Frauen waren frustriert, weil sie wieder in das begrenzte Hausfrauendasein zurückgedrängt wurden. Wenn die Frauen es sich nicht erklären konnten, warum sie so erschöpft und depressiv waren, gingen sie zum Arzt, der ihnen sogleich die neuen stimmungsaufhellenden Pillen verschrieb. Für Frauen wie Männer war Alkohol gesellschaftlich akzeptabel, um ihre Unruhe, ihre Unsicherheit und Unzufriedenheit zu betäuben.

DIE EGO-GENERATION

Anfang der Sechzigerjahre war die sexuelle Revolution in vollem Schwung. Mit der Erfindung der »Pille« und den ersten Abtreibungskliniken hatten die Frauen plötzlich zum ersten Mal in der Menschheitsgeschichte die Kontrolle über ihre reproduktiven Fähigkeiten. Sie konnten wählen, ob und wann sie Kinder haben wollten.

Ehescheidungen waren bis Mitte der Sechziger ein Tabu geblieben, aber als sich das Stigma verlor, stieg die Zahl von aufgelösten Ehen rasch. Bald hörte man die Frage: »Warum soll man überhaupt heiraten?« Und schon bald betrachtete man in manchen Kreisen die Ehe als antiquierte Institution, die nur dazu diente, die Frauen zu unterdrücken. Jüngere Leute fanden, dass das Zusammenleben viel einfacher und weniger kompliziert war. Sobald es nicht mehr als Sünde galt, unverheiratet zusammenzuleben, konnten Männer und Frauen mit jedem schlafen oder zusammenleben, mit dem sie wollten. Das Leben war toll!

Das Verschwinden dieser alten Ängste bereitete den Boden für weitere gesellschaftliche Veränderungen. Gegen Mitte/Ende der Sechziger war der Feminismus im Aufstieg begriffen. Dazu kamen die New-Age-Bewegung, die Hippiekultur und die Selbsthilfe-Welle. Wenn einem das Leben, der Beruf oder der Partner nicht mehr gefiel, konnte man alles ändern. Man brauchte bloß ein Buch zu lesen, eine Pille zu schlucken oder einfach auszusteigen. Das Konzept hieß Freiheit!

Verbunden mit diesem gesellschaftlichen Gärungsprozess drangen zudem Computer und andere Technologien in jeden Bereich des Alltags und zwangen uns zum Umdenken in Beruf und Freizeit. Das war je nach Standpunkt entweder gut oder schlecht, und die Geschichte der Auswirkungen dieser neuen Technologien auf uns als Gattung ist noch nicht absehbar. Hauptpunkt dabei ist, dass die Menschen der entwickelten Welt nun bereit waren, zu allem zu werden, was sie sein wollten. Männer wie Frauen waren nicht mehr an gesellschaftliche Konventionen gebunden. Klischees verschwanden, Männer wurden ermutigt, ihre weibliche Seite auszuprägen, und mit dem Auftauchen des Feminismus begrüßten die Frauen auch begeistert ihre männlichen Aspekte. Gesellschaftliche Faktoren hatten eine grundlegende Veränderung des inneren Gender-Gleichgewichts bewirkt. Mit den Auswirkungen davon befassen wir uns immer noch.

DER AUFSTIEG DES FEMINISMUS

Die feministische Bewegung war ein machtvoller Akt der Auflehnung mit weitreichenden Folgen. Frauen hatten schon seit Jahrhunderten versucht, sich von den Fesseln des Patriarchats zu befreien. Jetzt bestand dazu endlich eine Chance, und sie fanden die weibliche Tapferkeit und den männlichen Mut in sich, um Gleichberechtigung zu verlangen. Jene mutigen Feministinnen der Sechziger und Siebziger hatten aber auch großartige Vorgängerinnen: Frauen hatten schon früher für gesellschaftliche Gleichberechtigung, medizinische Grundversorgung, das Wahlrecht und andere Grundfreiheiten gekämpft. Es war ein evolutionärer Prozess gewesen, der in den Sechzigern in eine Revolution mündete.

Wie bei den meisten Revolutionen konnten auf dem Höhepunkt des Kampfes die Auswirkungen kaum abgesehen werden. Seitdem kennen wir mehrere Generationen von Frauen, die keine Ahnung mehr von den Frustrationen und dem Kampf der Frauen haben, die vor ihnen stritten. Mit jedem einzelnen Schritt veränderten diese die Welt auf immer. Die jungen Frauen von heute sind in einer Welt groß geworden, in der es als politisch inkorrekt gilt, überhaupt über Geschlechterunterschiede zu reden. In vielerlei Hinsicht ist das für sie wunderbar, aber sie scheinen auch als Generation keinerlei Vorstellung zu haben, wie man auf liebevolle, zuverlässige Weise mit Männern umgeht.

DIE BEGEGNUNG MIT DEM UNVORHERSEHBAREN

Die feministische Bewegung war unvermeidlich und unschätzbar wichtig, aber sie hatte auch einige unvorhergesehene Konsequenzen. Eine der unangenehmsten war das Auftauchen der Mann-Frau in unserer Gesellschaft. Auf der Suche nach Gleichberechtigung gingen die Frauen auf die einzige Weise vor, die sie kannten: Sie legten sich mit den Männern an und bedienten sich deren Methoden. Das hieß, die weiblichen Aspekte zugunsten eines männlichen Ansatzes aufzugeben. Und hier trat die Andro-Frau auf.

Mal abgesehen von den Auflösungen der Grenzen zwischen den Geschlechtern hat die Gleichberechtigung auch einige Nachteile. Der Wunsch nach voller Gleichheit bedeutete oft, dass die Frauen viel zu viel arbeiteten. Zu viele Frauen sind heute bis an die Grenzen ihrer Kräfte beansprucht, wenn sie eine Vollzeitstelle mit dem Dasein als Mutter und Hausfrau verbinden. Zu viele sind Alleinerziehende und gezwungen, sowohl als Brötchenverdiener wie auch als Hauptbezugsperson für die Kinder zu fungieren. Wenn sich die Frauen vor dem Feminismus beklagten, dass sie zu Hause nicht genug geschätzt wurden, dann haben sie heute derart viel auf sich geladen, dass sie erneut völlig unterschätzt sind. Frauen arbeiten sich kaputt und merken nicht, was für ein Beispiel sie damit ihren Kindern setzen, besonders ihren Töchtern. Kein Wunder, dass viele junge Frauen heute sagen, dass sie nicht so leben wollen wie ihre Mütter. Sie haben unmittelbar erfahren, wie diese Überlastung die gesamte Familie betrifft.

Frauen haben heute die sexuelle Freiheit, sich jeden Partner auszusuchen, den sie wollen, aber Promiskuität ist ein zweischneidiges Schwert. Einerseits haben die Frauen das Recht, sich sexuell genauso zu verhalten wie Männer und mit jedem zu schlafen, den sie begehren. Aber andererseits gehen sie, wenn sie ihre Partner nicht sorgfältig aussuchen, ein höheres Risiko ein, ohne einen Mann zur Seite mit einem Baby allein zu bleiben. Männer können ganz einfach die Vaterrolle abstreifen, und sie tun es auch. Das gesellschaftliche Stigma und die gesellschaftliche Missbilligung für den immer häufiger werdenden abwesenden Vater schwinden langsam. Weiblich orientierte Männer spüren stärker als die eher maskulinen die moralische Verpflichtung, für die Kinder mitzusorgen, die sie gezeugt haben, und die Mutter zu unterstützen. Wenn der Mann aber seine Verantwortung ablehnt, findet sich die Frau erneut versklavt, diesmal duch die Ketten der Armut.

Ein weiterer nachteiliger Aspekt des neuen Typs der Andro-Frau ist, dass sie in der eher militanten Ausprägung aufgrund der jahrhundertelangen Unterdrückung von Frauen durch Männer nun Rache verspürt. Diese Frauen nutzen ihre männliche Macht, um andere zu unterdrücken. Starke *Andro-Frauen* nutzen die vermeintliche Schwäche anderer aus, indem sie stets nach der Macht greifen, ob auf angemessene oder auf unfaire Weise.

Doch *Andro-Frauen* können sich ändern. Ich habe mit vielen Frauen dieses Typs gearbeitet, die schließlich wieder ein Gefühl für Anständigkeit in sich entdecken konnten und im Umgang mit anderen achtsamer wurden. Ich habe miterlebt, wie sich ihre Rücksichtslosigkeit zurückbildete und sie ihre Umgebung sanfter behandelten. Wenn sie lernen, dass Respekt der Schlüssel für gute Beziehungen ist, erkennen sie bald, dass sie ihre Umwelt nicht länger zu tyrannisieren brauchen. Sie lernen, auf aufrichtige, authentische Weise weicher zu werden, und mit der erneuten Bindung an ihre weiblichen Aspekte finden sie bald auch mehr inneren Frieden.

DIE KOSTEN DIESES VERLUSTES

Was passiert also, wenn die Entwicklung der männlichen Seiten einer Frau zu weit getrieben wird? Wer übernimmt in unserer Gesellschaft die Rolle der Fürsorglichkeit? Wer tritt für Mitgefühl und Friedfertigkeit ein? Wer sorgt dafür, dass die Kriegsgelüste auf ein Minimum beschränkt bleiben? Wenn Frauen die

Weiblichkeit in sich verlieren, wird die Welt um vieles ärmer. Wer wird diese Frauen noch lieben? Wer kann ihre emotionalen Bedürfnisse erfüllen?

Viele männlich orientierte Frauen stehen vor diesem Dilemma. Sie arbeiten schwer, sie sind beruflich erfolgreich, aber nicht unbedingt glücklich. Sie haben Kinder erst später im Leben, wenn überhaupt. Viele fühlen sich innerlich zutiefst unausgefüllt. Diese mangelnde Befriedigung entsteht aufgrund des Verlustes der weiblichen Aspekte, jenes Teils, der sie als Frau definiert. Sie fühlen sich unvollständig, bis sie sich wieder mit der machtvollen, fürsorglichen, mysteriösen, kreativen Seite in sich verbinden, die ihr Geburtsrecht ist. Sie müssen nur wiederentdecken, dies auch zu tun.

Das führt uns zu einem anderen Effekt der Andro-Frau. Mit deren Aufstieg hat sich entsprechend die Zahl der Männer verstärkt, die starke weibliche Züge haben. Während die männlich orientierten Frauen mehr arbeiten, schaffen die weiblich orientierten Männer weniger. Das hat dazu geführt, dass viele Männer sehr faul sind und die Schwerarbeit den Frauen überlassen. Frauen sind die Impulsgeber in Beziehungen und in fast allem, was zum Alltag gehört. Männer laufen Gefahr, zu bloßen Mitfahrern im Alltag zu werden, während die Frauen am Steuer sitzen. Wir dürfen aber nicht aus den Augen verlieren, dass es Aufgabe der männlichen Energie ist, proaktiv zu sein und zu steuern. Männer scheinen unbewusst diesen Job an die männliche Seite der Frauen abgegeben zu haben.

MIT DER EIGENEN WAHHEIT LEBEN

Bitte behalten Sie im Auge, dass die Szenarien, die ich hier beschreibe, nicht auf alle Männer und Frauen zutreffen. Mit diesen Darstellungen beleuchte ich zunächst die Extreme des Spektrums, aber als Menschen haben wir natürlich die unterschiedlichsten Abstufungen dieser archetypischen Kräfte in uns. Frauen beispielsweise bedienen sich in bestimmten Situationen zuerst ihrer weiblichen Aspekte und dann ihrer männlichen. Das gehört einfach zum Menschsein.

Aber man sollte auch nicht vergessen, dass wir auf diesem Planeten in einem weiblichen Körper erschienen sind, und daher sollte unser Erleben in erster Linie weiblich geprägt sein – genau wie diejenigen, die als Männer zur Welt kommen, eine vornehmlich männliche Erfahrungswelt haben sollten. Als Männer und Frauen sind wir insgesamt unauflöslich aneinander gebunden. Wenn sich bei den Männern etwas verändert, bewirkt das auch eine Verschiebung bei den Frauen und umgekehrt. Wir sind auf immer aneinandergekettet und werden bis in alle Ewigkeit auf alles reagieren, was sich beim jeweils anderen Geschlecht abspielt.

Wenn man aber überwiegend mit den Zügen des jeweils anderen Geschlechts operiert, läuft man Gefahr, ein falsches Selbst zu entwickeln. Als Mann sollte man sich männlich verhalten, ohne aber zu vergessen, dass man seine persönliche weibliche Seite ins Spiel bringen kann, wann immer das nötig ist. Das Gleiche gilt natürlich auch für Frauen. Man kann seine weiblichen Erfahrungen in dem Wissen stärken, dass man sich stets selbst beschützen kann, sobald man auf seine maskuline Essenz zugreift.

LIEBESPARTNER FINDEN

Die Welt hat sich zwar stark verändert, aber wir sind immer noch Menschen. Als Mann muss man bestimmte Bedürfnisse erfüllt bekommen, um sich mit sich im Reinen zu fühlen. Das Bedürfnis beispielsweise, die Gefährtin glücklich zu machen und zu beschützen, sind zwei Grundbedingungen für die Zufriedenheit der männlichen Vertreter unserer Spezies. Doch betrachten wir die Schwierigkeiten dabei. Als Mann will man eine Partnerin, die man beschützt und glücklich macht, aber oft stehen sie vor einer männlich orientierten Frau, die dies ganz allein schafft. Sie braucht keinen Mann mehr zum Überleben. Diese Frauen haben den Kontakt zu ihrer weiblichen Seite verloren und damit auch ihre Fähigkeit und den Wunsch, empfänglich-passiv zu sein. Sie erkennen dies aber leider nicht. Das bedeutet, dass die Männer ihre natürlichen männlichen Bedürfnisse nur bei wenigen weiblichen orientierten Frauen befriedigen können.

Die Kehrseite der Medaille bedeutet, dass die männlich orientierten Frauen immer stärker emotional vereinsamen, ohne den Grund dafür zu begreifen. Sie fühlen sich allerdings wohl dabei, ihre männliche Seite auszuagieren, und sind in einem Maße unabhängig, dass sie niemand anderen mehr brauchen. Aber um innerlich erfüllt zu sein, muss eine Frau empfänglich-passiv sein. Das ist eine grundsätzliche weibliche Eigenschaft, die viele Frauen nicht mehr in sich aufspüren können. In der Unfähigkeit, empfänglich zu sein, sehnen sie sich nach etwas, was sie nicht einmal identifzieren können. Diese männlich Orientierten vermuten, dass ihnen eine romantische Beziehung fehlt, aber sie suchen sich einen Mann, den sie beherrschen und kontrollieren können. Da sich Gegensätze anziehen, geraten sie an weiblich orientierte Männer. Leider macht diese Wahl sie aber oft unglücklich. Da ihre energetischen Pole genau das Gegenteil von dem darstellen, wie sie sein sollten, wächst bei diesen Frauen das Unerfülltsein im Laufe der Jahre immer mehr.

SIND VERÄNDERUNGEN MÖGLICH?

Inzwischen ist Ihnen wohl klar geworden, dass unsere natürlichen Eigenschaften und Archetypen sehr tief verwurzelt sind und sich nicht leicht ändern lassen. Das stimmt natürlich, aber dennoch können sich Veränderungen abspielen, und ich fordere Sie hiermit auf, mindestens eine der neuen Verhaltensweisen auszuprobieren, die ich hier vorschlage, um zu sehen, was sich dann entwickelt. Dieser Prozess macht gleich zuversichtlicher, wenn sich schon aufgrund geringer Veränderungen sehr positive Wirkungen ergeben.

Ihre Wahrnehmung und Intention können signifikante Veränderungen auslösen. Doch hier eine Warnung: Wenn Sie ein stabiles Umfeld haben, sei es eine Familie, Partnerschaft, Freundschaften oder Kollegen, dann wird jede Veränderung bei Ihnen auch Wirkung in der Gruppe zeigen. Die Ihnen Nahestehenden könnten diese Veränderungen als Verunsicherung empfinden und zunächst einmal ablehnen. Immer wenn man sich selbst ändert, zwingt das den Partner ebenfalls zur Änderung. Sie sind ein Puzzleteil in seinem Leben, und wenn Sie sich verändern, passen Sie nicht mehr in den Ihnen zugewiesenen Platz. Das Gleiche gilt für die Familie, den Freundeskreis und am Arbeitsplatz. Alle diese Menschen wissen, was sie von der alten Person zu erwarten haben, aber Ihr neues Ich ist ihnen unbekannt und kann herausfordernd und bedrohlich wirken. Die Menschen sperren sich oft stark gegen Veränderungen und sagen Ihnen vielleicht, dass man Sie früher besser leiden mochte als jetzt.

Selbst geringfügige Veränderungen werden im Kontinuum Ihres Lebens insgesamt überall wahrgenommen und betreffen jeden darin. Ich habe beispielsweise erlebt, wie *Extrem Weibliche* Männer ihre maskuline Beschützerrolle wieder stärker betonten und darauf einen anderen Frauentyp anzogen. Sie hatten sich entschieden, nicht mehr als Mann von einer männlich orientieren Frau missbraucht zu werden oder sich anderen Männern unterzuordnen. Ich habe gesehen, wie einer *Gutmütigen* endlich aufging, dass sie ein Leben verdiente, in dem sie auch die eigenen Bedürfnisse berücksichtigte. *Gutmütige* bleiben weiterhin fürsorgliche Menschen, die große Befriedigung darin finden, anderen zu helfen, aber sie lernen, sich zuerst um sich selbst zu kümmern.

GÖNNEN SIE SICH EINE PAUSE

Das Material, das ich im Folgenden ausführlich darlegen werde, ist nicht immer leicht zu verdauen. Manchmal tauchen meiner Erfahrung nach Wut oder andere starke Emotionen auf, wenn man diesen Konzepten zum ersten Mal begegnet. Die meisten Klienten, mit denen ich als Coach arbeite, werden an irgendeinem Punkt des Prozesses wütend und ziehen sich zurück. Ich fordere Sie daher auf, mit Mitgefühl weiterzulesen, Mitgefühl mit sich selbst und jenen Archetypen, die Sie erkennen. Wir alle wollen verstanden werden. Mit dieser Erkenntnis schaffen wir einen ausgewogenen Zustand zwischen anderen und uns selbst.

Es ist ganz natürlich, wütend zu werden, wenn einer Ihrer negativen Charakterzüge ans Licht kommt. Sie werden vielleicht sogar schon beim Lesen dieses Buches wütend, während Sie zugleich auf einer anderen Ebene froh sind. Tief drinnen hat sich etwas in Ihnen geregt und Ihnen eine Eigenschaft bewusst gemacht, die Sie nicht in sich vermuteten. Gehen Sie nicht allzu hart mit sich ins Gericht. Die negative Seite dessen, was sich zwischen Männern und Frauen abspielt, dieses unerfüllte Leben, das wir miteinander führen, wurzelt in Wut und Leiden, die noch nie wirklich akzeptiert worden sind. Wenn wir diese Wut und dieses Leid zunächst individuell in uns selbst auflösen, kommen wir einen großen Schritt in Richtung Frieden zwischen den Geschlechtern voran.

Stellen wir uns den Tatsachen: Es ist wunderbar, dass in unserer modernen Welt Männer und Frauen als gleichberechtigt gelten, aber wir befinden uns immer noch in einer sexuellen Revolution und sind daher von Unsicherheiten geplagt, Oft wissen wir nicht, wir wir uns verhalten sollen, einfach deshalb, weil wir nicht nur in unseren Beziehungen neue Paradigmen aufstellen, sondern auch im Hinblick darauf, wie wir uns gegenüber der Welt insgesamt verhalten sollen. Wir segeln ohne Karte auf einem großen Ozean. Diese Reise kann aufregend sein, aber auch Emotionen wie Angst oder Wut freisetzen.

Aber nicht alles ist bedrohlich und schlecht. Das Ganze muss einfach evolutionär passieren. Das Gute an diesem unbekannten Ozean ist, dass wir neue Verhaltensweisen für den Umgang miteinander entwickeln, ein System, das für uns so, wie wir heute leben, funktioniert. Im nächsten Kapitel betrachten wir zahlreiche Beispiele, wie männliche und weibliche Energien in uns agieren.

Doch zunächst werde ich Sie mit den Grundkonzepten und der Terminologie vertraut machen, damit Sie das Maximum aus diesem Buch herausholen können.

KAPITEL 4
Eine neue Sprache

SIE SAGT: »MEIN VATER HAT EINE HEIDENANGST VOR MEINER MUTTER.«
ER SAGT: »WIRKLICH? MEINE ELTERN STREITEN SICH NIE.«

UNSERE POLARITÄT ENTSTAMMT DER URSPRUNGSFAMILIE

Unser Körper enthält zwei verschiedene Energien, eine maskuline und eine feminine. Der Energiefluss zwischen diesen beiden Essenzen beschreibt unsere Polarität. Worin wurzelt diese Polarität? Sie hat ihre Ursprünge in der Familie, in der wir aufwuchsen. Wir kommen alle als einzigartige, wunderbare Wesen mit unseren ureigenen Veranlagungen zur Welt, noch ehe wir den Menschen begegnen, die uns großziehen. In einer Familie hat jeder seinen Platz. Dort beginnt unsere natürliche energetische Polarität sich zu entwickeln.

In Ihrer Ursprungsfamilie gab es mit Sicherheit eine Hackordnung und bestimmte Verhaltensregeln. Meistens überträgt man diese Ordnung auch auf das spätere Leben. Es ist sehr schwer, eine Ordnung aufzugeben, mit der man als Kind aufwuchs. Man lernt innerhalb der Familie, wie man kommuniziert und wie man mit anderen umgeht. Man sieht, wie Männer und Frauen einander behandeln, ob zum Guten oder Schlechten. Wenn man sich als Erwachsener mit der Ursprungsfamilie trifft, stellt man fest, dass es egal ist, ob man sich lange nicht gesehen hat. Sobald alle wieder unter einem Dach vereint sind, geschieht etwas Bemerkenswertes. Alle fallen zurück in die alten Rollen und ihre ursprünglichen Positionen innerhalb der Hackordnung. Das kann extrem frustrierend sein, besonders wenn man sich auf eine Entdeckungsreise des Ich begeben hat. Sobald man durch die Tür tritt, ist es plötzlich so, als hätte sich überhaupt nichts verändert. Die Energie, die diese Familie aneinander bindet, ist so stark, dass niemand gewöhnlich irgendetwas ändern will.

Wenn Sie ein Außenseiter sind, derjenige, der sich zu ändern versucht, können Sie herausfordernd auf den gesamten Status quo wirken. Man betrachtet Sie vielleicht als Bedrohung der familiären Harmonie, obwohl niemand ein Wort darüber verliert. Der Rest der Gruppe ist an das Arrangement gewöhnt, egal, wie dysfunktional es ist, und sie lehnen alle Änderungsversuche strikt ab. Die Familie und deren Traditionen werden als sakrosankt geschützt, auch wenn die einzelnen Mitglieder sich dessen überhaupt nicht bewusst sind. Wenn Sie sich entschieden haben, Ihre Lebensweise und Ihren Umgang mit anderen zu ändern, ist die Wahrscheinlichkeit groß, dass Sie diese neue Lebensart nicht weiter behaupten können, sollten Sie etwa wieder zurück nach Hause ziehen. Sie können aber weiterhin die Vertrautheit eines Familientreffens genießen. Sie wissen, wie diese Gruppe funktioniert und wo genau Ihr Platz darin ist, und das kann Ihnen ein starkes Gefühl von Sicherheit geben. Daher freuen sich so viele Menschen auf ein Familientreffen.

WARUM PATCHWORKFAMILIEN NICHT GUT FUNKTIONIEREN

Die Starrheit normaler Familienstrukturen bedeutet aber oft Chaos, wenn zwei Partner mit den Kindern aus früheren Beziehungen zusammenziehen und eine Patchworkfamilie bilden. Viele dieser Familien finden es schwer, einen Zusammenhalt zu finden. Jeder bringt einen Teil einer anderen Familie in das neue

Zuhause ein, was mit unterschiedlichen Erwartungen verbunden ist. Wenn man bedenkt, dass man zwei etablierte Familiengruppen zusammenfügt, überrascht es nicht, dass es ihnen schwerfällt, untereinander Ausgewogenheit zu finden. Wenn die Eltern nicht die gleichen Ansichten darüber vertreten, wie die neue Struktur funktionieren soll, wird alles noch schwieriger und gerät leicht aus dem Gleichgewicht. Die einzelnen Familienmitglieder sind sich der Kräfte, die hier am Werk sind, nicht bewusst und können daher nur schwer eine sichere Position in der Familieneinheit finden. Alle haben starkes Interesse, die alten Konstrukte aufrechtzuerhalten. Auch wenn es da nicht gut klappte, man fühlte sich sicher in dem Wissen, dass man innerhalb der Familie einen angestammten Platz hatte und wie die anderen auf die eigene Energie reagierten.

WIR SIND KEINE EINZELWESEN

Ich beziehe mich in diesem Buch durchgängig auf *maskulin* und *feminin*, männlich und weiblich, als Essenzen, Energie, Aspekte oder Prinzipien. Diese Energien bilden den Kern unserer menschlichen Erfahrungen. Der Grad, in dem wir diese äußerlich zeigen oder darstellen, bestimmt unsere Polarität. Der wichtigste Punkt ist, dass Menschen einen physischen und einen energetischen Körper haben. Der französische Philosoph und Jesuit Pierre de Teilhard de Chardin drückte das so aus: »Wir sind keine menschlichen Wesen, die spirituell denken, wir sind spirituelle Wesen, die als Menschen leben.«

Durch alle Zeiten hat es die traditionelle Weisheit gegeben, dass dieser Funke an spiritueller Energie unser Leben erst ausmacht. Dieser innere Funke, den praktisch jede bekannte Zivilisation kennt, existiert unter vielen Namen und Bezeichnungen je nach Kultur, Religion oder Philosophie. Die traditionelle chinesische Kultur bezeichnet ihn etwa als *qi* (oder *chi*), was oft mit »Lebensenergie« oder »Energiefluss« übersetzt wird. In der Hindu-Religion wird er *prana* genannt. Die hawaiianische Kultur nennt ihn *mana*, der tibetische Buddhismus *lung*, in der hebräischen Kultur wird er als *ruah* bezeichnet. In der westlichen Philosophie ist er oft als *Lebensenergie* bekannt, in anderen westlichen Weltanschauungen spricht man von *élan vital* oder *Vitalität*.

Das Konzept, dass zwei Essenzen, die maskuline und die feminine, nebeneinander in unserem energetischen Feld beherbergt sind, geht auf alte Vorstellungen zurück und wird in vielen Kulturen und Glaubenssystemen erwähnt. Eine der bekanntesten Interpretationen sowohl in der östlichen als auch in der westlichen Welt ist die Vorstellung von *Yin* und *Yang*, Symbolen des Tao (»der Weg«). Der Taoismus ist eine alte chinesische Philosophie. Yin und Yang zählen zu den ältesten Kosmologien im menschlichen Denken. Archäologische Spuren dieses Konzepts reichen mindestens fünftausend Jahre zurück; die Nachweise dafür ziehen sich von da an bis in die heutige Zeit fort. Die Yin-Yang-Theorie beruht auf der Annahme, dass alles Leben an einem Punkt des perfekten Gleichgewichts entsteht. Yin und Yang sind dynamische Kräfte, die ständig miteinander agieren, die einzigartig und unabhängig sind, aber voneinander untrennbar. Innerhalb eines jeden Objekts im Universum und in jedem Lebewesen spielt sich eine ständige dynamische Interaktion zwischen diesen beiden Polen ab.

Dem taoistischen Denken zufolge ist das Weibliche Yin, das Männliche Yang. Viele andere Dualitäten wie Mann-Frau, hell-dunkel, hoch-niedrig, heiß-kalt, Wasser-Feuer, Leben-Tod werden als physische Manifestationen des Yin-Yang-Konzepts betrachtet. Für unsere Zwecke analysieren wir hier menschliche Verhaltensweisen und Bedürfnisse vom Standpunkt aus, dass wir alle eine weibliche und eine männliche Essenz haben, eine Yin-Yang-Polarität, unabhängig vom körperlichen Geschlecht und sexueller Orientierung.

FORTSCHRITT DURCH ENERGIEARBEIT

Das Stereotyp, dass Männer ausschließlich männlich und Frauen ausschließlich weiblich sind, ist falsch. Diese zu stark vereinfachte Sicht erkennt immer nur einen Teil unserer Geschichte. Seit fast vierzehn Jahren arbeite ich mit diesem Konzept und versuche, meinen Klienten dabei zu helfen, Ausgewogenheit zwischen den beiden Essenzen männlich-weiblich zu finden, um ihre innere Polarität in Ordnung zu bringen. Bei meiner Coaching- und Heilarbeit helfe ich den Klienten, die Dynamik ihres energetischen Körpers und ihrer inneren Polarität im Kontext ihres Alltags zu begreifen. Ich helfe ihnen, ihre inneren Essenzen auszubalancieren.

Dies geschieht, indem ich meinen Klienten beibringe, die ständigen Interaktionen ihrer beiden Essenzen auf der körperlichen Ebene zu verstehen, zu akzeptieren und damit zu arbeiten, indem sie beobachten, wie diese Energien sich tagtäglich in ihnen manifestieren. Sie können die Essenzen selbst nicht sehen, aber mit einiger Übung erkennen sie, wie ihre Gedanken und Handlungen durch sie beeinflusst werden. Durch Übung lernen sie, wie sie sich ausgewogener verhalten können. Das können auch Sie lernen.

Wenn meine Klienten es geschafft haben, ihr inneres Gleichgewicht zu finden, erleben sie auch bald die Vorteile und Wohltaten auf körperlicher Ebene. Menschen mit einem guten inneren Gleichgewicht ziehen immer stärker das an, was sie sich im Leben wünschen, ob es sich um Intimität, Freundschaften, Erfolg, Glück oder Gesundheit handelt. Was immer sie sich wünschen, sie sind in einer viel besseren Position, es auch zu bekommen, weil sie ausgeglichen sind und in sich ruhen.

Wir haben im letzten Kapitel gesehen, wie sich Frauen in den vergangenen sechzig Jahren aufgrund einzigartiger gesellschaftlicher Umstände eher männlich orientiert haben. Männer wiederum haben darauf reagiert, indem sie weiblicher wurden, und da sie von männlichen Frauen umgeben sind, haben sie auch nur wenig Raum, ihre maskuline Essenz auszuagieren. Schlimmer wird dies, wenn zwei Menschen sich als Paar zusammentun und ihre Polarität ins Spiel kommt, denn dies verkompliziert, was bereits eine sehr komplexe Angelegenheit ist.

MAN STECKE ZWEI LEUTE IN EIN ZIMMER

Angesichts der Tatsache, dass wir zwei Aspekte haben, sind tatsächlich vier Essenzen im Spiel, wenn zwei Menschen eine intime Beziehung eingehen. Diese Dynamik trifft auf heterosexuelle Paare ebenso zu wie auf lesbische, schwule und transsexuelle. Bei einem heterosexuellen Paar existieren zwei Essenzen in der Frau (weiblich und männlich) und zwei im Mann (männlich und weiblich). Diese vier Essenzen werden auf unterschiedliche Weise und in unterschiedlicher Intensität in der Beziehung ausgedrückt. Lesbische Paare haben ebenfalls vier Essenzen, zwei bei der einen Frau (weiblich und männlich) und zwei bei der anderen (weiblich und männlich). Wenn zwei Männer eine Beziehung eingehen, bringt auch jeder seine beiden inneren Essenzen ein, und man hat eine Dynamik von vier Essenzen.

Jeder Mensch bringt die maskulinen und die femininen Aspekte in unterschiedlicher Ausprägung in eine Beziehung ein. An diese Tatsache verschwenden wir nicht einen einzigen Gedanken. So ist das eben. Man kann diese Tatsache sein ganzes Leben lang ignorieren, aber seien Sie nicht überrascht, wenn Sie in Ihrer Beziehung auf Probleme stoßen, die Sie verrückt machen. Je komplexer die Dynamik, umso mehr Vorteile gewinnen wir aus dem Verständnis, was sich in Männern und Frauen abspielt. Wenn man die Dynamik dieser vier Energien begreift, erkennt man, wie man bestimmte Menschen anzieht. Man findet auch heraus, wie man eine intime Beziehung ausgewogen und befriedigend leben kann.

Das Gleiche gilt am Arbeitsplatz. Immer wenn zwei Kollegen auf einer bestimmten Ebene miteinander agieren, treten vier Geschlechtsaspekte ins Spiel. Beide Personen bringen eigene Neigungen, Vorlieben und den eigenen Archetyp ein, und diese beeinflussen, wie viel maskuline und feminine Energien am Tisch sitzen. Je nachdem, wie stark die inneren Energien eingebracht werden, bestimmt dies ihren Archetyp innerhalb dieses Mann-Frau-Paradigmas. Manche Kollegen kommen besser miteinander aus als andere, weil ihre Archetypen kompatibel sind. Manchmal ist eine Arbeitsbeziehung auch katastrophal, voller Täuschungen, Machtkämpfe und Sabotage. Dann sind bestimmte Archetypen am Werk, die am Arbeitsplatz Chaos anrichten können. Solchen Archetypen begegnet man auch auf gesellschaftlicher Ebene. Weihen Sie solche Menschen niemals in Ihre Geheimnisse ein. Diese Archetypen meidet man besser.

AUSGEWOGENHEIT BEGINNT IN EINEM SELBST

Wenn man eine ausgewogene zwischenmenschliche oder intime Beziehung mit anderen eingehen will, muss man sich zuerst selbst innerlich ausgleichen. Sobald man mit den eigenen Essenzen, weiblichen wie männlichen, vernünftig und heilsam umgeht, zieht man auch Menschen an, die am besten zu einem passen. Das ermöglicht dauerhafte, gesunde und liebevolle Beziehungen. Was bedeutet es also, wenn sich weibliche und männliche Essenz miteinander im Einklang befinden? Um das zu begreifen, müssen wir uns klarmachen, wie sich diese Energien im Leben manifestieren, wie sie sich ausdrücken und wie sie funktionieren. Darum geht es in diesem Buch. Wenn Sie lernen, das ideale Gleichgewicht herzustellen, wird Ihr Leben in vielen Bereichen geradezu aufblühen.

Der Unterschied zwischen Ihnen und den Menschen Ihrer Umgebung beruht auf der Tatsache, dass Sie alle als einzigartige Wesen auf die Welt kommen. Anschließend finden Sie Ihre Position innerhalb der Familie und werden beim Heranwachsen von deren Dynamik beeinflusst. Das heißt, dass Ihre Orientierung oder Ihr Archetyp heute die Summe Ihres einzigartigen Selbst ist, Ihrer Lebenserfahrungen und Ihrer Umwelt. Falls beispielsweise

Ihre Mutter in ihrer Orientierung recht männlich ausgerichtet war, können wir annehmen, dass Sie sich vermutlich ähnlich verhalten. (Es sei denn, Sie haben sich entschieden, das gegenteilige Extrem zu leben.)

DAS SPIEL DER ESSENZEN

Um den Unterschied zwischen unserer weiblichen und unserer männlichen Essenz zu begreifen, müssen wir verstehen, wie sie miteinander interagieren. Weibliche Energie hat ungeheure Tiefe, Kraft und Kreativität. Sie ist von Mysterien durchdrungen, fürsorglich und rezeptiv-passiv. Sie ist der weniger sichtbare Teil Ihrer Energie, definiert aber, wer Sie sind. Diese wunderbare weibliche Energie findet sich sowohl in Männern als auch in Frauen. Diese kreative Kraft trifft Ihre inneren Entscheidungen. Egal, womit Sie sich gerade befassen, die weibliche Energie wird die männliche überlagern. Denn die männliche Energie ist offensichtlich. Sie ist der Teil, der handelt und in der Welt der Körperlichkeit Dinge in Bewegung bringt. Bei maskuliner Energie geht es um Tun und Geben, ob in einem weiblichen Körper oder einem männlichen.

Unser männlicher Aspekt ist der sichtbare Teil unseres weiblichen Selbst, und unsere weibliche Energie zeigt sich äußerlich in männlichem Verhalten. Eine beliebte, aber vermutlich nicht authentische Behauptung im Tao drückt das wunderbar aus: »Wie die Sonne, die über den Himmel wandert, tauschen Yin und Yang allmählich ihren Platz. Sie geben frei, was verhüllt war, und verhüllen das Offensichtliche.« Angesichts der gegensätzlichen Natur der Essenzen kann nichts verborgen bleiben, so sehr wir das auch versuchen. Wir sind sehr transparent, ob bewusst oder nicht. Da die männliche Energie durch den weiblichen Aspekt kontrolliert wird, trägt der weibliche Aspekt große Verantwortung für die Integrität des Ganzen. Unser männlicher Aspekt wird genutzt, um uns in der Umwelt auszudrücken.

UNSERE INNEREN ESSENZEN AKTIVIEREN

Es gibt noch weitere Eigenschaften in Verbindung mit unseren männlichen und weiblichen Essenzen. Die vier wichtigsten sind Fürsorge, Empfänglichkeit, Handeln und Geben. Wenn wir uns dieser Charakteristika in uns bewusst werden und uns bemühen, sie gegeneinander auszubalancieren, werden wir zu glücklicheren, zufriedeneren Menschen. Stellen Sie sich vor, wie diese vier Eigenschaften in Ihnen wirken und sich Tag für Tag neu miteinander kombinieren. Dann ergibt sich vielleicht folgendes Bild:

Sie sind ein freundlicher, großzügiger Mensch (Geben und Großzügigkeit sind männliche Züge), doch gleichzeitig haben Sie keine Probleme, die guten und wunderbaren Dinge anzunehmen, die Sie tagtäglich empfangen (Empfangen ist eine weibliche Eigenschaft). Sie sind körperlich aktiv, daher besuchen Sie vielleicht ein Fitnessstudio. Anschließend arbeiten Sie mehrere Stunden im Büro, weil ein paar Termine warten. Beides sind äußerliche Aktivitäten, und so entspringen sie eher Ihrer männlichen Essenz. Später an diesem Tag haben Sie vielleicht das Bedürfnis nach einer Kaffeepause, und während Sie ruhig dasitzen, sprechen Sie Ihre weiblichen Energien an, indem Sie darüber nachdenken, was Sie als Nächstes zu tun haben, oder Sie planen den nächsten Tag. Kontemplation und Nachdenken werden von Ihrem weiblichen Aspekt hervorgebracht. Während dieser Auszeit treffen Sie vielleicht wichtige Entscheidungen, wie etwa, dass Sie Ihr Leben ändern wollen. (Sie denken immer noch nach, was bedeutet, dass Sie immer noch Ihren weiblichen Aspekt nutzen.) Darauf unternehmen Sie vielleicht Schritte, um diese Entscheidungen umzusetzen, etwa indem Sie eine Freundin anrufen und sie nach der Stelle fragen, die in deren Firma ausgeschrieben wurde. Dieser Anruf ist Ausdruck Ihrer männlichen Energie.

Man sieht an diesem Beispiel, egal, ob Sie nun eine Frau oder ein Mann sind, dass Sie beide Aspekte Ihres energetischen Körpers anzapfen. Sie aktivieren und nutzen diese eigentlich ununterbrochen. Wenn aber das Gleichgewicht zwischen den beiden

Aspekten gestört ist, geraten Ihre Beziehungen und Ihr Arbeitsleben außer Kontrolle. Um das zu verhindern, betrachten wir nun, wie man lernen kann, die beiden Essenzen in ihren verschiedenen Ausdrucksformen im Alltag zu erkennen.

DIE SCHÖNHEIT DER WEIBLICHEN ESSENZ

Für mich ist die weibliche Essenz wie ein dunkler See. Seine wahre Tiefe ist vom Ufer aus nicht erkennbar; man müsste schon hineintauchen, um dies wahrhaft zu ergründen. Und das genau ist auch die Schwierigkeit des Weiblichen. Denn Weiblichkeit kann weiträumig, unerforschbar und chaotisch sein. Sie ist zwar Quelle großartiger Kreativität, aber sie hält sich nicht damit auf, Ordnung zu schaffen und die nötigen Schritte zur Vervollkommung zu unternehmen. Das ist Aufgabe des männlichen Aspekts. Unsere Kreativität ruht in unserer weiblichen Energie. Je stärker wir Zugang zu dieser Energie finden, ob wir nun in einem männlichen oder weiblichen Körper zur Welt kamen, umso reichhaltiger und schöpferischer wird unser kreatives Leben sein. Ohne Zugang zum riesigen Potenzial der Weiblichkeit gibt es keine Erfindungen. Der weibliche Aspekt ist die Heimat aller Ideen, die sich aus dem Reich jenseits allen rationalen Verständnisses herausbilden.

Wenn wir unserer weiblichen Essenz freien Lauf lassen, können wir der Welt so viele brillante Schöpfungen schenken, wie man es sich kaum vorstellen kann. Kreative Menschen begreifen diesen Prozess. Sie wissen aber auch, dass man disziplinierte männliche Energie braucht, um diese fantastischen Ideen zu realisieren. Ohne sie bleiben Ideen bloße Fantasie. Der kreative Funke, der dem weiblichen Aspekt entspringt, ist also grundsätzlich abhängig von solider, disziplinierter männlicher Essenz, um überhaupt zu existieren.

EMPFANGEN, AKZEPTIEREN UND EINFACH SEIN

Ein weiteres Schlüsselelement der weiblichen Essenz ist die Fähigkeit zu empfangen. Je stärker und gesünder Ihre weibliche

Essenz ist, umso größer Ihre Fähigkeit, das anzuziehen, was Sie brauchen und sich wünschen. Empfänglichkeit ist eine fein abgestufte Eigenschaft, die vom allgemeinen Wohlbefinden abhängig ist. Ihre weibliche Essenz ist die Grundlage für gesunde Energien, daher will man, dass sie hell und klar bleibt. Dieser Rat gilt sowohl für Männer wie für Frauen. Die Gedanken und Träume, die in unserer weiblichen Essenz wurzeln, ziehen ähnliche Energien an, sowohl negative wie auch positive. Wenn Sie Ihre weibliche Seite positiv besetzen, ziehen Sie positivere Wünsche an.

Man sollte auch bedenken, dass der weibliche Aspekt verantwortlich für unsere guten wie schlechten Entscheidungen ist. Dieser Treiber ist sehr stark und innerlich verwurzelt. Sobald man ihn umfassend nutzt, gibt er Frauen und Männern die Fähigkeit, Nein zu sagen und das auch zu vertreten. Bei Männern wie Frauen verhindert diese Kraft, dass sie ausgenutzt und missbraucht werden, egal in welcher Situation. Paradoxerweise ist Empfänglichkeit ein weiblicher Zug, der zum Katalysator für die Veränderungen werden kann, die wir manifestieren wollen. Wenn wir unsere Stärken und Grenzen nicht deutlich sehen und akzeptieren können, verschließen wir uns jeder Chance auf Veränderung. Stattdessen manipulieren wir andere, um das zu bekommen, was wir wollen. Leider ist dies ein weitverbreitetes Problem in unserer Gesellschaft. Zusammenfassend kann man also sagen, dass die weibliche Essenz unser fester Standort ist, der uns Zuflucht für Ruhe und Erholung bietet. Hier können wir uns mit unserem Geist und unserem inneren Frieden verbinden. Sich Zeit zu nehmen, um einfach nur zu *sein*, ist etwas anderes als Nichtstun. *Sein* ist ein aktiver Prozess.

Die heutigen maskulinen Frauen haben Tag für Tag viel zu viel zu erledigen, um es sich zu erlauben, einfach nur zu *sein*. Dies ist also die erste Aufgabe für Frauen auf der Suche nach ihrem weiblichen Aspekt. Sie müssen sich die Erlaubnis geben, einmal nichts zu tun, ohne dass irgendwelche Termine sie drängen. Männer, die ebenfalls zu viel zu tun haben, geraten unter ähnliche Zwänge und sind gut beraten, ihre weibliche Seite anzusprechen und sich Zeit zum Denken und Aufladen zu gönnen, Zeit, um einfach nur zu sein. In diesem Zustand können Männer wie Frauen zulassen, dass ihre wunderbaren weiblichen Aspekte erneut zum Vorschein kommen. Man kann sich dann einer Lebensqualität hingeben, von deren Existenz die meisten Männer und Frauen keine Ahnung mehr haben. Viele Frauen haben die Kunst vergessen, sich mit dem intuitiven Selbst zu verbinden. Und die meisten Männer wissen nicht, dass das überhaupt einmal möglich war.

WEITERE ASPEKTE DER MASKULINEN ESSENZ

Ich habe erwähnt, dass es bei der maskulinen Essenz um Tun und Geben geht, aber es gibt weitere männliche Eigenschaften, die dies unterstützen, etwa Rivalität, Aggression und Beschützen. Dies sind alles Bestandteile des männlichen Prinzips, und die Art und Weise ihres Ausdrucks verrät uns, ob dieser Aspekt ausgewogen ist oder nicht. Männer wie Frauen manifestieren etwa ihre männliche Energie in gesundem Wettkampf oder aber sie behandeln jeden Wettbewerb mit Rivalität: Entweder sie gewinnen oder sterben bei dem Versuch zu siegen.

Rivalität ohne weibliche Weisheit, die sie zähmt und leitet, kann sehr destruktiv werden. Ohne Ausgewogenheit kann Rivalität auch süchtig machen. Wenn der Wettkampftrieb aber durch den inneren weiblichen Aspekt ausgeglichen wird, kann er zum Antrieb werden, Bedingungen so zu setzen, dass wir angeregt werden, unser Bestes zu geben.

Aggression ist ein weiteres Element männlicher Essenz. Aggressives Verhalten ist nicht unbedingt etwas Negatives. Man kann ein Ziel aggressiv verfolgen, um ein gewünschtes Ergebnis zu erreichen. Aber wenn aggressives Verhalten sich ausschließlich gegen andere richtet, erkennen wir die hässliche Seite dieses männlichen Aspekts.

Eine dritte Facette männlichen Seins ist der Wunsch, Schutz zu geben. Wenn ich Frauen frage, was sie am meisten am heutigen Mann vermissen, lautet die häufigste Antwort: »Die Beschützerrolle.« Schutz kann von einer Frau genossen werden, wenn sie genügend weibliche Energie hat, um zuzulassen, dass die beschützenden Instinkte eines Mannes ausgedrückt werden, ohne dass er sie dadurch kontrollieren will. Leider erleben moderne Frauen dies nur selten. Und junge Männer haben nie die Verhaltensweisen gelernt, die es einer Frau ermöglichen, sich ihrem weiblichen Aspekt ohne die Angst hinzugeben, dabei ihre Unabhängigkeit zu verlieren.

Seit Jahrzehnten schon haben die Frauen ihre maskulinen Beschützerfähigkeiten ausgebildet bis zu einem Punkt, wo sie männlichen Schutz nicht mehr zu brauchen scheinen – oder sie wollen ihn nicht mehr von einem Mann. Viele Frauen brauchen diesen Schutz in der Tat nicht, aber beschützt zu werden wäre eine gute Erfahrung, wenn Sie Ihre weibliche Seite wieder in Einklang bringen wollen. Äußerer männlicher Schutz ermöglicht es dem weiblichen Aspekt, sich zu entspannen und sich mit seiner Quelle zu verbinden. Nichts nährt eine Frau so wirksam wie die Sicherheit männlichen Schutzes. In diesem Gefühl kann man zulassen, dem männlichen Aspekt nachzugeben und sich tiefer in seinem weiblichen Selbst zu verwurzeln. Man versinkt dann in einem Zustand wahrer Befriedigung.

Auf der anderen Seite der Gleichung steigt das Glück eines Mannes proportional mit dem Glück, das er der Frau in seinem Leben bieten kann. Wenn er klug ist, sucht er sich eine Frau mit der Fähigkeit, seine Liebe und seinen Schutz anzunehmen und zu schätzen. Ob Sie ein Mann sind oder eine Frau, die Fähigkeit zu beschützen birgt auch die Wurzeln für Führungsqualitäten. Das zeigt sich besonders in chaotischen Zeiten, wenn die Schwächeren stärker bedroht sind und die Gesellschaft nicht ausreichend kollektive Verantwortung zu deren Schutz aufbringt.

INITIATIVE ERGREIFEN UND WEISUNG ERTEILEN

Ein weiterer männlicher Zug ist es, Initiative zu ergreifen und Weisung zu erteilen. Früher wäre es nie vorgekommen, dass eine Frau einen Mann angerufen hätte, um sich mit ihm zu verabreden. Für diese Zurückhaltung gab es gute Gründe. Wenn man dem Mann erlaubte, die Initiative zu ergreifen, konnte man dabei gut testen, wie gut er die Führung übernahm. Der Prozess erlaubte auch dem Mann, seine Männlichkeit gegenüber Frauen auszudrücken. Wenn ein Mann nicht die Initiative ergreifen kann, kann man sicher sein, dass es ihm auch sonst im Leben und in Ihrem gemeinsamen Leben an Richtung fehlt. Ich will hier nicht vorschlagen, dass Frauen in Beziehungen die Rolle der Beifahrerin einnehmen sollen. Das wäre auch keine Ausgewogenheit. Aber heute sehen wir aufgrund dieses inneren Rollentausches in vielen Beziehungen, dass die Männer nun zu Beifahrern geworden sind.

Am Arbeitsplatz müssen Frauen, um ihren Job effektiv zu erledigen, oft die Initiative ergreifen. Wenn Sie Untergebene haben, müssen Sie Weisungen erteilen und die Führungsrolle übernehmen können. Wenn man den gleichen Prozess auf die Mann-Frau-Beziehung überträgt, dann sollte die Frau sich auf ihre weibliche Essenz besinnen und dem Partner erlauben, seine männlichen Aspekte auszudrücken. In einer ausgewogenen Beziehung ist die Frau an wichtigen Entscheidungen gleichermaßen beteiligt, aber meiner Erfahrung nach schätzen Frauen die Initiative und Dominanz der Männer, auch wenn sie mit deren Richtung nicht immer einverstanden sind. Viele Frauen sind es heute leid, immer alle Entscheidungen für die passiven Partner zu treffen. Wir sehen, wie sich die Rollen innerhalb von Beziehungen verkehrt haben und wie unglücklich die Folgen sind.

DAS KRITISCHE BEDÜRFNIS ZU GEBEN UND ZU EMPFANGEN

Die nächste männliche Eigenschaft, die weiter erklärt werden muss, ist die Fähigkeit zu geben. Wir haben gelernt, dass es dem weiblichen Aspekt entspricht, zu empfangen. Um ausgewogen zu leben, muss man fähig sein, gleichermaßen zu geben und zu nehmen. Das ist für uns fundamental. Ohne Hindernisse kann dieser Prozess zwischen männlich und weiblich frei fließen. Dies vollzieht sich wie eine Energieschlaufe zwischen den Geschlechtern, wie eine auf der Seite liegende Acht, ein Symbol für unser unendliches Potenzial.

Beziehungen klappen am besten, wenn der weibliche Aspekt sich im Empfangszustand befindet und den Mann damit auffordert, mit maskuliner Energie zu handeln und die Initiative zu ergreifen. Wenn eine Frau aber die aktive Rolle übernimmt und den Mann um eine Verabredung bittet, versetzt dies den Mann in eine Rolle, in der er sich seiner weiblichen Energie bedienen muss. Männer, die konditioniert sind, sich öfter auf ihren weiblichen Aspekt zu berufen, zögern oft, eine Frau anzusprechen. Das ist ein weiteres Zeichen dafür, wie chaotisch unsere Gesellschaft sich heute hinsichtlich des Gleichgewichts von Männern und Frauen verschoben hat.

Frauen stehen heute unter Druck, viel aktiver mit ihrer maskulinen Energie umzugehen, und diese Gewohnheit hat allmählich die Fähigkeit untergraben, sich weiblich zu benehmen. Immer seltener sehen junge Frauen ihre Mütter in einem Zustand von Empfänglichkeit oder Passivität. Wie können sie dies also lernen? Aufgrund der Weise, wie sich das Leben für die moderne Frau verändert hat, haben bereits mehrere Generationen einen Großteil ihres weiblichen Aspekts verloren. Wenn das nicht gebremst wird, wird die Weiblichkeit in uns immer stärker schwinden.

DAS GESETZ DER ANZIEHUNG ZWISCHEN DEN GESCHLECHTERN

Da in intimen Beziehungen vier Energiezustände im Spiel sind, ist die Anziehungskraft kein einfacher Mechanismus. Die Anziehung wird durch das Prinzip der Gegensätzlichkeit hervorgerufen in einem Prozess, der bei einem gleichgeschlechtlichen Paar genauso abläuft wie bei einem heterosexuellen Paar. Wenn Sie beispielsweise eine männlich orientierte Frau sind, werden Sie sich aller Wahrscheinlichkeit nach viel stärker von einem weiblich orientierten Mann angezogen fühlen statt von einem sehr männlichen. Hier ist die Polarität am Werk. Ein sehr femininer Mann wird dementsprechend auch keine sehr weibliche Frau anziehend finden. Es besteht einfach keine gegensätzliche Anziehungskraft. Glücklicherweise ist es möglich, dass sich die Polarität innerhalb eines Paares verschiebt, und auch Partner, die schon lange zusammen sind, können sich immer noch stark voneinander angezogen fühlen, obwohl sie sich verändert haben.

Ein weiterer Grund, warum Beziehungen vom Kurs abkommen, ist, wenn ein Partner sich bewusst persönlich verändern will und der andere sich weigert, dies mitzumachen. Das bedeutet für die Beziehung oft eine Katastrophe. Wenn sich einer in der Beziehung ändert, verschiebt sich die Polarität und damit der Grad der Anziehung.

Die Polarität ist ständig gleichermaßen für Anziehung und Abstoßung verantwortlich. Wir sind wie Magnete, die sämtliche Energien und Kräfte in der Welt anziehen oder abstoßen. Wir haben die Macht, uns zu verändern, und können so auch beeinflussen, was sich in unserem Energiefeld findet. Aufgrund der Veränderungen in der Welt im Laufe der letzten sechzig Jahre haben sich neue Archetypen bei Männern und Frauen entwickelt. Diese Archetypen verbinden sich in Beziehungen und verhalten sich auf unterschiedliche Weise.

Wie auf einem Spielplatz gibt es immer Personen, mit denen man lieber spielt, und welche, die man meidet. Wir fühlen uns natürlich von jenen angezogen, deren Energie gut zu unserer passt. Beziehungen werden oft durch die Linse der gegensätzlichen Kräfte betrachtet. Wir untersuchen hier, welche Kräfte tatsächlich in Paaren mit gegensätzlichen Energien im Spiel sind.

GLEICH, ABER UNTERSCHIEDLICH: EINE NOTWENDIGE KOMBINATION

Als Männer und Frauen war es uns sicherlich nicht beschieden, identisch zu sein. Wenn wir gleich sein sollten, wären wir als androgyne Wesen auf die Welt gekommen. Als Männer und Frauen funktionieren unsere Körper grundsätzlich auf gleiche Weise, aber unterschiedlich. Dieser Unterschied ermöglicht es uns, neues Leben zu erzeugen. Angesichts dieser Fähigkeit wäre es lächerlich, anzunehmen, dass wir unterschiedlichen Ranges sind. Nun ist der Zeitpunkt gekommen, unsere Gleichheit in dem vollen Bewusstsein dessen zu akzeptieren, wer wir sind. Männer und Frauen sind gleich. So kamen wir auf die Welt. Und wir sollten unser Leben als Gleichrangige führen. Wenn wir sterben, tun wir das ebenfalls gleichrangig. Sämtliche Ungleichheiten, ob tatsächliche oder vermutete, mit denen wir uns im Leben abgeben müssen, entstanden nicht aufgrund der Tatsache, dass das eine Geschlecht minderwertiger wäre als das andere. Jene Ungleichheiten haben mit Angst und Kontrolle in unserer Gesellschaft und unserer Erziehung zu tun. Immer wenn unsere Unterschiede als Vorwand benutzt werden, anderen Schaden zuzufügen, stört dies das gesellschaftliche Netz insgesamt.

Ich glaube, dass unsere Aufgabe als Frauen heutzutage heißt, tief im Herzen anzunehmen und zu glauben, dass wir ebenbürtig mit dem anderen Geschlecht sind. Doch wenn wir uns wie Männer aufführen, ist das keine Lösung. Und wenn wir die Männer als Schurken darstellen oder genauso gewalttätig werden wie sie es im Laufe der Geschichte gewesen sind, setzt sich die Ungleichheit zum Nachteil der Frauen nur fort. Wenn wir uns verhalten, als seien wir nicht ebenbürtig, vergrößert dies nur den Abgrund zwischen Männern und Frauen. Und wenn der Krieg zwischen den Geschlechtern sich ausbreitet, findet niemand mehr Frieden. Stattdessen ist nun der Zeitpunkt für Frauen gekommen, die Tatsache einzuräumen, dass wir unterschiedlich, aber gleich sind. Wenn Frauen sich selbst respektieren, werden sie auch von anderen respektiert. Das ist eine gesunde Grundlage für Fortschritt, der zu einem bisher unerreichbaren Zustand von Gleichheit führen und ermöglichen kann, dass sich die Beziehungen zwischen den Geschlechtern endlich positiv entwickeln.

NEUE ERKENNTNISSE

Wir haben nun beschrieben, wie sich männliche und weibliche Seiten zeigen, und können jetzt erkennen, wie diese Energien in Verbindung miteinander funktionieren. Es ist unmöglich, dass das eine ohne das andere existiert. Die Aspekte sind voneinander abhängig und aufs Engste miteinander verbunden. Sie bilden eine Energiespirale, die sich durch Männer wie Frauen windet. Im nächsten Teil dieses Buches finden wir Beispiele, wie sich diese verschiedenen Eigenschaften tatsächlich ausdrücken. Sie werden lesen, wie es einigen meiner Klienten gelungen ist, ein Gleichgewicht zu finden und ihr Leben und ihre Beziehungen zu verbessern, indem sie dieses neue Paradigma zwischen Mann und Frau für sich akzeptierten. Sobald sie ein besseres Gleichgewicht zwischen ihren inneren weiblichen und männlichen Aspekten hergestellt hatten, manifestierten sich diese Veränderungen auch in ihrem äußeren Leben.

TEIL ZWEI

KAPITEL 5
Welcher Archetyp sind Sie?

SIE FRAGT: »WAS GLAUBST DU, WER DU BIST?«
ER ANTWORTET: »ICH WEISS ES NICHT.
WARUM SAGST DU ES MIR NICHT?«

WIE MÄNNLICH ODER WEIBLICH SIND SIE?

Wir machen nun eine kleine Pause für ein Spiel, ehe wir uns ernsthafter mit den Archetypen befassen. Der folgende Fragebogen gibt Ihnen ein paar Einblicke in Ihre allgemeine innere Ausgewogenheit zwischen männlichem und weiblichem Aspekt. So können Sie erkennen, was sich in Ihrem Alltag stärker zeigt. Diese Umfrage sollte aber nicht ganz ernst genommen werden, denn um tatsächlich den Archetyp eines Menschen festzulegen, muss man diesen lange analysieren und darüber nachdenken. Am besten geschieht dies auch durch eine dritte Person, die das System der Archetypen gründlich studiert hat und weiß, wie diese sich manifestieren. Sicher trifft es auch zu, dass manche Menschen die Aspekte von mehr als nur einem Archetyp aufweisen. Aber für den allgemeinen Leser finde ich die folgenden Fragen, die man so ehrlich wie möglich beantworten sollte, nützlich für eine rasche Einschätzung, wie er Tag für Tag seine inneren männlichen und weiblichen Energien anwendet. Die Auswertung finden Sie im Anschluss daran. Viel Spaß!

ZEHN FRAGEN ZU IHREM ARCHETYP

1. Nehmen Sie sich regelmäßig Zeit für Entspannung und Besinnung?

A. Ich finde jeden Tag Zeit zum Nachdenken.
B. Ich habe keine Zeit, in aller Ruhe nachzudenken.
C. Ich achte darauf, mich mindestens einmal in der Woche zu entspannen und über mein Leben nachzudenken.
D. Ich glaube nicht, dass irgendeine Form von Meditation oder Besinnung wirklich hilft.

2. Sie haben gerade erfahren, dass ein Freund sehr krank ist. Wie reagieren Sie darauf?

A. Ich überlasse ihn/sie den Ärzten – die wissen, was am besten ist.
B. Ich frage sofort nach, ob ich irgendwie helfen kann.
C. Ich rufe den Freund nach ein paar Wochen an, um zu sehen, ob es ihm/ihr besser geht.
D. Ich biete an, die Kinder der Freundin von der Schule abzuholen, und koche ihnen das Abendessen.

3. Sie erleben, wie eine Kollegin im Büro gemobbt wird. Was tun Sie?

A. Ich tue so, als hätte ich es nicht bemerkt. Es nützt ja nichts, sich einzumischen.
B. Ich spreche mit der Person und biete ihr meine Unterstützung an. Ich lade sie zum Mittagessen ein.
C. Ich habe Mitleid, überlasse es aber demjenigen, mit der Situation allein fertigzuwerden.
D. Ich zögere nicht, für sie einzutreten, sobald sich dazu eine Gelegenheit ergibt.

4. Sie gehen mit jemandem zum Essen aus. Dann kommt die Rechnung. Was tun Sie?

A. Ich tue so, als würde ich die Rechnung nicht sehen, und warte ab, wie der andere sich verhält.
B. Ich übernehme, ohne zu zögern, die Rechnung und bezahle sie.
C. Ich bin bereit, für meinen Anteil zu zahlen, warte aber auf die Initiative des anderen.
D. Ich nehme die Rechnung, rechne genau aus, was wir beide zu zahlen haben, und bitte den anderen um seinen Anteil.

5. Sie haben herausgefunden, dass in Ihrem Wohnblock ein sehr attraktiver Mensch lebt, an dem Sie interessiert sind. Was tun Sie?

A. Ich beobachte ihn/sie aus der Ferne, unternehme aber nichts, um ihn/sie kennenzulernen.
B. Ich plane, ihm/ihr wie zufällig mehrfach zu begegnen, damit er/sie auf mich aufmerksam wird.
C. Ich warte darauf, dass er/sie mich bemerkt. Dann lächele ich ihn/sie freundlich an.
D. Ich gehe bei passender Gelegenheit auf ihn/sie zu und stelle mich vor.

6. Man hat Sie um eine Verabredung gebeten. Sie mögen die Person, aber sie kommt nur langsam in die Gänge. Was tun Sie?

A. Ich tue nichts und warte darauf, dass sie sich mit einem Vorschlag meldet.
B. Ich rufe nach kurzer Zeit an, um die Verabredung festzulegen.
C. Ich übe mich in Geduld. Ich brauche das Was, Wo und Wann nicht zu wissen. Wenn sie mich zu spät anruft und ich andere Pläne habe, müssen wir etwas anderes verabreden.
D. Ich rufe die Person unter einem Vorwand an und frage zum Schluss, wann und wo wir uns treffen sollen.

7. Sie haben Ihre Frisur rigoros verändert und sind nun plötzlich zum Mittelpunkt Ihrer Gruppe geworden. Wie reagieren Sie auf die Komplimente der anderen?

A. Ich begrüße die Komplimente freudig und mit Befriedigung.
B. Ich bedanke mich, aber entschuldige mich gleich darauf, etwa indem ich sage: »Oh, eine Veränderung war nötig.«
C. Ich reagiere freundlich und dankbar auf jedes Kompliment.
D. Mir ist es peinlich, dass meine neue Frisur so viel Aufmerksamkeit findet.

8. Ihr Partner vergisst, sich an der Hausarbeit zu beteiligen. Was tun Sie?

A. Ich warte, bis er die Zeit dazu findet.
B. Ich erledige seinen Anteil, meinen Anteil und alles andere, was getan werden muss.
C. Ich lasse die Situation eine Weile auf sich beruhen und achte darauf, ob er mit anderen, wichtigeren Angelegenheiten beschäftigt ist. Dann frage ich, wann ich damit rechnen kann, dass er sich wieder beteiligt.
D. Ich mache alles allein und nörgle, bis der andere das tut, was wir ausgemacht haben.

9. Sie werden von einem unerwünschten Verehrer verfolgt. Was tun Sie?

A. Ich verstecke mich, sobald ich ihn sehe.
B. Ich starre ihn aggressiv an, um ihn abzuschrecken.
C. Ich mache es ihm verbal und nonverbal sehr deutlich, dass ich kein Interesse habe.
D. Ich sage fest und bestimmt, dass ich nicht interessiert bin.

10. Sie arbeiten zu viel. Ihnen ist klar, dass Sie völlig erschöpft sind. Was tun Sie?

A. Ich gönne mir jeden Tag eine Pause, auch wenn es nur eine halbe Stunde Alleinsein ist.
B. Ich plane Auszeit und buche einen Urlaub.
C. Ich buche einen Yoga- oder Meditationskurs.
D. Ich mache einfach so weiter in der Hoffnung, dass ich schließlich alles erledigen werde.

AUSWERTUNG

Zunächst zählen Sie zusammen, wie oft Sie entweder A oder C angekreuzt haben. Diese kombinierte Zahl ist der F-Quotient. Dann zählen Sie zusamen, wie oft Sie mit B und D geantwortet haben. Diese Summe ergibt Ihren M-Quotienten.

Wenn der F-Quotient zwischen 7 und 10 liegt, funktionieren Sie mehr nach Ihrem inneren weiblichen Geschlecht. Je höher dieser Wert, umso stärker tendiert die innere Polarität zum Weiblichen. Mit anderen Worten, ob Sie als Mann oder Frau auf die Welt kamen, Ihr natürlicher Instinkt ist es, im Alltag vornehmlich weiblich zu reagieren. In den folgenden Kapiteln über die Archetypen werden Sie viele Beispiele finden, die Ihnen verdeutlichen, wie sich Ihre natürliche weibliche Natur in Ihrem Leben und Ihren Beziehungen auswirkt.

Wenn Ihr M-Quotient zwischen 7 und 10 liegt, neigen Sie dazu, eher von einer inneren männlichen Geschlechtsperspektive aus zu agieren. Je höher der M-Quotient, umso stärker tendiert die innere Polarität zur Maskulinität. Mit anderen Worten, es ist Ihr natürlicher Instinkt, in tagtäglichen Interaktionen eher männlich zu reagieren. Und auch hier gilt, dass es unabhängig davon ist, ob Sie in einem männlichen oder weiblichen Körper zur Welt kamen. Wie sich dieses Resultat in Ihrem Leben auswirkt, werden Sie an den vielen Beispielen in den folgenden Kapiteln erfahren.

Falls Sie bei beiden Quotienten 4, 5 oder 6 Punkte erreichen, heißt dies, dass Sie hinsichtlich Ihres inneren Geschlechtstyps recht ausgeglichen sind. Unter bestimmten Umständen werden Sie die weibliche Seite in sich begünstigen, in anderen den maskulinen Aspekt einsetzen, um mit einer Lebenssituation fertig zu werden.

Allgemein kann gesagt werden: Je ausgewogener jemand hinsichtlich der beiden inneren Geschlechtertypen ist, umso unbeschwerter und gelassener kann er mit den tagtäglichen Herausforderungen des Lebens fertig werden. Die Ausgewogenheit der beiden Polaritäten macht sich auch in intimen oder anderen zwischenmenschlichen Beziehungen bemerkbar. Die Komplexität dieses Gebens und Nehmens zwischen zwei Menschen ist das eigentliche Thema dieses Buches, vor allem wie es sich auf unser Leben auswirkt, wenn sie aus dem Gleichgewicht geraten ist.

DIE HEUTIGEN ARCHETYPEN

Sie haben jetzt eine ungefähre Ahnung, wie männlich oder weiblich Sie selbst innerlich sind, und wir sollten uns nun eingehender mit den acht Archetypen befassen, die ich durch ausgedehnte Forschung und Analyse aufgestellt habe. Jedes Kapitel über einen Archetyp beginnt mit einer Fallstudie, die auf realen Fallakten beruht, doch jede persönliche Geschichte ist als eine Art Montage geschrieben. Ich habe verschiedene Aspekte miteinander kombiniert und natürlich die Namen, Berufe und Lebensumstände verändert, um die Privatsphäre dieser ehemaligen Klienten und deren Freunde zu schützen.

Wir wissen also, dass Frauen nach Jahrhunderten aus der Welt des häuslichen Lebens endlich befreit wurden. Sie waren nun nicht mehr ans Haus gebunden und frei, ihre Männlichkeit zu erforschen und männlichen Aktivitäten nachzugehen. Und es überrascht nicht, dass alle möglichen Frauen das auch einfach taten!

Eine unermessliche Anzahl von Frauen akzeptierte ihre neue Männlichkeit auf eine Weise, wie man es noch nie zuvor in der Geschichte erlebt hatte. Viele wurden im wahrsten Sinn des

Wortes männlich – abgesehen vom physischen Aspekt. Sie wurden zu stark männlich orientierten Frauen, die ehrgeizig waren, rivalisierend und sogar aggressiv. Zwei Archetypen sind am stärksten androgyn: die Tückische *Andro-Frau* und ihre Schwester, die tugendhafte *Andro-Frau*. Hier muss erwähnt werden, dass auch die anderen drei weiblichen Archetypen männlich orientiert sind, aber in unterschiedlichem Grad und aus unterschiedlichen Gründen.

In gleicher Weise, wie sich die Welt für Frauen veränderte, begannen auch die Männer ihre innere Weiblichkeit eher zu akzeptieren. Es gibt heute sehr viele Männer, die in gutem Einklang mit ihrer weiblichen Seite leben. Ich habe schon erwähnt, dass diese Männer meinem Mann-Frau-Paradigma zufolge grob gesehen in drei Archetypen fallen.

Aber indem immer mehr Männer sich begeistert ihrer weiblichen Aspekte bedienten, fanden die Frauen in deren Leben, dass sie die männlichen Aspekte übernehmen mussten, weil sich sonst nichts abspielte. Die Andro-Schwestern hatten die Männerwelt zwar freiwillig betreten, aber die Partnerinnen dieser nun feminisierten Männer waren nun gezwungen, sich in die Männerwelt zu begeben.

Die Frauen, die die Verpflichtungen übernahmen, die die immer weiblicher werdenden Männer einfach aufgegeben hatten, trugen nun plötzlich die Verantwortung für alle Aspekte des Familienlebens und arbeiteten obendrein ganztags. Ich bin diesen Frauen in meiner Praxis immer wieder begegnet: Sie sind Mütter, Hausfrauen und Brotverdienerinnen und so zu Supersklavinnen geworden. Ich nenne sie die *Gutmütigen*. Ihren Archetyp werden wir als ersten untersuchen.

Die drei Archetypen erzählen aber nicht die ganze Geschichte. Es gibt noch eine andere Gruppe von männlich orientierten Frauen, die die Fassade der Weiblichkeit beibehalten und damit ihre Macht vergrößert haben. Sie sind Meisterinnen der Manipulation aller Männer, die sich in ihrem Umkreis bewegen. Sie sehen aus wie Frauen, sie bewegen sich wie Frauen, aber genau da hört der Vergleich auch auf. Hier haben wir es nicht mit einer ausgesprochen weiblichen Frau zu tun. Sie ist vielmehr so fälschlich weiblich, dass ich sie *Faux-Frau* genannt habe, die »Falsche Frau«.

In den letzten Jahrzehnten hat sich noch ein weiterer weiblicher Archetyp herausgebildet. Diese Frau macht Jagd auf Männer, die jünger sind als sie selbst. Ihre Motive sind nicht ganz klar, ich vermute, es handelt sich zumindest teilweise um Rache. Sie locken mit ihrer Erfahrung und ihrem Charme einen jungen, wehrlosen und unerfahrenen Mann in ihren Bau. Man nennt sie allgemein die *Pantherfrau*, und ich habe diesen Namen ebenfalls für diesen Archetyp gewählt.

Nach den fünf weiblichen Archetypen befassen wir uns mit den drei männlichen. Der erste ist der *Sensible*. Er findet es ganz natürlich, andere zu beschützen. Er kann für andere sorgen und tiefe Gefühle für andere empfinden, aber auch handeln, falls dies erforderlich ist. Sein Archetyp ist vom Aussterben bedroht. Sensible Männer wissen nicht immer genau, wie sie sich bei einer Verabredung verhalten sollen, aufgrund der Verwirrung zwischen den Geschlechtern und der Schmähungen, mit denen sie von stark maskulinen Andro-Frauen überhäuft wurden.

Die anderen beiden männlichen Archetypen sind der *Extrem Weibliche* und der *Pseudo-Maskuline*. Beide bedienen sich der inneren Weiblichkeit auf unterschiedliche Weise und mit unterschiedlichen Zielen. Wenn man diese Archetypen erst zu unterscheiden gelernt hat, vergrößert sich die Chance, den passenden Arbeitskollegen, Freund oder Partner zu finden.

Lassen Sie uns also klarstellen: Alle unsere weiblichen Kategorien haben eine gewisse maskuline Orientierung, und unsere männlichen Typen bedienen sich auf unterschiedliche Weise ihrer weiblichen Seite. Die Polarität und das Gesetz der Anziehung zwischen den Geschlechtern führen sie zusammen, und jede unserer maskulinen Frauen kann sich von einem der weiblich-männlichen Archetypen angezogen fühlen.

Um diese Vielschichtigkeiten besser zu verstehen, muss man das Leben dieser Archetypen, während sie ihren Alltag in Angriff nehmen, genauer unter die Lupe nehmen. Betrachten wir also unsere erste Fallstudie und untersuchen das Leben der *Gutmütigen* in der heutigen Zeit.

KAPITEL 6
Die Gutmütige

SIE SAGT: »ICH KANN MICH SEHR GUT UM MICH SELBST KÜMMERN.«
ER SAGT: »WUNDERBAR.
KÖNNTEST DU DICH AUCH UM MICH KÜMMERN?«

DEBORAH: DIE LEERE BATTERIE

Als Deborah, eine bekannte Innenarchitektin, mein Sprechzimmer betrat, wirkte sie ausgesprochen gestresst. Ich fand bald heraus, wie erschöpft sie zudem war. Ihre Firma war sehr erfolgreich, aber nach jahrelangem ununterbrochenem Druck war sie am Ende. Sie hatte zwei Töchter im Teenageralter, die anfingen, ihre Grenzen auszutesten. Aber Deborah merkte nicht einmal, unter welchen Anspannungen sie litt. Sie hielt ihr Leben für ganz normal.

Bei unserer ersten Begegnung in meinem Sprechzimmer begrüßte ich sie sehr herzlich. Dann stellte ich ihr die Frage, die ich Klienten am Anfang immer stelle: »Wie kann ich Ihnen helfen?« Sie ließ sich auf meinem großen Sofa nieder, hockte aber eigentlich eher nur auf der Kante.

»Machen Sie es sich doch bequem, Deborah. Wir haben neunzig Minuten Zeit, und ich möchte, dass Sie sich hier ganz entspannt fühlen.«

Nur zögernd rutschte sie tiefer in die Sofaecke, nachdem sie ihre Handtasche auf dem Boden abgesetzt hatte. Wie bei vielen

Klienten fiel mir auf, wie sich ihre Atmung veränderte, und ich erkannte, dass sie sich ein wenig gelockert hatte. Dann legte ich sanfte, meditative Musik auf, und nach wenigen Minuten begann Deborah zu weinen.

ZEIT FÜR TRÄNEN

Ich ließ sie weinen und räumte ihr den Freiraum ein, damit sie alles freisetzen konnte, was sie auf diese Weise loswerden musste. Dann begann sie, sich zu entschuldigen, denn es war ihr deutlich peinlich, ihren Emotionen derart freien Lauf gelassen zu haben. Das kam für mich nicht unerwartet; es war Teil meiner ganz normalen Arbeit. Ich hielt den Blick abgewendet, um ihr Unbehagen nicht noch zu verstärken, und bot ihr eine Tasse grünen Tee an. Sie akzeptierte dies dankbar und nahm sogleich einen kleinen Schluck. Allmählich beruhigte sie sich.

»Also«, begann sie, »eigentlich bin ich nicht zum Weinen hergekommen. Sicher wollen Sie sich nicht mit einer Heulsuse als Klientin abgeben, oder?«

»Nun, ich begrüße es eigentlich immer, wenn meine Klienten weinen. Das passiert hier sehr häufig«, erklärte ich sanft. »Viele meiner Klienten betrachten diesen Raum als einen sicheren Ort, an dem sie genau das tun können.«

Sie war davon sichtlich überrascht und brachte eine andere Entschuldigung vor: »Ich finde es einfach sehr unangemessen, in der ersten Sitzung loszuheulen, ja, eigentlich ist es sehr unprofessionell.«

Diese kurzen Sätze hatten mir bereits eine Ahnung dessen vermittelt, mit welchem Frauentyp ich es an jenem Nachmittag zu tun hatte. Es war deutlich, dass sonst immer andere zu Deborah kamen, um sich auszuweinen. Sie war es bestimmt nicht gewöhnt, zu weinen. Deborah hatte keine Ahnung, wie viel sie mir durch ihr Verhalten und ihre Reaktionen über sich selbst verriet. Sie war höchstwahrscheinlich eine *Gutmütige*.

Deborah bemerkte, dass sie den Raum sehr friedlich fand,

und ich erklärte, dass dies meine Absicht sei, weil meine Klienten es schätzten, sich an einem sicheren und ruhigen Ort zu entspannen und ihre Gedanken zu ordnen. Das akzeptierte sie, aber ich erkannte, dass sie es nicht gewohnt war, umsorgt zu werden.

Wie so viele *Gutmütige* fand Deborah es schwierig, sich ganz einfach und rasch zu entspannen. Sie tat sich schwer, sich während eines ganz normalen Arbeitstages die Zeit zu nehmen, um »über mich selbst zu reden«, wie sie es beschrieb, und gestand, dass sie sich schuldig fühlte, so »egoistisch« zu sein. Das alles war für mich nichts Neues. Ich erklärte ihr kurz, welchen Nutzen sie aus den Sitzungen mit mir gewinnen könnte, und garantierte ihr auch, dass sich ihr Arbeitsleben verbessern würde, sobald sie sich ein wenig Zeit für sich selbst nahm.

Ich war ihr mehrfach empfohlen worden, daher vertraute sie mir gleich von Anfang an. In dieser ersten Sitzung besprachen wir ihre vorläufigen Ziele. Sie entspannte sich sichtlich, als wir mögliche Vorteile für ihr Geschäft besprachen – das war ihr wohl am wichtigsten –, aber sie reagierte eher zurückhaltend, als ihr klar wurde, dass sie bereit sein müsste, einige Aspekte ihrer Persönlichkeit zu ändern, wenn unsere Arbeit erfolgreich sein sollte.

DIE *GUTMÜTIGE* SCHAFFT IMMER ALLES

Genau wie erwartet stellte sich Deborah als superzuverlässig heraus. Ich hatte keinen Zweifel, dass sie sehr beflissen und entschlossen den Prozess hier durchführen würde. *Gutmütige* erledigen immer alles perfekt, was sie sich selbst auftragen. Sie konzentrieren sich darauf, wie sie das Leben anderer verbessern können, und für Deborah bedeutete dies, dass sie immer zuerst an andere dachte: ihre Geschäftspartner, ihr Personal, Klienten, die Kinder – und jetzt auch noch an mich.

Den Rest der Sitzung verbrachten wir damit, Ziele für unser Programm aufzustellen. Sie formulierte sie recht geschäftsmäßig, und ich verstand, dass dies für sie nötig war, damit sie den Prozess nicht als einen Egotrip betrachtete. Sie stellte aber eine persönliche Frage, die mich für eine erste Begegnung mit diesem Frauentyp überraschte: »Glauben Sie, dass sich meine Erschöpfung dadurch geben wird? Ich war schon beim Arzt, und er hat alle möglichen Tests durchgeführt, ohne einen Grund dafür zu finden.«

Falls ich noch Zweifel gehabt hätte, was für einen Typ diese wunderbare Frau darstellte, so waren sie nun ausgeräumt: »Ich bin sicher, dass als Ursache für Ihre Erschöpfung keine Krankheit infrage kommt. Wir schaffen es bestimmt, Ihr Leben wieder in Einklang mit Ihnen selbst zu bringen«, versicherte ich ihr. »Wenn das eintritt, wird sich die Erschöpfung auflösen.« Damit hatte Deborah den ersten Schritt auf einer Reise getan, auf der ich sie in den folgenden achtzehn Monaten begleiten würde.

Wie erwartet hatte Deborah, als sie eine Woche später wiederkam, alle ihre »Hausaufgaben« erledigt. Sie folgte dem neuen Ritual, es sich mit einer Tasse grünem Tee in der Sofaecke bequem zu machen, das sie schon nach einer einzigen Sitzung für sich entdeckt hatte.

»Ich hatte mich auf die Musik gefreut«, sagte sie und lehnte sich tiefer in die Kissen. Sobald die Musik einsetzte, wurde ihre Atmung regelmäßiger. Wir verloren aber keine Zeit, denn sie war eindeutig für die Veränderungen bereit, die mein Programm für sie bewirken sollte.

Ihr Eifer in der zweiten Sitzung war sehr befriedigend für mich. Deborah hatte ihre Angst abgelegt, und ihre Schuldgefühle hatten nachgelassen. Dann wurde mir klar, dass ich ihr eine Menge »Hausaufgaben« gegeben hatte und sie sich deshalb nicht mehr als egoistisch empfand. Alles in ihrem Leben war mit Mühe verbunden, und sie scheute sich nie, Verantwortung zu übernehmen. Jetzt arbeitete sie auf ein Ziel hin, was sie Mühe kosten würde, und sobald das der Fall war, fühlte sie sich mit sich im Reinen.

EIGENE VERÄNDERUNGEN ERKENNEN

Deborah hatte auf mein Anraten erneut ihren Arzt aufgesucht. Er konnte ihr versichern, dass bei ihr alles in Ordnung sei. Ihr Gesundheitszustand war gut, und sie hatte damit die Erlaubnis, mit unserem Programm zu beginnen. Das war für sie ebenfalls sehr wichtig.

Die »Hausaufgaben« hatte sie erledigt. Das brachte ihr weitere Punkte ein.

Jetzt konnte sie sich konzentrieren, weil sie die aufgetragenen Aufgaben erledigt und damit ihr Verantwortungsgefühl befriedigt hatte. Sie hatte mindestens zwanzig Seiten in ihr Tagebuch geschrieben und alle von mir vorgeschlagenen Punkte berücksichtigt. Eine so fleißige Klientin hatte ich schon lange nicht mehr erlebt! Deborah war wie eine Maschine. Für eine Frau, die angeblich erschöpft war, legte sie eine bewundernswerte Energie an den Tag.

Ich hatte sie unter anderem gebeten, die Aktivitäten und Aufgaben der vergangenen Woche aufzulisten. Dazu hatte sie ihren Terminkalender zu Hilfe gekommen und die Liste in ihrem Tagebuch erstellt. Ich war verblüfft, wie viel diese Frau Tag für Tag und Woche für Woche zu erledigen hatte. Abgesehen von den Schulterminen der Kinder, deren außerschulischen Verpflichtungen, einem sehr lebhaften Geschäft und den Sitzungen mit anspruchsvollen Kunden kümmerte sich Deborah auch noch sorgfältig um ihre alternden Eltern! Ich dachte: Diese Frau ist der Prototyp für die Superfrau. Ich machte mir Sorgen um sie, ließ mir das aber nicht anmerken.

Stattdessen fragte ich sie behutsam: »Deborah, auf welche von diesen wöchentlichen Verpflichtungen können Sie verzichten?«

»Auf keine«, lautete die Antwort.

»Deborah, wir müssen Ihren Terminkalender abspecken. Er enthält einfach viel zu viele Verpflichtungen, mal abgesehen von der neuen Verpflichtung Ihnen selbst gegenüber.«

Rasch erwiderte sie: »Aber ich habe alles erledigt, was Sie mir aufgetragen hatten. Ich habe das alles neben meinen sonstigen Aktivitäten untergebracht.«

»Sie sind eine ungewöhnliche Frau. Ein solches Verantwortungsbewusstsein ist mir schon lange nicht mehr begegnet. Aber was mir hier auffällt, ist der Satz: *Ich habe das alles untergebracht.* Merken Sie, was Sie damit ausdrücken? Sie müssen sich selbst im eigenen Leben *unterbringen*!«

Ich konnte ihr am Gesicht ablesen, dass sie das Gefühl hatte, mich irgendwie enttäuscht zu haben, was natürlich nicht zutraf. Das war eben ihre Reaktion darauf, mit einer weiteren Aufgabe in ihrem übervollen Terminkalender fertig zu werden. Sie würde deshalb nicht etwas anderes aufgeben, sie arrangierte einfach ihre Termine um, damit diese neue Aufgabe auch irgendwie »untergebracht« werden konnte.

AKTIVITÄTEN EINGRENZEN

Deborahs Verhalten war sichtlich am anderen Ende des *Gutmütigen*-Spektrums angesiedelt. Von einer inneren Perspektive aus war sie außer Kontrolle geraten und hatte ihr Gleichgewicht verloren. Aber ihre äußeren Verpflichtungen, Aufgaben und Termine waren allesamt unter Kontrolle.

Ich vermutete, dass ihr Stress mit Sicherheit unerträglich war. Aber Deborahs Pflichtgefühl, ihr Zwang, alles zu erledigen, und ihre Unfähigkeit, jemals etwas abzulehnen, waren phänomenal. Mir war klar, dass ich hier mit sehr viel Fingerspitzengefühl vorgehen musste, um ihr ganz, ganz allmählich klarzumachen, vor welchem gefährlichen Abgrund sie aufgrund der extremen Überbelastung stand.

»Deborah, Sie müssen ein paar dieser Verpflichtungen in der nächsten Woche aus Ihrem Terminkalender streichen.«

»Warum?«, wollte sie wissen.

Ich erklärte ihr, das sie die Zeit zum Entspannen brauchte, um Dinge zu tun, die sie immer schon tun wollte, zu denen sie aber nie die Zeit gefunden hatte. »Es ist eine Übung, um Ihnen das ständige Aktivsein abzugewöhnen, nach dem Sie so süchtig sind.«

Darauf reagierte sie ungeduldig: »Ich bin nach diesen Dingen nicht süchtig. Es ist bloß so, dass kein anderer diese Dinge erledigt, wenn ich es nicht tue.«

Diesen Satz hatte ich schon oft von *Gutmütige*n gehört, und ich reagierte darauf auch wie üblich: »Ich bin überzeugt, dass Sie feststellen werden, dass andere die Lücken ausfüllen, wenn Sie diese Verpflichtungen und Aufgaben abgeben. Diese Dinge werden dann einfach von anderen übernommen, und die freuen sich vermutlich auch über diese Chance ... Wie finden Sie das?«

»Dann fühle ich mich bestimmt überflüssig«, erwiderte sie.

Ich bohrte noch ein bisschen weiter, wie sie sich dabei fühlen würde, wenn andere ihre vermeintlichen Pflichten übernahmen.

»Ehrlich gesagt, nicht sehr gut«, sagte sie. »Dann fühle ich mich, als würde ich nachlässig werden. Vermutlich fühle ich mich auch schuldig und nutzlos.«

Darauf formulierte ich die Aufgabe positiv. »Dann ist es unsere Aufgabe hier, dass Sie ein paar Dinge in Ihrem Terminkalender streichen, ohne dabei zu denken, dass Sie andere im Stich lassen oder dass Sie Ihre Funktion in der Welt verloren haben. Tatsache ist, dass Sie viele Dinge auf sich genommen haben, die eigentlich nicht in Ihre Verantwortung gehören. Es ist eine Art von Arroganz zu glauben, dass Sie die Einzige sind, die alle diese Aufgaben erledigen kann. Meiner Meinung nach handelt es sich um eine Art Kontrolle.«

Tödliches Schweigen aus der Sofaecke.

DIE WAHRHEIT

Eine Weile saßen wir schweigend da. Dies war eindeutig eine große Herausforderung für Deborah. Sie brauchte eine Weile, um zu verdauen, was sie gerade erkannt hatte: Sicher war dies der Grund für ihre Erschöpfung und das Gefühl von Überforderung. Ich bot ihr eine weitere Tasse Tee an, die sie dankbar annahm. Sie trank in kleinen Schlucken. Wir saßen da wie zwei friedliche Katzen, die sich auch schweigend wohlfühlen in dem Wissen, dass diese Erkenntnis den Boden für Veränderungen bereiten würde.

Fakt ist, dass die *Gutmütige* Frau eine wunderbare, freundliche Person sein kann. Sie ist kompetent und kann sehr klug Probleme lösen, aber diese Fähigkeiten nutzen ihr selbst nichts, wenn sie neben ihren eigenen Verpflichtungen auch die Probleme aller anderen zu lösen beginnt. Sie scheint sehr belastbar zu sein, kann aber nur sehr schwer Nein sagen. Das führt sie in Bereiche, die sie eigentlich nichts angehen, und sie nimmt Dinge auf sich, die eigentlich nicht in ihrem Verantwortungsbereich liegen.

Dies ist ein Schlüsselproblem, das dieser Frauentyp lernen muss zu bewältigen. Sie muss deutlich zwischen ihrer eigenen Verantwortung und der anderer unterscheiden lernen. Dafür gibt es gute Gründe. Wenn man sich nicht zuallererst um sich selbst kümmert, endet man damit, dass weniger pflichtbewusste Menschen die eigene Gutmütigkeit ausnutzen. Deborahs Zwang zum Handeln musste unter die Lupe genommen werden, damit sie mehr an sich selbst denken und das innere Hamsterrad, das sie zu unaufhörlicher Aktivität zwang, verlangsamen konnte.

WIEDER MIT DEM KÖRPER IN KONTAKT STEHEN

In den folgenden Monaten erkannte Deborah immer deutlicher, wie sie ständig die Botschaften ihres Körpers ignorierte. Gemeinsam gelang es uns, diesen Prozess aufzuhalten, ehe er vermutlich zu Krankheit oder völligem Burn-out führte. Sie erkannte schließlich, dass sie ihre Lebensweise ändern musste. Vor Beginn unserer Zusammenarbeit hatte sie ihren Körper wie einen Feind behandelt, den man entweder ignorierte oder missachtete, wenn er sich beklagte. Im Laufe der Zeit lernte Deborah, ihren Körper eher wie ein Barometer zu betrachten und wie eine Freundin zu behandeln. Wenn sie sich nun müde fühlte, passte sie ihre Arbeitszeit an. Wenn sie sich überfordert fühlte, strich sie nicht so wichtige Termine aus ihrem Kalender.

Sie lernte dabei perfekt, Prioritäten zu setzen, und hatte nach neun Monaten sehr viel erreicht. Sie hatte abgenommen, ihre Verpflichtungen auf eine angemessene Zahl reduziert und gelernt, die Hausarbeit und andere häusliche Dinge an ihre Töchter zu delegieren, die sich als sehr kompetent erwiesen. Am wichtigsten aber war, dass sie bei der Planung der wöchentlichen Aktivitäten und Termine sich selbst an die erste Stelle setzte. Erst dann fand alles andere seinen Platz. Sie begann sogar wieder, mit Freunden auszugehen.

WIEDER AUF PARTNERSUCHE

Nun, da Deborah wieder mehr Luft in ihrem Leben hatte, war sie nicht auf die Gefühle der Leere vorbereitet, die nun hochkamen. »Früher, als ich immer so beschäftigt war, hatte ich nie einen Moment zum Nachdenken«, erzählte sie mir. »Und jetzt habe ich diese ganze Zeit zum Denken, zum Meditieren und erlebe dabei alle möglichen seltsamen Gefühle.«

»Erzählen Sie mir mehr darüber«, schlug ich vor.

Ein wenig verlegen antwortete sie: »Ich vermisse Gesellschaft, und das ist mir seit der Trennung von John noch nie passiert.«

Deborah war seit zehn Jahren geschieden und hatte nicht ein einziges Mal daran gedacht, sich Zeit für die Suche nach einer neuen Beziehung zu nehmen. Nicht einmal die Neigung dazu hatte sie verspürt. In diesen Jahren hätte eine neue Beziehung für sie nur mehr Arbeit bedeutet, eine weitere Verpflichtung, die sie in den bereits platzenden Terminkalender hätte einfügen müssen. Jetzt stand sie vor einem weiteren Durchbruch, den ich nun mit ihr auslotete: »Darf ich fragen, was für ein Typ Mann John war?«

Die Antwort war sehr offen: »Nun, kein sehr netter Typ. Mir wird das heute erst klar, wo ich mehr an mich selbst denke. Er hat mich während unserer Ehe nie richtig respektiert. Wie alle anderen lud er mir alle Verpflichtungen auf, die eigentlich seine waren.«

»Versucht er jetzt das Gleiche mit Ihren Töchtern? Hat er sich seit der Scheidung verändert?«, fragte ich, was sie jedoch verneinte. Ich spürte, dass es sich hier um ein Dauerproblem handelte, das sich in einer neuen Beziehung fortsetzen konnte. Daher erklärte ich ihr meine Gedanken.

»Deborah, wir haben schon besprochen, dass Sie sich stabilisieren und dafür sorgen müssen, dass Ihre weibliche Seite stark genug ist, ehe Sie sich auf eine neue Beziehung einlassen. Sie müssen sich genau darüber im Klaren sein, was Sie sich von einem künftigen Partner wünschen und womit Sie sich nicht mehr abfinden wollen.«

Sie nickte zustimmend. »Ich will nicht wieder so eine Beziehung wie mit John.«

Ich überlegte weiter. »Vielleicht klingt das ein wenig klinisch und nicht sehr romantisch, aber Sie sind der Frauentyp, der für Männer sehr empfänglich ist, die nicht gerne arbeiten – weder für die Beziehung noch allgemein.«

Sie erwiderte, dass ihr das nun klar, sie aber noch ein wenig besorgt sei. »Wie finde ich es heraus, wenn ich mich wieder mit dem falschen Männertyp einlasse? Ich will doch keinen Rückschritt und eine weitere traurige Beziehungsgeschichte erleben. Wissen Sie, immer bin ich es, die die ganze Arbeit übernimmt und alle Verantwortung auf sich lädt.«

DIE POLARITÄT BESTIMMT UNSERE RICHTUNG

Ich erklärte Deborah, dass sie bisher *Extrem Weibliche* oder *Pseudo-Maskuline* Männer angezogen habe, zwei der männlichen Archetypen, die ich in den folgenden Kapiteln eingehender behandeln werde. Sie werden sie in allen Einzelheiten kennenlernen und wie man sie einstuft, doch hier reicht es, wenn ich sage, dass diese Männer mehr weibliche als männliche Züge ausagieren. Genau das hatte Deborah stets angezogen. Ich sagte, dass das eigentlich nichts Schlimmes sei und wir aufgund der eigenen Energie Menschen in unser Leben ziehen, die perfekt zu unserer eigenen inneren Unausgewogenheit passen. Aber wenn wir uns nicht bewusst sind, wer wir energetisch sind, und nicht daran arbeiten, unsere innere Energie im Gleichgewicht zu halten, wiederholen wir ständig die alten Beziehungsmuster.

Deborah war zeit ihres Lebens eine aktive, tatkräftige Frau gewesen, was eine eher männliche Eigenschaft ist. Daher zog sie Männer an, die das genaue Gegenteil davon verkörperten: Sie waren innerlich eher weiblich ausgerichtet und eher Denker als Macher. Dies spiegelt das Gesetz der Polarität, das andere Konzept, das unsere zwischenmenschlichen und intimen Beziehungen beeinflusst. Deborah verstand das aufgrund unserer Zusammenarbeit seit über einem Jahr.

»Ich begreife, was ich tue, und ich kann heute viel besser erkennen, wenn ich ausgenutzt werde, aber wie weiß ich, dass die Männer, die ich neu kennenlerne, ehrliche Absichten haben?«

Ich erwiderte, dazu müsse sie die Augen offen halten und schon früh in der Beziehung die Kennzeichen ausmachen. Sie wisse jetzt besser darüber Bescheid und sei nicht der Typ, der den Boden unter den Füßen, den sie gerade erst gewonnen hatte, leicht wieder verlieren würde. »Der kritische Punkt für Sie, Deborah, ist, wenn Sie mit einem Mann zusammen sind und den Zwang verspüren, alles für ihn zu erledigen, dann wissen Sie, dass Sie wieder in Schwierigkeiten geraten.«

»Kann das denn immer noch passieren?«, fragte sie schockiert.

»O ja«, erwiderte ich fest. »Wir werden unsere natürlichen Veranlagungen und daher unsere Polarität nicht so einfach los. Sie haben jahrelang von einer männlichen Perspektive aus gehandelt – zu viel getan, sich zu stark für andere eingesetzt. Sie müssen noch lange Zeit wachsam bleiben, besonders zu Beginn einer neuen Beziehung.«

Ich erklärte ihr, dass sie sehr vorsichtig sein musste, wenn sie sich wieder mit einem Mann einließ. »Als Single, wenn wir allein leben, haben wir viel mehr Konrolle über unsere innere Ausgewogenheit und Polarität. Wir können unser Verhalten ändern, was letztendlich auch unsere Polarität beeinflusst. Wir können gut mit unserer Energie haushalten, da wir ja bloß uns selbst zu berücksichtigen haben – eine Einzelperson. Ich stelle das besonders bei Frauen fest, die sich nach langer Trennung erneut mit ihrer weiblichen Seite verbinden.«

Ich rief ihr in Erinnerung, dass wir zuallererst Energie sind. »Stellen Sie sich vor, wie ein neuer Mann in Ihr Leben tritt. Er hat seine eigene Energie und seine eigene Polarität. Denken Sie an einen Magneten: Die gegensätzlichen Pole ziehen einander stark an, ähnliche Pole stoßen einander ab. Und das Gleiche geschieht mit zwei Menschen in einer Beziehung.«

Deborah nickte und wiederholte dies mit ihren eigenen Worten. »Sie sagen also, wenn ein Mann in mein Leben tritt, beeinflusst seine Energie meine Energie, und wenn mir das nicht bewusst wird, könnte ich wieder in meine alten Muster zurückfallen? Wenn er eher weiblich reagiert und ich nicht aufpasse, kann er mich dazu bringen, dass ich wieder mehr meine männlichen Energien einbringe und wieder aus dem Gleichgewicht gerate. Oh, das will ich nicht! Das wäre ja furchtbar!«

AUF KURS BLEIBEN

Ich versicherte ihr, dass dies nicht ausschließlich negativ sei. Aber ich fand, dass wir dieses Gespräch führen mussten, weil sie derartig aufs *Machen* ausgerichtet war, was sie seit so vielen Jahren schon stark polarisiert hatte, ihre männliche Energie zu benutzen. Und aufgrund dieser ausgepägten natürlichen Polarisierung würde sie, wenn sie nicht aufpasste, immer noch für eher weibliche Männer anfällig sein.

Deborah war sehr typisch für diese Art männlich orientierte Frau. Sie nahm bereitwillig Verantwortung auf sich, die eigentlich nicht nötig war, in der Hoffnung, anderen etwas abzunehmen, oder weil sie glaubte, so richtig zu handeln. Das Problem mit diesem Verhalten war, dass sie ihr Leben für andere lebte.

Was passierte daher in ihrem ungelebten Leben? Meiner Erfahrung nach ist die *Gutmütige* so daran gewöhnt, nur einen Teil ihres Daseins auszuleben, dass sie nicht weiß, wie sie den ersten Schritt in eine andere Richtung tun kann. Da sie gewohnheitsmäßig andere rettet – vor sich selbst und deren Verantwortung –, entwickelt sie extreme Schuldgefühle, wenn sie es einmal wagt, zuerst an sich selbst zu denken. Aber um diesen Kreislauf zu durchbrechen und Krankheiten und Erschöpfung zu vermeiden, muss sie neue Prioritäten setzen.

ZURÜCK ZUR INNEREN WEIBLICHKEIT

Falls Sie sich als eine *Gutmütige* identifizieren und Veränderungen in Ihrem Leben vornehmen wollen, müssen Sie zunächst wirklich präsent sein – im Hinblick auf sich selbst. Das kommt Ihnen vermutlich anfangs sehr fremd vor, aber ist Teil des Prozesses.

Bei fast jeder Aufgabe, vor der Sie stehen, müssen Sie sich ganz bewusst fragen, ob dies eine Priorität für Sie ist oder für jemand anderen, dem es gelungen ist, Sie hier einzubinden. Wann immer jemand Sie daher bittet, etwas zu übernehmen, sei es zu Hause, bei der Arbeit oder in Ihrer Gemeinde, fragen Sie sich: Warum sollte ich das zu übernehmen? Kann das auch ein anderer machen? Glaube ich etwa, dass niemand anders dazu in der Lage ist? Rette ich diese Person zu ihrem Nutzen oder geht es hier um mein eigenes Bedürfnis, gebraucht zu werden? Die ehrlichen Antworten auf diese Fragen bestimmen, ob Sie Ihr Leben in erster Linie für sich selbst führen oder für andere. Sie werden bald begreifen, dass Ihr Wert intrinsisch ist, einfach weil sie leben. Dann werden Sie sich nicht mehr so gezwungen fühlen, ständig etwas für andere zu tun.

Rechnen Sie aber damit, am Anfang auf großen Widerstand in Ihnen zu stoßen. Vielleicht stellen Sie fest, dass Ihnen auf einmal Überzeugungen bewusst werden, von denen Sie vor diesen Änderungen keine Ahnung hatten. Das ist aber nicht ungewöhnlich.

Es kann sich um Ihre eigenen Überzeugungen handeln, vielleicht aber auch um die Ihrer Mutter oder sogar Ihrer Großmutter.

Innerhalb eines Familiensystems können solche Kernüberzeugungen sich auf eine Weise fortsetzen, die wir kaum wahrnehmen, und schließlich übernehmen wir sie als unsere eigenen. Falls Ihnen so etwas auffällt, nehmen Sie es nicht auf die leichte Schulter. Diese Überzeugungen können Teil eines ganzen Systems sein, Bestandteil Ihres kulturellen Erbes, vielleicht aber auch einfach eine Regel, die nur für die eigene Familie gilt. Betrachten Sie Ihre Vergangenheit rücksichtsvoll. Sie hat Sie dahin gebracht, wo Sie heute stehen. Der Mensch, der Sie jetzt sind, ist wahrscheinlich ein sehr guter Mensch, und Sie leben in einer anderen, moderneren Gesellschaft als Ihre Vorfahren. Sie haben Wahlmöglichkeiten und sind sich der Kosten stärker bewusst, die Sie tragen müssen, sollten Sie sich selbst und Ihre Gesundheit ignorieren.

DER UMGANG MIT DER WUT

Der Prozess, sich in unserer heutigen Welt zu ändern, ist komplex, und man braucht dazu viel Geduld und Ausdauer. Viele Menschen in Ihrem Leben haben es sich zur Gewohnheit gemacht, all ihre Probleme bei Ihnen abzuladen, aber jetzt ist der Zeitpunkt gekommen, diesen Prozess umzukehren. Vermutlich werden Sie anfangs wütend sein, wenn Sie viele der unnötigerweise übernommenen Aufgaben nun ablehnen, Dinge, die Sie Tag für Tag erledigten, die aber eigentlich nie zu Ihren echten Pflichten gehörten. Es ist nur natürlich, wütend auf diejenigen zu werden, die Ihnen diese Aufgaben aufgebürdet haben, doch die Frage lautet eigentlich: Bin ich wütend auf diese anderen oder auf mich selbst, weil ich nicht die Verantwortung für mein eigenes Leben übernommen habe? Denken Sie daran, dass diese anderen nur getan haben, was Sie ihnen erlaubten.

Seien Sie auch nicht überrascht, wenn Sie bemerken, dass Sie auf sich selbst wütender sind als auf die anderen. Bitte gehen Sie in diesem Stadium nicht zu hart mit sich ins Gericht. Sie wussten es einfach nicht besser, aber jetzt wissen Sie es. Beglückwünschen Sie sich zu Ihrem neuen Wissen und Ihrer Erkenntnis und verpflichten Sie sich dazu, sich zum Besseren zu verändern.

Wenn Wut auftaucht, ist der Zeitpunkt für den größten Heiler aller Zeiten gekommen: Vergebung. Indem Sie sich selbst vergeben, machen Sie sich damit das größte Geschenk für Ihre Heilung. Die *Gutmütigen* gehen ja in Wirklichkeit sehr grob mit sich selbst um. Die hohe Kunst der Selbstvergebung erlaubt es Ihnen, sich etwas hinzugeben, das über Sie hinausgeht. Dann werden Sie erleben, dass die negativen Gedanken aus der Vergangenheit und über Sie selbst eine Gelegenheit haben, sich in Gnade aufzulösen.

ZEIT ZUM ATMEN

Gutmütige Menschen hören nicht auf, etwas zu tun, daher brauchen Sie eine Methode, die es Ihnen ermöglicht, Zeit zum Atmen und einen Ort der Ruhe in Ihnen selbst zu finden. Ihr Körper braucht eine Gelegenheit, um in diese Ruhe zu kommen. Atemübungen sind sehr nützlich, um in engem Kontakt mit dem eigenen Körper zu bleiben. Man kann sich auch einer Yoga-Gruppe anschließen und dabei Frieden und Ruhe genießen. Mit zunehmender meditativer Praxis und wenn man versucht, sich jeden Tag Zeit dafür zu nehmen, wird sich Ihr Körper allmählich beruhigen, und nach und nach werden Sie sich der Weisheit Ihres Körpers immer stärker bewusst werden.

Bei Yoga, Tai Chi, Meditation oder anderen Übungen, bei denen Sie sich regelmäßig nach innen wenden, passieren zwei großartige Dinge: Erstens wird Ihre innere Weisheit zum Vorschein kommen, und zweitens werden Sie und Ihr Körper beginnen, zum beiderseitigen Vorteil zusammenzuwirken, statt dass Ihre Handlungen sich stets über Ihren Körper und seine Warnsignale hinwegsetzen. Schon bald werden Sie eine sehr schöne Partnerschaft mit sich selbst entwickeln und die Ausgewogenheit finden, die in Ihrem früheren hektischen Leben fehlte.

Als ausgewogener Mensch, bei dem sich der weibliche und der männliche Aspekt im Einklang befinden, können Sie auch einen Partner anziehen, dessen Aspekte ebenfalls ausgeglichen sind. Ihre Weiblichkeit wird auf einer höheren Ebene sein, sodass der Mann, den Sie kennenlernen, männlicher sein kann. Sie können dann Denken und Machen, Geben und Nehmen teilen, und als Paar sind Sie besser in der Lage, die Höhen und Tiefen des Beziehungsalltags zu meistern.

Wie Sie nun erfahren haben, sind die *Gutmütige*n die guten Menschen in diesem Leben. Sie kennen sich sehr gut in der Kunst der Selbstaufopferung aus. Das gelingt ihnen mühelos, aber sie müssen hart daran arbeiten, sich selbst dabei nicht zu vergessen. Die *Gutmütige* ist die Antithese der Frau, der wir im nächsten Kapitel begegnen.

KAPITEL 7
Die Tückische Andro-Frau

SIE SAGT: »DU MUSST TUN, WAS ICH SAGE.«
ER SAGT: »YES, SIR!«

FALLSTUDIE: ROXANNE

Beim Lesen meiner ersten Notizen über Roxanne musste ich mehrfach seufzen. Sie hatte mir vorab Informationen über sich zugeschickt, damit ich beurteilen konnte, ob wir miteinander arbeiten und ich ihr helfen konnte, das zu erreichen, was sie sich an diesem Punkt in ihrem Leben wünschte. In der E-Mail stand, dass sie, materiell gesehen, im Leben alles erreicht hatte, was sie wollte, aber nun sei es an der Zeit, einen Mann zu haben, ein gemeinsames Heim und ein Baby. Ihr Stil war präzise, sie redete nicht um den heißen Brei herum, und es klang so, als könne man diese Dinge einfach so im Supermarkt in den Wagen packen.

Ich fragte mich, warum mich dies so traurig stimmte. In den letzten zehn Jahren hatte ich viele Frauen wie Roxanne kennengelernt, ja, eigentlich war es eine ziemlich normale Geschichte für eine Frau Ende dreißig oder Anfang vierzig, die eine Krise erlebt und nicht begreift, welche Folgen dies für ihr Leben hat. Ich wusste, dass Roxannes Situation sich nachteilig auf ihr gesamtes weiteres Leben auswirken konnte, wenn sie jetzt nicht aufpasste. Mir wurde klar, dass ich seufzte, weil die von ihr benannten Probleme epidemisch häufig auftraten. Ich erkannte auch, dass Roxanne und ich uns auf einen ziemlich holprigen Weg begeben würden, sollten wir uns auf eine gemeinsame Arbeit in meiner Coaching-Praxis einlassen.

Roxanne erschien pünktlich zu ihrer ersten Sitzung und strahlte die gleiche klare Haltung aus, die ich schon in ihrer Mail erkannt hatte. Ohne Umschweife erklärte sie mir ihr Dilemma. Sie war eine hochgewachsene Frau in einem sehr eleganten Kostüm und trug Schuhe mit extrem hohen Absätzen – ein deutliches Zeichen, dass sie in allen Lebenssituationen den Eindruck von Kontrolle vermitteln wollte.

»Hallo, Roxanne, ich freue mich, Sie kennenzulernen«, begrüßte ich sie. Sie streckte mir die Hand entgegen. Ich hatte nichts anderes erwartet als ein ausgesprochen männliches Verhalten – und genau: Ihr Griff war sehr fest.

»Also, ich war ja froh, dass jemand abgesagt hatte und Sie mir früher als erwartet einen Termin geben konnten. Ich habe mir nämlich fest vorgenommen, diese Dinge so rasch wie möglich zu regeln.«

Auch das überraschte mich nicht. Sie wollte diese Probleme so rasch wie möglich »regeln«. Sie schien ihr Privatleben mit der gleichen Perspektive zu betrachten wie die Akten auf ihrem Schreibtisch, die man »regelte« und dann ablegte.

UND DANN KOMMT EIN BABY!

»Fangen wir also an, Roxanne?« Mehr wollte ich in diesem Moment nicht sagen. Roxanne begann, ohne zu zögern:

»Also, ich bin jetzt achtunddreißig und habe das meiste geschafft, was ich erreichen wollte. Es gibt zwar immer noch mehr, aber mir ist klar geworden, dass, wenn ich nicht bald ein Baby bekomme, die Gefahr besteht, im Alter ziemlich allein dazustehen.« So einfach war das. Ihre Gründe lagen klar und deutlich auf dem Tisch.

Ich reagierte darauf ebenso direkt. »Okay, Roxanne, dann

möchte ich als Erstes Ihre Gründe klären, warum Sie sich ein Kind wünschen. Sie sagen, Sie hätten sonst Angst davor, im Alter einsam zu sein. Ist das ein guter Grund, ein Kind in die Welt zu setzen? Ich stelle diese Frage, weil ich es wichtig finde, klare Gründe für das zu finden, was wir uns wünschen. Sind Kinder denn nicht um ihrer selbst willen ein kostbares Geschenk? Und nicht bloß eine Lebensalternative für die Eltern? Das kam mir bei Ihren Worten in den Sinn, und das wollte ich Ihnen mitteilen.«

Sie verstand, was ich meinte, und hatte auch eine Antwort darauf. »Ich habe darüber nachgedacht, aber ich wünsche mir ein Kind. Wenn kein Vater für mein Baby da ist, dann bin ich auch bereit, es allein durchzuziehen. Finanziell bin ich abgesichert, und es ist mir auch egal, ob ein Vater dabei ist oder nicht.«

Ihre kühlen Phrasen regten mich allmählich auf, denn ich hatte so etwas schon zu oft gehört. »Roxanne, verzeihen Sie mir, aber ich muss noch eine weitere Frage zur Klärung stellen. Ist es im Interesse eines Kindes, auf diese Welt zu kommen, ohne den eigenen Vater zu kennen? Glauben Sie nicht, dass es für ein Kind wichtig ist, zu wissen, dass es von beiden Elternteilen geliebt wird?«

Roxannes Antwort kam wie aus der Pistole geschossen: »Nein, das glaube ich nicht. Ich finde diese Vorstellung sehr altmodisch. Das machen doch heute alle, weil es so wenig passende Männer gibt.«

»Alle?«, fragte ich. »Ist das nicht eine Verallgemeinerung?«

Doch Roxanne fuhr mit der Gnadenlosigkeit eines Bulldozers fort. »Das ist mir egal. Ich bin es gewöhnt, alles zu bekommen, was ich anstrebe, und jetzt will ich ein Baby.«

Ich erkannte, wie sehr sie auf dieses Ziel fixiert war, daher änderte ich leicht die Richtung unseres Gesprächs. »Ich verstehe Sie, Roxanne, aber ehe wir zu dem Baby kommen, gehen wir doch einen Schritt zurück und reden über Beziehungen. Ich nehme hier einfach mal an, dass, wenn alles gleich bleibt, Sie es vorzögen, einen Vater für Ihr Kind zu haben?«

»Ja, sicher«, gestand sie zu. »Ich habe nur große Schwierigkeiten, den Mann zu finden, den ich haben will.«

UNTERSCHWELLIGE TRAURIGKEIT

Meine Fragen zielten darauf ab, der Motivation dieser hochgradigen Andro-Frau auf die Spur zu kommen. Bislang passte alles so zusammen, wie ich es erwartet hatte. Roxanne war ausgesprochen direkt und offen und verschwieg nichts. Sie war zudem ziemlich ungeduldig, als erwarte sie, alles, was sie wollte, von mir in der allerersten Sitzung präsentiert zu bekommen. Ich hingegen war mir nicht einmal klar, ob ich überhaupt mit ihr zusammenarbeiten wollte. Ohne die unterschwellige Traurigkeit und Verzweiflung, die ich in ihrer Stimme wahrnahm, hätte ich wohl gesagt, dass wir nicht zueinander passten.

Aber ich war mir ziemlich sicher, dass hinter dieser toughen Andro-Fassade ein kleines verlorenes Mädchen steckte, das so einsam und verzweifelt war, dass sie sich einfach jemanden wünschte, der dieses Vakuum füllen konnte. Sie hatte nur wenig Einsicht, wie sie sich selbst helfen konnte. Ich entschied mich, den Weg der Empathie einzuschlagen, und machte weiter, denn ich wollte Roxanne helfen, zunächst einmal einen Sinn für sich selbst zu finden, statt äußerlich nach einem zu suchen. Ihre extreme Einsamkeit schien sie anzutreiben, etwas zu *tun*, und dies hatte sich als Wunsch nach einem Kind manifestiert. Aber ehe wir weitermachten, musste ich mehr über diese Frau erfahren und was sich hinter ihrer toughen, fast ruppigen Fassade verbarg.

»Roxanne, erzählen Sie mir etwas über sich. Es ist gleich, wo Sie anfangen, und lassen Sie nichts aus. Sprechen Sie einfach aus, was Ihnen in den Sinn kommt.«

Sie zögerte nicht. »Nun, Sie haben vielleicht schon erkannt, dass ich eine Alpha-Frau bin. Das Gleiche gilt für meine Mutter und deren Mutter. So bin ich eben auch geworden. Mir gefällt das auch, denn ich mache keine Gefangenen und bin es gewohnt, alles zu bekommen, was ich will. Ich bin Anwältin und in meiner Firma hoch aufgestiegen. Heute bin ich Partnerin dort. Ich habe bisher fast alles erreicht, was ich mir im Leben vorgenommen habe.«

Dann zögerte sie einen Moment, und ich ergriff die Chance, sie zu unterbrechen. »Trifft es zu, Roxanne, dass Sie in materieller und beruflicher Hinsicht alles erreicht haben, aber nicht unbedingt in Ihrem Gefühlsleben?«

Sie reagierte darauf leicht gereizt. »Ja, vielleicht kann man das sagen, aber ich glaube, ich habe bisher einfach kein Glück in der Liebe gehabt. Ich bin nicht sicher, ob ich überhaupt an Liebe glaube, daher will ich ja auch in erster Linie ein Baby. Ich wünsche mir ein Kind mehr als einen Partner.«

Ich glaube, Roxanne hatte keine Ahnung, wie unverfroren das klang. Noch schien sie sich bewusst zu sein, wie kaltherzig sie mit den Themen Beziehungen und Kinderwunsch umging. Ich schwieg aber hierzu und ließ sie ihre Geschichte weitererzählen.

DIE ERFOLGSLEITER

Im Verlauf von Roxannes Karriere hatte es auch Stolpersteine gegeben: Chefs, mit denen sie eine Affäre hatte, und Kollegen, die gefeuert werden mussten, weil sie ihr im Weg standen. Sie hatte sich durch das Dickicht auf dem Weg zur Spitzenanwältin einen Pfad geschlagen, ohne jemals mit der Wimper zu zucken. Sie hatte keines ihrer Opfer verschont und schien keinerlei Reue über ihren beruflichen Weg zu empfinden. Meiner Ansicht nach war ihr Aufstieg zur Spitze recht dubios verlaufen.

Doch keine ihrer beschriebenen Taktiken war ungewöhnlich oder überraschend. Ich hatte das alles schon früher gehört. Der Weg einer *Andro-Frau* zum Karrieregipfel ist von Opfern gesäumt. Roxanne setzte die Liste ihrer Erfolge fort. Sie hatte ein wunderbares Haus, ging oft auf exotische Reisen und fuhr ein teures Auto, das sich ihrer Meinung nach auch ziemte für ihre Position in einer angesehenen Anwaltskanzlei.

Roxanne hatte zu fast allem eine feste Meinung und drückte diese auch sehr unverblümt aus. Diese Ansichten klangen wie Befehle, denen man gehorchen musste, ansonsten würde man die Konsequenzen spüren. Ich war ziemlich sicher, dass ich auch bald diese Konsequenzen erleben würde.

»Ich will einen Alpha-Mann, denn ich bin eine Alpha-Frau. Daher verdiene ich einen Alpha-Partner. Ich will nichts weniger als das. Und Sie müssen mir verraten, wie ich einen solchen Mann finde.«

Mit dieser Ankündigung ging sie fast zu weit. »Roxanne, ich glaube, wir müssen hier ein paar Dinge klarstellen, ehe wir weitermachen«, unterbrach ich sie mit fester Stimme. »Ich werde Ihnen nicht helfen, irgendjemanden zu *bekommen*. Ich werde mit Ihnen arbeiten. Ich bin keine Heiratsvermittlerin, sondern nur daran interessiert, dass Sie Ihr angestrebtes Potenzial erreichen. Ich würde mich niemals an etwas beteiligen oder Sie dazu anstiften, was die Rechte eines anderen Menschen beeinträchtigen würde.«

Den nächsten Punkt wollte ich noch klarer ausdrücken, daher sprach ich die Worte noch entschiedener aus. »Das heißt, dass wir niemanden und nichts manipulieren werden, damit Sie das Gewünschte erreichen. Verstehen Sie bitte, dass dies eine Grundbedingung für unsere Arbeit ist. Wir müssen uns beide darüber im Klaren sein, dass Sie mit diesem Prozess einverstanden sind. Und in diesem Prozess geht es um nichts anderes als um *Sie* allein.«

Darauf verstummte ich, um die Worte einsinken zu lassen. Ein paar Momente lang herrschte Schweigen. Dann meldete sich die analytische Roxanne wieder zu Wort. »Nun, das ist interessant. Wie gehen Sie dabei vor? Ehrlich gesagt, habe ich von so etwas keine Ahnung. Ich bin es gewöhnt, Menschen herumzuschieben, um den gewünschten Ausgang zu erzielen.«

»Nun, so arbeite ich nicht. Wollen wir weitermachen?«, fragte ich.

Plötzlich wirkte sie recht begeistert und voller Hoffnung. Sie wollte wissen, wie wir zusammenarbeiten würden, damit sie ein anderes Leben erkunden konnte. Ich glaube, diese Vorstellung war für Roxanne so reizvoll, weil ihr gesamtes bisheriges Leben mit all seinen Erfolgen darauf beruht hatte, alles nur auf Kosten anderer zu erreichen. Ich glaube, vor unserem Gespräch hatte Roxanne noch nie einen Gedanken an andere verschwendet. Mir wurde bald klar, dass sie überhaupt keine Ahnung hatte, wie sie etwas erreichen konnte, ohne anderen zu schaden. Mit einer solchen Denkweise war sie nicht vertraut, denn es gehörte einfach nicht zu ihrer Erfahrungswelt. Sie hatte nicht die geringste Vorstellung, wie man ohne Manipulation auskommen konnte. Manipulation war immer ihre Hauptstrategie gewesen. Das erkannte ich gleich am ersten Tag, und bei unserer Arbeit in den kommenden Monaten sollte sich dies immer wieder bestätigen.

IST DAS WIRKLICH ALLES?

Von außen betrachtet, führte Roxanne tatsächlich ein wunderbares Leben. Sie hatte viel erreicht, was sich auch in materiellem Erfolg zeigte. Doch innerlich fühlte sie sich leer und verzweifelt, und wenn sie über ihr künftiges Leben nachdachte, sah sie bloß eine riesige Wüste vor sich, in der sie allmählich ganz allein altern würde. Sie war klug genug, um zu erkennen, dass sie ihren Kurs ändern musste, und zwar rasch, weil das zunehmende Alter und die immer lauter tickende biologische Uhr die Einsamkeit, die sie jetzt schon empfand, sich noch mehr verstärken würden. Am Horizont hatte sich die Aussicht auf ein melancholisches, einsames Leben im Alter aufgetan, und die Wahrscheinlichkeit war recht hoch, dass es auch dazu kommen würde.

Beim Lesen ihrer ersten E-Mail hatte ich zu Recht angenommen, dass sie sich ein Kind als Garantie dafür wünschte, im Alter von jemandem versorgt zu werden, falls sie keinen Partner fand. Dies ist eine traurige Realität, der viele Andro-Frauen gegenüberstehen, denn sie verwenden so viel Zeit auf ihre Karriere und lassen ihre männlichen Muskeln spielen, ohne groß an ihr Gefühlsleben zu denken. *Andro-Frauen* könnten über ihren weiblichen Aspekt Trost finden, aber dieser ist so von dem männlichen überlagert, dass sie nicht wissen, wie sie anfangen sollen. Diese innere Unausgewogenheit garantiert ihnen quasi im Alter Einsamkeit und Verlassenheit.

»Roxanne, nehmen wir einmal an, dass Sie einen angemessenen Lebenspartner finden. Nach allem, was Sie mir erzählt haben, fanden Sie die meisten Männer bisher nicht adäquat. Sie haben bestimmt eine Ahnung, warum es mit diesen Beziehungen nie geklappt hat.«

Natürlich konnte sie jede Menge Gründe aufzählen. »O ja, es war ein unpassender Mann nach dem anderen«, begann sie. »Ich wurde es schließlich restlos leid, überhaupt an eine neue Beziehung zu denken. Ich hatte eine lange Affäre mit einem Kollegen, aber der war natürlich verheiratet und wollte seine Frau nicht verlassen. Typisch! Er war der Verwaltungschef in meiner Kanzlei. Doch er hat mir sehr bei meinem Aufstieg dort geholfen. Aber jetzt bin ich achtunddreißig und wünsche mir ein Kind.«

Ich ignorierte die ständige Wiederholung ihres Kinderwunsches und stellte weitere Fragen. Ich beschloss, zu dem anderen Begriff zurückzukehren, den sie vorher erwähnt hatte.

»Roxanne, warum benutzen Sie Begriffe wie *Alpha-Mann* und *Alpha-Frau*? Das finde ich interessant. Ich weiß, diese Bezeichnungen werden oft gebraucht, aber es ist vermutlich wichtig, zu klären, was sie mit Blick auf unsere Arbeit hier eigentlich bedeuten? Diese Art von Jargon beginnt oft im Internet und nimmt bald ein Eigenleben an. Viele dieser Ausdrücke sind weder präzise noch nützlich, und manchmal dienen sie zu nichts anderem, als dass man enttäuscht wird. Vielleicht sind Ihre Gedanken zu diesem Thema der Grund, warum Sie noch nicht den richtigen Partner gefunden haben?«

Sie sah mich ein wenig verdutzt an und erklärte dann. »Also, ich bin ehrgeizig, und ich bekomme meistens, was ich will. Ich mag keine Schlappschwänze, und mit Girlie-Frauen gebe ich mich sicherlich nicht ab. Ich will einen Alpha-Mann, weil ich diesen Männertyp verdiene.«

IN DER FALLE DER BEGRIFFLICHKEITEN

Ich erkannte, dass wir uns mit diesem Thema eine Zeit lang beschäftigen würden, und erklärte Roxanne, dass es auch eine andere Möglichkeit gab, den richtigen Partner zu finden. Diese Erklärung würde sie ein ganzes Stück aus ihrer Komfortzone herausholen. Ich wäre nicht überrascht gewesen, wenn sie damals aufgestanden wäre, um mein Sprechzimmer auf immer zu verlassen.

»Roxanne, meiner Meinung nach trifft der Begriff *Alpha-Mann* auf moderne Paare überhaupt nicht mehr zu. In der Tierwelt, wo der Begriff herstammt, hat etwa ein Löwenrudel ein Alpha-Männchen als Leittier. Kein anderer Löwe in dem Rudel würde es wagen, diesen Alpha-Mann nicht zu respektieren.

Und das Alpha-Männchen sucht sich ein Alpha-Weibchen zur Paarung«, fuhr ich fort. »Er wählt sie, weil sie stark ist und ihn bei seiner Aufgabe unterstützen kann, das Rudel zusammenzuhalten. Er ist der Beschützer und der Löwe, der die Richtung für das Rudel bestimmt. Beschützen und Bestimmen sind männliche Kerneigenschaften, und das trifft auch auf die menschliche Gattung zu.«

An dieser Stelle kam ich wieder auf sie zurück. »Meine Frage an Sie, Roxanne, ist, sind Sie bereit, in einer Beziehung diese Unterstützung zu geben? Sind Sie bereit, Ihrem Alpha-Mann bei seiner Aufgabe zu helfen, das Rudel zu beschützen und die Richtung zu bestimmen?«

Sie sah mich an, als sei ich völlig verrückt geworden, und rückte mir rasch den Kopf zurecht: »Nein, natürlich nicht. Das wäre ja völlig irrsinnig. In meiner Welt bin ich immer der King und würde mich nie mit der Rolle einer Helferin zufriedengeben.«

Jetzt war alles klar. Ich hatte genau die Antwort bekommen, die ich erwartet hatte. Und sie hatte sie mir klar und deutlich gegeben.

DIE POLARITÄT LÜGT NIE

»Bitte hören Sie mir jetzt aufmerksam zu, während ich Ihnen das simple Konzept der Polarität erkläre.« Ich ging zum Whiteboard und beschrieb dort die vier Energien, die sich in jeder Beziehung zwischen zwei Personen abspielen. Ich nahm Roxannes Polarität als Beispiel für die Frau in meiner Zeichnung. Dazu malte ich eine kleine runde Person, deren Körper in der Mitte eine vertikale Linie aufwies.

Über dieses Bild malte ich ein großes *M* für maskulin und ein kleines *f* für feminin. »So wirken Sie aus der energetischen Perspektive, Roxanne. Wenn Sie Ihre Energien tatsächlich erkennen könnten, würde das so aussehen.«

Sie war nicht sicher, ob sie das richtig begriff. »Sie meinen, ich bin eher maskulin als feminin? Wie kann das sein? Ich bin doch eine Frau.«

»Sie sind vielleicht eine Frau, aber Sie agieren viel stärker aus Ihrer männlichen Energie heraus«, erklärte ich. »Sie haben außerdem eine sehr dominante Persönlichkeit. Glauben Sie, ein echter Alpha-Mann würde sich von diesem Grad an Männlichkeit angezogen fühlen, den Sie ausstrahlen? Geben Sie mir bitte darauf eine spontane Antwort – ohne erst darüber nachzudenken.«

»Vermutlich nicht«, sagte sie mürrisch.

Ich trat wieder vor die Tafel und malte neben die Zeichnung der Frau einen Mann, ebenfalls mit einer vertikalen Linie mitten durch den Körper. Darüber schrieb ich ein großes *F* für feminin und ein kleines *m* für maskulin und erklärte Roxanne, dass dies der Partner sei, den sie tatsächlich anziehen könne. Anders würde es einfach nicht funktionieren. So arbeitet die Polarität in uns: Man zieht das Gegenteil von dem eigenen dominanten Pol an. Die Polarität täuscht sich niemals.

Wir sprachen noch eine ganze Weile darüber, weil dieses Konzept für sie so neu war. Roxanne hatte ihre männliche Energie in einem Maße ausgebildet, dass die einzigen Männer, die an ihr interessiert sein würden, eine starke weibliche Orientierung aufwiesen. Die Anziehung folgt bestimmten Gesetzen – ob wir uns dessen bewusst sind oder nicht und ob es uns gefällt oder nicht. Roxannes Traum, sich mit einem hochgradig männlichen Alpha-Mann zu verbinden, war daher nichts anderes als ein Traum. Männlichkeit wird niemals Männlichkeit anziehen. Das ist nun mal so.

EINE ANDERE FORM DER BEZIEHUNG

Roxanne war daraufhin sehr erschüttert. Sie war davon überzeugt gewesen, Anspruch auf einen Alpha-Mann zu haben, hatte sich aber nie überlegt, was für eine Art Frau ein solcher Alpha-Mann sich wünschen würde. Diesbezüglich war sie völlig arrogant und stur und betrachtete es nur aus ihrer Sicht. Mir war völlig klar, dass sie kaum imstande war, die Wünsche, Bedürfnisse und Meinungen eines anderen Menschen zu berücksichtigen. Sie war so egozentrisch, dass die Bedürfnisse eines anderen in dem Bild, das sie von sich selbst entwarf, überhaupt keinen Platz hatten.

Ohne es zu merken, war dies ein weiterer starker Hinweis darauf, dass Roxanne viel glücklicher mit einem Mann sein würde, der sich in allem nach ihr richtete und ihr nichts in den Weg stellte. Ich konnte erkennen, dass ein eher weiblich orientierter Mann für sie einen wunderbaren Partner abgeben würde. Er würde es begrüßen, wenn sie den Löwenanteil der Verantwortung für beide übernahm und er nur eine Nebenrolle spielte. Roxanne konnte alle Entscheidungen treffen, und er würde sich um die Kleinigkeiten kümmern. Mit anderen Worten, er würde weder die Initiative ergreifen müssen noch in irgendetwas die Führung übernehmen. Sie würde Anweisungen geben, und er wäre ihr Helfer und Stellvertreter. Als ich ihr eine solche Beziehung beschrieb, war Roxanne völlig schockiert und entrüstet und auch ein wenig verwirrt.

Eine ganze Weile lang saß sie schweigend auf dem Sofa. Ich hatte ihr einen unerwarteten Hieb versetzt. In Wirklichkeit war ihre Unfähigkeit, eine erfolgreiche Beziehung mit jemandem einzugehen, die Folge davon, dass sie immer nach dem falschen Mann gesucht hatte. Sie glaubte, einen sogenannten Alpha-Mann zu wollen, und hatte auch mehrere dieser Typen gefunden, aber diese Männer wurden sie immer schnell leid. Ganz zu schweigen davon, dass sie diesen Typ bald als viel zu dominant empfand.

Sie erzählte mir, dass diese Beziehungen nach einer Weile immer in gegenseitigem Einverständnis beendet wurden. Aber sie hatte nie begriffen, warum diese Männer sie nicht mehr wollten oder warum diese sie selbst allmählich so ärgerten, besonders wenn sie alles bekommen hatte, was sie von ihnen gewollt hatte. Und sie hatte vieles von diesen mächtigen und einflussreichen Männern bekommen, mit denen sie ausging: die Beförderung auf einen höheren Posten, einen Platz in diesem oder jenem Aufsichtsrat, Zugang zu exklusiven Clubs. Ihre Wünsche nach Dingen, die ihrer Karriere förderlich waren, waren zahlreich. Doch am Ende verliefen die Beziehungen ohne brauchbare Erklärung einfach im Sande. Ich konnte sehen, was sich in ihren Gedanken nun abspielte, um das, was ich gerade gesagt hatte, zu verarbeiten.

»Also, was Sie da gerade gesagt haben, heißt also letztendlich, dass ich ein Alpha-Mann in einem weiblichen Körper bin und tatsächlich eine Alpha-Frau in einem Männerkörper brauche?«

Ich musste lächeln, weil sie auf diese negative Nachricht mit einem gewissen Humor reagierte. »Roxanne, Sie haben es genau begriffen und wunderbar ausgedrückt. Ihr idealer Partner ist eine Alpha-Frau in einem männlichen Körper.«

NEUE ÜBERLEGUNGEN: WAS IST MÖGLICH?

Roxanne hatte das Problem zwar genau erfasst, aber die Konsequenzen daraus gefielen ihr überhaupt nicht. »Ich hatte gedacht, es ist die einfachste Sache der Welt, den Mann meiner Träume zu finden. Ich dachte, er habe sich bloß noch nicht gezeigt, weil ich mich nicht genug darauf konzentriert und der Sache einfach nicht genügend Aufmerksamkeit geschenkt hatte. Jetzt habe ich eine Art Antwort auf meine Fragen. Und sicherlich erklärt das meinen mangelnden Erfolg hier in Sachen Liebe.« Dann schwieg sie wieder.

Der Groschen war gefallen, und sie wusste nun, dass sie auch für ihr Gefühlsleben verantwortlich war. Falls sie sich einen anderen Ausgang für ihr Leben wünschte, musste sie entweder bereit sein, sich tief greifend zu ändern, oder sich voll und ganz akzeptieren und sich mit einem weiblicheren Mann zufriedengeben, als sie ihn sich bisher ausgemalt hatte.

Meinem Eindruck nach waren Roxannes männliche Züge so stark verwurzelt, dass es viel zu viel von ihr verlangt wäre, sich vollständig zu ändern, nur um ihre Traumversion von einem Lebenspartner anzuziehen. Ihr sicherster Weg war also, sich selbst zu akzeptieren und vielleicht ein wenig weicher zu werden, um sich ihrem weiblichen Pol etwas anzunähern, ohne alle männlichen Züge aufzugeben, in die sie so viel investiert hatte. Wenn es Roxanne gelang, ihre feminine Seite nur ein wenig stärker zu gewichten, dann würde der Mann, der schließlich ihr Partner sein würde, in der Beziehung zumindest einen Teil Männlichkeit besetzen können.

Ich nutzte die Gelegenheit und stellte die nächste logische Frage: »Wäre denn ein Partner mit den Zügen einer Alpha-Frau so schlimm? Vermutlich würde es sich um einen sehr außergewöhnlichen Typ handeln, und sofern Sie bereit sind, Ihre männliche Art ein wenig zu ändern, vielleicht mit einer Prise mehr innerer Weiblichkeit versehen, dann könnte sich daraus eine sehr gute Partnerschaft entwickeln. Ich glaube, entscheidend ist, Roxanne, dass Sie ein wenig nachgeben müssen, um eine funktionsfähige und ausgewogene Beziehung zu erreichen.«

Ich lud sie ein, noch ein wenig zu bleiben, und bot ihr eine Tasse Tee an. Sie hatte offensichtlich etwas erkannt. Sie begann, ihr Leben aus einer anderen Sicht zu betrachten, und die neuen Informationen, die wir gerade geteilt hatten, veränderten bereits sichtlich ihr Bewusstsein. Bei dieser Tasse Tee erkannte ich, wie sich ihre Gesichtszüge deutlich entspannten, und sie sah plötzlich ganz anders aus als die gestresste Frau, die zwei Stunden zuvor zu mir gekommen war.

DER PROZESS DER VERÄNDERUNG

Reflexion und Nachdenken waren für Roxanne ziemlich neue Prozesse, denn sie war schließlich eine Action-Frau. Ich war nicht sicher, für welchen Weg sie sich entscheiden würde. Sie sagte, unsere erste Sitzung habe ihr zwar viel mehr abverlangt, als sie erwartet hatte, aber sie sei auch irgendwie erleichtert, dass sie ihre Situation nun aus einer anderen Perspektive betrachten konnte. Ich war wirklich überrascht, als sie mir mitteilte, sie wolle die Arbeit mit mir fortsetzen. Wir sprachen darüber, dass unabhängig vom Ausgang unserer Sitzungen und meines Programms absolut keine Garantie bestünde, dass sie den gewünschten Mann fand oder ein Kind bekommen würde. Aber dann machte sie eine erstaunliche Bemerkung:

»Ich brauche diese Sitzungen mit Ihnen. Ich habe erkannt, dass mein Leben bisher völlig unausgewogen verlaufen ist. Es macht mich traurig, weil ich nicht einmal glaube, dass es ein Leben war, wie ich es mir gewünscht oder das ich mir ausgesucht hätte. Ich bin dazu erzogen und ausgebildet worden, Anwältin zu werden, ohne zu merken, was da eigentlich geschah. Das hier ist meine Chance, mein Leben neu einzuschätzen. Und ich glaube, ich muss wirklich alles von einer neuen Perspektive aus betrachten.«

Mein Instinkt zu Beginn unserer Sitzung war richtig gewesen. Ich war sehr froh, Roxanne nicht aufgegeben zu haben, weil sie ein so extremes Beispiel für eine männlich orientierte Frau darstellte, für die es nur sehr wenig Hoffnung auf Veränderung gab.

DIE ANGST, ERKANNT ZU WERDEN

Ich stellte also ein Programm für Roxanne auf, damit sie ihr weibliches Selbst finden konnte. Im Verlauf unserer Arbeit wurde sie immer nachdenklicher. Sie entwickelte sogar bald die Gewohnheit, die Motive für fast alle ihre Handlungen zu hinterfragen, was ich sehr mutig fand. Ihr Mut, neue Verhaltensweisen zu entwickeln, war für mich ausgesprochen herzerfrischend. Sie beklagte sich nie und zeigte sogar einen Sinn für Humor, wenn sie über ihre alten Verhaltensweisen nachdachte. Roxanne entdeckte einen Teil von sich, dessen sie sich noch nie bewusst gewesen war. Sie fand diesen Pfad der Entdeckung ausgesprochen spannend und manchmal sogar aufregend.

Nach ein paar Wochen der Zusammenarbeit ließ Roxanne es großzügig zu, dass in ihrer ansonsten makellosen und perfekten Fassade Sprünge auftraten. Sie begann, sich zu *empfinden* und sich ihren Emotionen zu stellen, statt sich ständig hinter einer Maske zu verstecken, an deren Perfektion sie jahrelang hart gearbeitet hatte. Diese Maske war so perfekt, dass sie praktisch zu ihrem falschen Selbst geworden war. Bei diesem Prozess hatte sie jede Verbindung mit sich selbst verloren, besonders mit ihrem weiblichen Selbst. Während unserer gemeinsamen Reise wich sie nicht ein einziges Mal vom Weg ab, und ich glaube, bei diesem Prozess, ihr weibliches Selbst wiederzuentdecken, diente ihr die männliche Orientierung sehr gut. Alles, was sie anging, vollzog sie ohne Klagen. Oft fühlte sie sich unbehaglich, und mehr als einmal wurde sie sehr wütend auf mich. Aber ich blieb standhaft, denn ich wusste, dass sie es wert war.

Bei diesem Prozess der Demaskierung machte sie ein paar erstaunliche Entdeckungen und war mutig genug, sie mit mir zu besprechen. Zuerst stand sie stets unter Druck, abzustreiten, dass sie so war, wie sie war, und verteidigte ihre früheren Entscheidungen. Doch langsam, aber sicher erkannte sie, dass sie sich nicht länger vor der Wahrheit verstecken konnte, wenn sie ihr Leben ändern wollte. Zu meiner Überraschung machte mir Roxanne eines Tages ein bedeutsames Geständnis. Mir war klar, was in ihr vor sich ging, hatte aber den Prozess ihr selbst überlassen. Sie musste dieses Thema selbst erkennen, und ich war sehr froh, dass ihr dies auch gelang.

Roxanne hatte sich auf mein Sofa geworfen. »Ach, ich hatte eine schreckliche Woche. Alles war sehr unangenehm, ja sogar traurig. Ich habe einen Hauptgrund dafür erkannt, warum ich mein Tun verleugne, und zwar, dass ich furchtbare Angst davor habe, dass man die Wahrheit über mich herausfindet!«

Die Angst, erkannt zu werden. Die war mir bei männlich orientierten Frauen schon sehr oft begegnet.

Ich fragte sie, was sie damit meinte, und ihre Antwort kam wie aus der Pistole geschossen. »Wenn die anderen nun herausfinden, dass ich gar nicht so gut bin, wie ich immer tue?«

»Ist das denn wichtig?«, fragte ich. »Immerhin sind Sie ja sehr gut – Ihr Erfolg als Anwältin beweist das doch.«

Sie fuhr mit erfrischender Ehrlichkeit fort: »Ich weiß, aber ich habe jetzt über mich selbst herausgefunden, dass es meine Angst ist, die mich ständig antreibt, zu gewinnen, und manchmal habe ich mich aus diesem Grund auch sehr schlecht benommen. Dafür schäme ich mich jetzt.«

BEICHTEN IST GUT FÜR DIE SEELE

Ich konnte sehen, dass Roxanne immer mutiger wurde, aber sie war mit ihrer Beichte noch nicht fertig. »Und außerdem habe ich über mich herausgefunden, dass ich hinter all dem selbstbewussten Auftreten große Angst habe. Ich begreife jetzt, warum ich so kratzbürstig werde und bei der Arbeit immer vorn liegen muss. Aber noch schlimmer ist, dass ich auch in Beziehungen immer gewinnen muss und mich dann frage, warum es wieder nicht geklappt hat. In Wirklichkeit bin ich aber kein Macher, ich werde vielmehr getrieben. Meine eigene Angst treibt mich an! Angst ist mein Boss, und sie treibt mich an wie eine Sklavin.«

Roxanne fuhr fort mit ihrem Bericht, was sie in sich entdeckt, was sie erkannt und wie sie dies verarbeitet hatte. Sie wusste, dass sie in der Kanzlei nicht beliebt war, und tat zwar so, als sei ihr das egal, aber sie war sich des Geflüsters hinter ihrem Rücken bewusst, insbesondere darüber, wie sie an die Teilhaber-Position gekommen war. Früher hätte sie alle Untergebenen dann immer härter angetrieben, bis diese das lieferten, was sie von ihnen erwartete. Das hätte sie zum Schweigen gebracht, weil jeder vor ihr eine Heidenangst hatte. Sie hätte keinerlei Herausforderung ihrer Autorität geduldet.

Aber sie hatte auch Probleme damit, ihre Mitarbeiter zu halten, worauf die anderen Teilhaber sie schon aufmerksam gemacht hatten. Sie hatten ihr verdeutlicht, dass ein so häufiger Wechsel die Kanzlei eine Menge Geld kostete, und von ihr verlangt, stärker auf ihren Führungsstil zu achten. Man hatte sogar angedeutet, dass sie dies *unbedingt* ändem musste, damit so wenig Personalprobleme und Arbeitsunterbrechungen wie möglich stattfanden. Roxanne gestand, dass ihre Angst, gefeuert zu werden, ein weiterer Grund gewesen war, zu mir zu kommen. Doch das konnte sie nicht gleich zu Anfang zugeben. Es stellte sich also heraus, dass sie mit dem Programm, das ich mit ihr durcharbeitete, gleich zwei Fliegen mit einer Klappe schlagen wollte.

Roxanne hatte sich nie die Möglichkeit eingeräumt, zu scheitern. Sie strebte nach Erfolg, und sie hatte alle ihr zur Verfügung stehenden Mittel eingesetzt, um ihn zu erreichen. Jetzt erlebte sie allmählich eine andere Art von Erfolg, indem sie sich selbst kennenlernte. Sie entdeckte einen Aspekt in sich, dem zu begegnen sie noch nie das Vergnügen gehabt hatte: ihr weibliches Selbst. Ohne ihre weibliche Seite war sie im Umgang mit ihrem Personal sehr herzlos geworden, ebenso wie bei Gerichtsverhandlungen und letztendlich auch mit den Männern, mit denen sie eine Beziehung einging. Sie war in jeder Hinsicht zäh wie Leder. Aber hinsichtlich ihres inneren Geschlechts war sie auch schrecklich aus dem Gleichgewicht geraten.

DER ZUGANG ZUM WEIBLICHEN

Roxanne stellte fest, dass Meditieren in einer Gruppe ihr sehr dabei half, ihre Ängste zu überwinden, aber auch, mit ihrem Personal und den Klienten besser umzugehen. Sie besuchte inzwischen auch einen Yoga-Kurs und hatte so an zwei Abenden pro Woche Gelegenheit, sich mit sich selbst zu befassen. Diese Aktivitäten ermöglichten ihr, immer mehr Zugang zu ihrem weiblichen Selbst zu finden. Es war ein Prozess, der sie in einen empfänglichen Zustand des *Zulassens* versetzte. Die Kombination dieser neuen Aktivitäten gestattete ihr auch *loszulassen* und schwächte ihre Überzeugung, dass sie immer alles selbst erledigen musste. Vor unserer Zusammenarbeit war Kontrolle für sie ein sehr wichtiges Thema gewesen. Aber sie wurde nun immer gelassener und als Folge hiervon auch freundlicher und toleranter gegenüber den Menschen in ihrer Umgebung.

Sie widmtete weiterhin viel Zeit ihrer persönlichen Entwicklung, und aufgrund ihrer starken Disziplin gelang es ihr, ihre Ängste so weit zu reduzieren, dass sie sie gut bewältigen konnte. Sie hörte auf, ihre Untergebenen und Kollegen wie Sklaven gnadenlos anzutreiben und zu hetzen. Außerdem war sie nicht mehr so manipulativ, sodass jeder Schritt, den sie tat, nicht mehr allein dazu diente, das zu bekommen, was sie wollte. Eines Tages sagte sie, je länger sie mit mir arbeitete, umso weniger schien sie etwas zu wollen. Sie verkündete sogar, sie erreiche manchmal ein seltsames Gefühl von Zufriedenheit, etwas, was sie noch nie zuvor erlebt hatte.

Ich fand dies faszinierend und konnte nicht widerstehen, sie zu fragen: »Roxanne, wie fühlt sich von Ihrem Standpunkt aus Zufriedenheit eigentlich an?«

»Also, das ist schwer zu beschreiben«, begann sie. »Ich habe einfach nicht mehr diesen dringenden Wunsch nach einem Mann oder einem Baby. Ich schnappe mir auch nicht mehr jeden neuen Fall, den die Kanzlei annimmt. Andere sollen sich das auch mal aussuchen dürfen. Es ist okay, erfolgreich zu sein, aber ich muss jetzt nicht immer die Beste sein. Das wäre früher nie passiert.«

»Und was ist mit Ihrem Bedürfnis, dass alle Aufmerksamkeit Ihnen gelten muss? Erinnern Sie sich, dass wir vor einer Weile darüber gesprochen haben? Wissen Sie das noch? Selbst wenn Sie mit Freunden ausgingen, musste sich immer alles um Sie drehen.«

Sie antwortete nachdenklich. »Ja, jetzt nehme ich mir vor dem Ausgehen ein bisschen Zeit für mich. Ich versenke mich in mein weibliches Selbst, ehe ich das Haus verlasse. Ich erlebe mich nun in einem empfänglichen Zustand, und so höre ich eher anderen zu und stelle ihnen Fragen. Ich lasse zu, dass sie ihre Geschichten erzählen, ehe ich auch von mir selbst rede. Ich schäme mich sehr, dass sich früher alles immer nur um mich drehen musste. Ich habe keine Ahnung, warum die Leute mich überhaupt zum Abendessen eingeladen haben.«

VERÄNDERUNGEN ERKENNEN

Vorher hatte Roxanne nie gewusst, warum sie traurig, einsam oder ängstlich war, aber jetzt fand sie die Antworten dazu in der Zeit, in der sie einfach ruhig über sich nachdachte. Sie hatte dabei sehr viel über sich herausgefunden.

»Als ich endlich so weit war, dass ich diese bedrohlichen Gefühle zulassen konnte, habe ich noch etwas Schreckliches über mich herausgefunden. Es war, als trüge ich immer diese entsetzliche Angst mit mir herum, nicht gut genug zu sein.« Roxanne holte tief Luft und sprach mit leiser Stimme weiter: »Erst als ich mich mit meinem weiblichen Selbst wieder verband, konnte ich all diese Dinge erkennen. Vorher musste ich einfach ständig wie getrieben arbeiten und etwas *tun*. Außerdem habe ich immer verlangt, dass sich alles um mich drehte, bis eigentlich alles um mich herum zusammenbrach.«

Roxanne schloss ihr Programm ab. Etwa ein Jahr später hörte ich wieder von ihr. Sie erzählte mir glücklich, dass sie einen Anwalt geheiratet und sich aus der Kanzlei zurückgezogen habe. Und wunderbarerweise erwartete Roxanne, die gerade vierzig geworden war, inzwischen ihr erstes Kind. Ich glaube, Roxannes Geschichte hatte ein so gutes Ende, weil sie sich wirklich angestrengt hatte, auf einer sehr tiefen Ebene einen persönlichen

Wandel zu vollziehen. Sie hatte sich erlaubt, sich für ein erfüllenderes Leben zu öffnen, in dem es nicht so sehr um materiellen Erfolg ging. Sie hatte den Mut, ihr inneres unausgeglichenes Selbst genau zu betrachten, die wirklichen Probleme zu erkennen und die notwendigen Veränderungen herbeizuführen, um ihre beiden Energien auszugleichen: die maskuline und die feminine.

VORSICHT VOR DER *TÜCKISCHEN ANDRO-FRAU*

Roxannes Beispiel beweist, dass Veränderungen möglich sind, aber viele *Andro-Frauen* haben nicht das geringste Bedürfnis, sich zu ändern. Viele erkennen nicht einmal, wie schädlich ihr Verhalten im Berufsleben wie auch im Privaten ist. Viele sind zu jung, um auch nur eine Ahnung davon zu haben, wie Frauen vor ihnen gelebt haben. Außerdem ist ihnen das egal. Sie wollen Macht, und sie setzen alles ein, was dazu nötig ist.

Die *Tückische Andro-Frau* wird zur geschickten und meisterhaften Politikerin, sobald sie ein großes Ziel ins Auge gefasst hat. Je höher ihr angestrebtes Ziel, umso größer muss ihr Ego sein, um sich dazu anzutreiben, das vor ihr liegende rauhe Terrain sicher zu durchqueren. Sie ist sehr selbstbewusst. Diesem Selbstbewusstsein entspricht ihr instinktives Wissen, wie sie List und Manipulation zu ihrem Vorteil nutzen kann. Sie ist eine geübte Schmeichlerin, was sie zur dunklen Seite eines Networkers macht. Geschäftliches Netzwerken gehört zum Geschäftsleben. Es ist gut und redlich, sich mit anderen Menschen zusammenzutun, denen man helfen kann und die einem selbst auch helfen. Aber die *Tückische Andro-Frau* ist in puncto Netzwerken eine Trickbetrügerin. Sie schmeichelt sich einen Weg in gewisse Kreise, die sie als höchst vorteilhaft für sich betrachtet, und nistet sich ein wie ein Virus. Wenn sie sich einmal festgesetzt hat, ist es ebenso schwer, sie wieder loszuwerden – wie eine Bakterie, die gegen Penizillin resistent ist.

Die *Tückische Andro-Frau* kann haargenau identifizieren, welche Personen ihr nützlich sind. Diese Entscheidungen trifft sie schon sehr früh, um dann präzise die Schritte zu planen, die sie an die Spitze führen. Mit anderen Mitgliedern in ihrer Gruppe setzt sie sich kaum auseinander oder tauscht sich aus, weil sie nur wenig zu bieten hat und sich nicht für die Erfolge anderer interessiert. Diese Frau benutzt Männer, weil sie es kann. Sie macht sich an sie heran, um daraus ihren Vorteil zu schlagen oder was sie sonst noch anstrebt. Diese Beziehungen wird sie aber schnell leid. Frauen benutzt sie ebenso und räumt sie rasch aus dem Weg, wenn sie ihr nicht mehr irgendwie nützlich sein können. Frauen, die nicht maskulin orientiert sind, sollten sich vor der *Tückischen Andro-Frau* hüten. Sie ist keine Freundin, und man ist gut beraten, sich nicht von ihr einwickeln zu lassen. Es geht ihr nur darum, Sie zu benutzen, und wenn Sie nicht mehr nützlich sind, dann werden Sie einfach fallen gelassen.

Alle, die schon einmal für eine *Tückische Andro-Frau* gearbeitet haben, können berichten, wie sie sämtliche Aspekte der Arbeitsumgebung mit sehr detaillierten Vorgaben leitet und kontrolliert. Im Intimleben der Andro-Frau spielt es sich ähnlich ab. Alles muss von ihr kontrolliert werden. *Sie* wählt den Mann aus, was sie auch sehr deutlich macht. Das ist immer jemand, der ihr weder widerspricht noch sie auf irgendeiner Ebene herausfordert. Ihre innere maskuline Essenz ist so dominant, dass sie sich nur auf einen Mann mit einer starken weiblichen Essenz einlassen kann. Für ihre Partnersuche leiht sich die *Tückische Andro-Frau* ein paar Taktiken von ihrer Schwester, der *Faux-Frau* (siehe Kapitel 9). Doch die *Andro-Frau* ist nicht ganz so elegant wie diese in der Anwendung ihrer Tricks. Wie die Faux-Frau ist die *Andro-Frau* gut gekleidet. Äußerlich stellt sie alles dar, was sie für echt weiblich hält: sorgfältige Aufmachung, eleganter Stil.

Aber diese Äußerlichkeiten spielen letztendlich keine Rolle, denn die Gesetze der Anziehung und der Polarität diktieren, dass sie stets mit einem Mann endet, den sie beherrschen kann. Äußerlich kann unser Verhalten vielleicht das Ich befriedigen und die Überzeugungen darüber, wer wir sind, aber unsere innere

Energie bestimmt, mit wem wir eine enge Beziehung eingehen. *Andro-Frauen* enden vielleicht in einer sogenannten *Gesplitteten Beziehung*, die manchmal ziemlich dauerhaft sein kann, solange beide Seiten darin übereinstimmen. Die Dynamik eines »Gesplitteten« Paares wird in Kapitel 15 beschrieben.

DER WEG ZU MEHR FRIEDLICHKEIT

Die Frühfassung von Roxanne und ihren Schwestern, den *Tückischen Andro-Frauen*, hat jede Menge Gesellschaft. In unserer Welt sind zahllose *Andro-Frauen* am Werk; man findet sie überall. Viele sind zwar materiell abgesichert, aber zugleich schrecklich unerfüllt und unglücklich und sehnen sich nach mehr. Sehr selten nur können sie genau sagen, was dieses Mehr ausmacht.

Wie können sie erkennen, dass sie die Verbindung zu ihrem weiblichen Selbst verloren haben? Die meisten werden die Lösung dazu nicht finden, oder wenn es ihnen gelingt, dann sind sie nicht gewillt, die nötige Zeit und Energie zu investieren, um dies auszugleichen. Aber die Frauen, die wie Roxanne den Mut aufbringen, sich nach innen zu wenden, können lernen, wie man sich erneut mit der machtvollen, mysteriösen weiblichen Energie verbindet, die in ihnen schlummert.

Ohne die Fähigkeit, ihre weibliche Essenz einzusetzen, marschieren die *Andro-Frauen* auf dem gleichen Trampelpfad weiter wie ihre Schwestern. Das bedeutet oft eine große Leere, die man mit Alkohol, Drogen oder mehr Macht und Geld auszufüllen versucht. Aber dies sind keine dauerhaften Lösungen. Frauen wie Männer müssen zu einer inneren Balance finden, wenn sie im Leben Frieden und Erfüllung finden wollen. Die Weiblichkeit muss nicht verloren gehen. Wie Roxanne uns zeigte, gibt es einen klaren Weg, sie wiederzufinden.

Wir haben nun ein Beispiel gesehen, welchen Weg die *Tückische Andro-Frau* einschlägt. Sie ist ehrgeizig, manipulativ und machthungrig. Der große Unterschied zwischen ihr und der *Tugendhaften Andro-Frau* ist, dass der Schurkin niemals das Wohlergehen anderer am Herzen liegt. Wir wollen uns jetzt die *Tugendhafte Andro-Frau* näher ansehen, eine Frau, die sich ebenfalls selbst als Mittelpunkt betrachtet, aber auch die Fähigkeit besitzt, sich um andere zu kümmern.

KAPITEL 8
Die Tugendhafte Andro-Frau

SIE SAGT: » ICH MÖCHTE DIE GANZE WELT EROBERN.«
ER SAGT: »SOLL ICH DIR DEN KOFFER PACKEN?«

FALLSTUDIE: CATHERINE

Catherine war seit zehn Jahren Generaldirektorin einer bekannten Wohltätigkeitsorganisation. Davor war sie sehr erfolgreich in einer Firma gewesen, hatte jedoch nach einer Position gesucht, die ihrer Weltanschauung besser entsprach. Sie fand die ideale Organisation dafür, und als man ihr den Posten der Generaldirektorin anbot, hatte sie das Gefühl, am richtigen Platz angekommen zu sein. Die Position, die Organisation, das Wertesystem und die Menschen, denen dadurch geholfen wurde – alles passte haargenau zu ihren Ambitionen. Catherine wollte sich immer schon für eine gute Sache einsetzen, und die Tatsache, dass dieses Ziel unter ihrer Leitung maßgeblich erreicht würde, begeisterte sie sehr. Acht Jahre lang leistete sie ausgezeichnete Arbeit und brachte die Organisation finanziell wieder auf solide Grundlagen. Daher konnte man nun die Dienste in mehr Drittweltländern anbieten als vor ihrem Antritt.

Andrea, eine enge Kollegin von Catherine, hatte ihr meine Coaching-Praxis empfohlen, denn es schien, dass dem Aufsichtsrat in den letzten zwei Jahren eine leichte, aber spürbare Veränderung in Catherines Managementstil aufgefallen war. Die Aufsichtsräte sorgten sich, dass die gute Sache drohte, von Catherine sabotiert zu werden, da diese zu weit ging. Dies machte sich nicht nur in der Zentrale bemerkbar, sondern auch in den Ländern, in denen die Organisation tätig war. Das Letzte, was der Aufsichtsrat wollte, war ein Skandal in einem anderen Land.

Die Organisation legte großen Wert darauf, den Eindruck zu vermeiden, dass den Menschen in diesen Ländern die eigenen Ansichten oder Gebräuche aufgedrängt wurden. Man wollte sich bloß einsetzen und in dem Bereich helfen, in dem man spezialisiert war, und zwar im besten Interesse der dort Lebenden. Die Idee von subtiler *Kolonisierung* verstieß gegen die ethischen Grundsätze der Organisation. Der Aufsichtsrat befürchtete, dass Catherine dieses Hauptprinzip der Organisation allmählich aus den Augen verlor. Man stand vor dem Dilemma, zwischen dem ethischen Standpunkt der Gesellschaft und Cathe-rines bisheriger hervorragender Arbeit entscheiden zu müssen. Aber man hatte darüber abgestimmt und entschieden, dass Catherine sich mit den ethischen Grundsätzen der Organisation einverstanden erklären musste. Andernfalls würde man sie entlassen.

CATHERINE – EIN ERSTER EINDRUCK

Catherine hatte mir vor unserer ersten Besprechung Informationen über sich geschickt. Ich entnahm diesen, dass sie mit einem ehemaligen Modedesigner, Andrew, verheiratet war, und dass sie keine Kinder hatten. Sie lebten mit einem kleinen Terrier namens Missy im Stadtzentrum.

»Hallo, Catherine. Ich freue mich, Sie kennenzulernen. Bitte setzen Sie sich«, begrüßte ich sie in meinem Sprechzimmer. Catherine ließ sich vorsichtig nieder, was mich bei einer so starken und deutlich selbstbewussten Frau ein wenig seltsam berührte.

Ihre ersten Worte verrieten sehr viel: »Ich muss schon sagen, ich finde das hier ziemlich komisch. Ich habe keine Ahnung, was das soll. Ich verstehe immer noch nicht, warum Andrea mich zu Ihnen geschickt hat.«

Dadurch erkannte ich, dass der Aufsichtsrat mit Catherine immer noch nicht Klartext geredet hatte. Sie schienen es mir zu überlassen, Catherine bestimmte Dinge zu verdeutlichen. Ich erklärte ihr kurz, wie ich arbeitete. »Andrea dachte, wir würden gut zueinander passen, und ich könnte eine Art Soundingboard oder Resonanzboden für Sie sein.« Darauf schwieg sie, und als sie schließlich antwortete, schien sie sich zu freuen, endich einen Ort gefunden zu haben, an dem sie einige Vorkommnisse der letzten Monate ausloten konnte.

»Ja, es ist schön, mit jemandem reden zu können«, begann sie, allmählich wieder etwas selbstbewusster. »Es stimmt sicherlich, dass es an der Spitze immer sehr einsam ist.

Am besten komme ich gleich auf den Punkt. Ich fühle mich in letzter Zeit vom Aufsichtsrat etwas eingeschränkt. Man scheint nicht damit einverstanden zu sein, wie ich die Organisation weiterentwickeln möchte. Ich meine aber, wenn wir nicht etwas anderes machen und proaktiver vorgehen, dann könnten wir gegenüber anderen Organisationen, die ebenfalls auf diesem Gebiet arbeiten, ins Hintertreffen geraten.«

Ich wies darauf hin, es sei vielleicht eine Frage, welchen Weg sie plante und dass der Aufsichtsrat sicher sein wollte, dass ihre neue Richtung und ihre neuen Strategien auch ihren Statuten entsprachen.

Ihre Antwort darauf kam sehr schnell. »Meiner Meinung nach sitzen einige von denen schon viel zu lange im Aufsichtsrat. Sie sind dabei ziemlich eingetrocknet und merken nicht, wie sich die Lage vor Ort verändert hat«, erklärte sie. »Wir müssen vor Ort jetzt proaktiv vorgehen, und wenn das bedeutet, dass wir die Leute ein wenig, nun ja, *beeinflussen* müssen, dann ist das eben so. Solange wir die Arbeit dort leisten und unsere Konkurrenten dabei schlagen, werden wir mehr und Besseres erreichen.«

Ich versuchte, ihren Standpunkt zu verdeutlichen. »Sie glauben also, dass der Zweck die Mittel heiligt?«

Sie nickte. »Ja, genau. Wir können in diesen Gegenden nicht allzu vorsichtig vorgehen, und wenn wir unseren Ansatz nicht ein wenig anpassen, laufen wir Gefahr, dass wir unsere Ziele dort nicht verwirklichen können.«

EINE VERSCHWOMMENE MORAL

»Vermutlich liegt hier das Dilemma, Catherine, und ich verstehe das so, dass der Aufsichtsrat damit nicht einverstanden ist. Offensichtlich hegt man enormen Respekt für Sie und Ihre Leistungen, aber sie haben starke moralische Bedenken, die Methoden zu akzeptieren, die Sie in den letzten achtzehn Monaten eingesetzt haben, um Ihre Ziele zu erreichen.«

Sie blieb standhaft. »Nun, ich finde, sie könnten mir ein bisschen mehr Vertrauen entgegenbringen. Die Gegend war in den letzten zwei Jahren ziemlich instabil, und da ich vor Ort die Hauptverantwortliche war, sollte das als Grund für sie ausreichen.«

Im Laufe unseres Gespräches war mir nun klar geworden, dass Catherine das war, was ich eine *Tugendhafte Andro-Frau* nenne. Sie wies die männlichen Charakteristika, ein Macher und Anführer zu sein, auf. Sie hatte aber auch gute Absichten und war eine Frau mit einer eindeutigen Mission und einem klaren Anliegen. Aber wie viele ihrer *Tugendhaften Andro*-Schwestern musste sie aufpassen, dass sie in ihrem Machstreben nicht einen Schritt zu weit ging.

Catherine war es gewohnt, in der Organisation als Autorität das letzte Wort zu haben, und in dieser Situation wehrte sie sich einfach dagegen, zur Rechenschaft gezogen zu werden. Sie fand, sie war nur sich selbst gegenüber verantwortlich. Ich habe diese Art von Verhalten schon mehrfach bei anderen Frauen erlebt. Dieser Frauentyp glaubt allmählich, die letztendliche Autorität zu sein, was eigentlich gleichbedeutend mit Diktatur ist. *Tugend-*

hafte Andro-Frauen hegen anfangs immer sehr gute Absichten, aber im Laufe der Zeit entwickelt ihr Wunsch nach Macht und Kontrolle die Tendenz, sie zu überholen. Je mehr Macht sie haben, umso stärker wollen sie alles kontrollieren.

Mir war also einiges klar geworden, und ich fand, es sei Zeit, das Gespräch voranzutreiben. Daher sagte ich: »Catherine, ich möchte ganz offen mit Ihnen reden.«

Rasch antwortete sie: »Ja, natürlich. Es hat ja keinen Sinn, um den heißen Brei herumzureden, und ich bin sehr froh, dass dieses Problem endlich auf den Tisch kommt. Ehrlich gesagt, sehe ich nicht, was überhaupt das Problem überhaupt ist. Immerhin habe ich stets Erfolg.«

Ich erklärte, dass der Aufsichtsrat keine Probleme mit ihren Erfolgen hatte, sondern mit der Art und Weise, *wie* sie diese Erfolge erzielte. Also fragte ich sie: »Könnte das der Fall sein?«

»Da könnten Sie recht haben, aber was soll ich da tun?«, erwiderte sie. »Ich habe bindende Zusagen von Leuten und bestimmte Vereinbarungen getroffen. Wenn ich mein Wort nicht halte, werde ich meine Beschäftigung bei der Organisation unmöglich fortsetzen können.«

Ich antwortete, ich könne ihre Probleme verstehen, aber dass sie vermutlich keine andere Wahl habe. Fest, aber so sanft wie möglich sagte ich: «Letztendlich arbeiten Sie für die Organisation und nicht für die Menschen in den Ländern, in denen sie operiert. Ohne die Organisation würden Sie nicht da sein, um den Menschen zu helfen. Sie sind also verpflichtet, im Rahmen der ethischen Leitlinien Ihrer Organisation zu operieren. Einen anderen Weg sehe ich nicht.«

ZEIT, EINE ENTSCHEIDUNG ZU TREFFEN

Catherine stand vor einer Entscheidung, die für sie nicht leicht war. Sie war eine mutige Frau, aber jetzt musste sie sich auf ihre innere Stärke berufen, um allen Beteiligten gerecht zu werden. Sie hatte ihre Kompetenzen überschritten, und der Aufsichtsrat würde nichts weniger akzeptieren als die Zurücknahme ihrer letzten Entscheidungen. Andernfalls musste sie kündigen. Ich fragte mich, ob sie so einsichtig sein konnte, zuzugeben, dass sie sich auf eine Weise verhalten hatte, die in den Augen ihrer Organisation falsch war.

Im Laufe der Zeit hatte die Macht, an einem erfolgreichen Projekt beteiligt zu sein, Catherines Leidenschaft für ihre Tätigkeit weiter angefacht. Aber gleichzeitig war auch ihr archetypischer Machthunger angestachelt worden. Sie war eine *Tugendhafte Andro-Frau* mit fragwürdigem Verhalten, ohne sich dessen bewusst zu sein. Als Folge dessen begannen ihre Handlungen sich nicht nur auf die Kollegen negativ auszuwirken, sondern auch auf die Menschen, denen Catherine sich so verpflichtet fühlte. Je stärker Catherine versuchte, ihre Umgebung und alles darin zu kontrollieren, umso mehr bewegte sie sich letztendlich auf ein grandioses Scheitern zu. Sie merkte einfach nicht, wie kontrollierend sie in den letzten zwei Jahren geworden war; sie war süchtig nach umfassender Autonomie in ihrer Rolle.

Unsere Sitzung war vorbei, und wir verabschiedeten uns voneinander. Catherine wollte in Kontakt bleiben, was für mich in Ordnung war. Und tatsächlich rief sie mich drei Wochen später an. »Ich wollte Ihnen nur sagen«, verkündete sie, »dass der Aufsichtsrat meine Kündigung akzeptiert hat. Das Gute aber ist, dass ich eine ähnliche Position in dem Land angenommen habe, wo ich zuletzt gearbeitet habe. Ich werde meine eigene Organisation für die Regierung leiten. Das ist für mich ein großer Erfolg. Ich freue mich und finde es sehr aufregend, etwas Neues anzufangen. Ich melde mich wieder.«

Ich beglückwünschte sie. Catherine war deutlich an einem Punkt in ihrer Karriere angekommen, wo sie sich nicht mehr vor einem Aufsichtsrat verantworten wollte. Das Einzige, was sie glücklich machte, war vollständige Autonomie.

KENNZEICHEN EINER *TUGENDHAFTEN ANDRO-FRAU*

Wie wir bei Catherine gesehen haben, agiert die *Tugendhafte Andro-Frau* fast ausschließlich von ihrem männlichen Aspekt aus, wobei ihre weibliche Essenz kaum zum Tragen kommt. Sie hat ein ausgeprägtes soziales Bewusstsein und begreift ohne Einschränkungen, dass sie eine dienende Funktion einnehmen muss, um zu herrschen – was auch ihren Wünschen entspricht. Gewöhnlich wird sie von einer festen Überzeugung geleitet, die sie zum Handeln zwingt. Oft handelt es sich um eine Sache, die sich um das Wohlergehen anderer dreht. Diese Frau entscheidet sich vielleicht, in die Politik zu gehen, um ihre Überzeugungen durchzusetzen. Vielleicht wird sie aber auch aufgrund ihrer Herkunft in eine Machtposition katapultiert. Das Herz einer *Tugendhaften Andro-Frau* kann sehr kämpferisch sein; sie begreift ihre Ziele und identifiziert sich mit ihnen. Wir können ihr vertrauen, denn sie beweist durch ihre Lebensweise, dass sie den Mut und die Ausdauer hat, ihre Überzeugungen öffentlich zu vertreten. Sie ist ein ungewöhnlicher Mensch und einer, der nur selten vorkommt.

DIE MODERNE *TUGENDHAFTE ANDRO-FRAU*

Wir alle kennen Beispiele für prominente Frauen dieses Typs, die in unserer heutigen Welt leitende Positionen einnehmen. Wenn ich an *Tugendhafte Andro-Frauen* denke, fällt mir sofort Golda Meir ein, die vierte Premierministerin Israels, sowie Margaret Thatcher. Während ihrer Amtszeit als britische Premierministerin wurde Mrs. Thatcher oft als »Eiserne Lady« bezeichnet, vermutlich weil sie einen eisernen Willen hatte und viel erreichte. Sie war kompromisslos, nahm kein Blatt vor den Mund und setzte alles durch, was sie sich vornahm – alles eindeutig maskuline Züge. Mein Lieblingszitat von Frau Thatcher ist: »Wenn Sie in der Politik etwas gesagt haben wollen, fragen Sie einen Mann. Wenn Sie etwas getan haben wollen, fragen Sie eine Frau.«

Was mich so stark beeindruckt, ist, dass Margaret Thatcher die Macht des Maskulinen in Frauen gut verstand. Sie wusste auch, wie schwach und weibisch Männer sein konnten, und verschonte sie auch nicht in ihrem Parlament. Manche meinen, dass sie zu weit ging und ihre Autorität in ihrem Bestreben, die britische Gesellschaft und Wirtschaft zu verbessern, weit überzog. Das ist der Drahtseilakt der *Tugendhaften Andro-Frau.* Nicht jeder stimmt mit ihren Methoden überein, aber diese Frauen empfinden genauso wie Catherine: Der Zweck heiligt die Mittel.

Eine weitere berühmte Andro-Kriegerin ist Aung San Suu Kyi, die burmesische Oppositionsführerin, die fünfzehn Jahre lang unter Hausarrest stand. Ihr wurde schon früh der Nobelpreis verliehen, aber sie konnte ihn erst zwanzig Jahre später entgegennehmen. Aung San Suu Kyi entstammt einer Politikerfamilie und konnte schon als Kind genau beobachten, wie politische Macht eingesetzt wird. Diese *Tugendhafte Andro-Frau* arbeitet unermüdlich für ihr Volk. Mit ihrer schmalen Statur hat diese Frau den Mut einer Löwin. Sie setzt sich kontinuierlich für die Demokratie in Myanmar ein und ist niemals von diesem Pfad abgewichen. Sie inspiriert mich, denn sie ist eine sehr selbstlose, pragmatische und stoische Person. Ihr maskuliner Aspekt wird von der Entscheidung getrieben, die richtigen Bedingungen für ihr Volk zu erkämpfen. Sie ist ein außerordentliches Beispiel für eine entschiedene Politikerin.

Tugendhafte Andro-Frauen begreifen die Verantwortung, die mit ihren Entscheidungen verbunden ist, aber auch die Opfer, die sie an Freiheit und im Privatleben im Namen ihrer Sache bringen müssen. Dieser Frauentyp hat kein Problem mit Macht und kann auch gut mit den Bedingungen von Macht umgehen. Solange sie bei der Verfolgung ihrer Ideen nicht die Gesetze und allgemeine Moral überschreiten, sind die *Tugendhaften Andro-Frauen* dieser Welt fähig, monumentale Verbesserungen durchzusetzen.

DIE *TUGENDHAFTE ANDRO-FRAU* IM VERGLEICH MIT IHREN TÜCKISCHEN SCHWESTERN

Catherine ist sehr typisch für eine *Tugendhafte*, denn diese setzen sich gewöhnlich leidenschaftlich für eine gute Sache ein. Die *Tugendhafte Andro-Frau* bleibt aber in ihrem Innern sehr männlich orientiert und ist von daher nicht sehr ausgeglichen. Ihre Absichten unterscheiden sich von denen der *Tückischen Andro-Frau*, aber letztendlich ist auch diese Frau versessen auf Macht, nach der sie genauso strebt wie ihre Tückische Schwester. Doch es bestehen einige Grundunterschiede zwischen diesen beiden Typen. Die *Tugendhafte Andro-Frau* nutzt Männer für ihren Aufstieg nicht so aus wie die *Tückische Andro-Frau*. Wie bereits erwähnt, findet sie sich auch nicht mit zweitrangiger Macht ab. Sie will Macht in Reinform, und sie will die Einzige sein, die diese Macht besitzt. Diese Frauen binden sich gewöhnlich an einen Mann, der am anderen Ende des Weiblichkeitsspektrums angesiedelt ist. In Andrew hatte Catherine einen sanften Mann gefunden, der eindeutig feminin wirkte. Er umsorgte sie und ihren kleinen Hund mit Ergebenheit. Anders konnte es auch nicht funktionieren. Sie würde keinerlei Herausforderungen von anderen dulden, und genau wie bei ihren Tückischen Schwestern würden sich stark maskulin orientierte Männer auch nicht von ihr angezogen fühlen.

Die *Tugendhafte Andro-Frau* hat viel mehr Mut als ihre Tückische Schwester und auch oft die Fähigkeit, Strategien zu entwickeln und durchzusetzen. Dies beruht auf einer höchst logischen maskulinen Energie, die sie voll und ganz nutzt. Sie ergreift die Initiative, und sie zieht Dinge auch durch. Solche Frauen hat es in der Geschichte der Menschheit immer gegeben, von Deborah im Alten Testament über die britannische Königin Boudicca bis zu Johanna von Orléans, die 1429 Karl VII. auf den französischen Thron brachte. Im Verlauf der Jahrhunderte haben *Andro-Frauen* bewusst ihre weibliche Energie in den Hintergrund gedrängt, um zu Kämpferinnen zu werden. Ihr inneres Ungleichgewicht unterscheidet sich jedoch nicht von dem der anderen maskulin orientierten Frauen. Die *Tugendhafte* verfolgt aber stets eine offensichtlich gute Sache, der sie sich mit ihrer inneren männlichen Energie verpflichtet.

MACHTKARRIEREN

Tugendhafte Andro-Frauen bevölkern ein breites Spektrum, von den obersten Rängen der Regierung wie Margaret Thatcher bis zu der aufopferungsbereiten Schwester, die vielleicht einen kleinen Wohltätigkeitsverband an Ihrem Heimatort leitet. *Tugendhafte Andro-Frauen* sind eindeutig mitfühlender als ihre Tückischen Schwestern und können unter den richtigen Umständen emphatisch denen gegenüber sein, die sie um Hilfe bitten. Von Zeit zu Zeit verbindet sich die *Tugendhafte Andro-Frau* also mit ihrem weiblichen Selbst. Aber sie hat nur wenig Interesse an Haushaltsführung oder anderen weiblichen Tätigkeiten, denn sie ist erfüllt von ihrer Sache oder ihrem Geschäft.

Catherine war genau dieser Typ, und sie hatte nicht die Absicht, sich zu ändern. Sie hat mich nie gefragt, was sie tun könnte, um sich zu ändern. Ich nahm daher an, dass sie dies überhaupt nicht wünschte. Sie hatte ja alles, was sie wollte, und als sich ihr eine noch bessere Position im Ausland bot, war es offensichtlich, dass sie genau dies anstrebte: mehr Macht, mehr Autonomie und weniger Abhängigkeit. Sie richtete sich ihr Leben entsprechend ihren Bedürfnissen und Wünschen ein. Catherine hatte einen sehr femininen Ehemann gewählt, der sie nie herausfordern würde. Andrew freute sich sogar sehr, mit Catherine ins Ausland zu ihrer neuen Position zu wechseln. Er sorgte für ihre tagtäglichen Bedürfnisse und einen reibungslosen Haushalt. Sie hatte zudem die klare Entscheidung getroffen, keine Kinder zu haben. Darin war sie eine ehrliche Andro-Frau, denn sie betrog sich nicht selbst mit dem Glauben, Mutter zu sein. Sie hatte ihren kleinen Hund, der ihre Bedürfnisse nach Fürsorge und bedingungsloser Liebe erfüllte.

Catherine ist ein gutes Beispiel für eine *Tugendhafte Andro-*

Frau. Ihre männliche Energie war stark ausgeprägt, und sie nutzte sie zum Vorteil anderer, auch wenn es ihr eindeutig zugleich um die eigene Macht ging. Ihr Engagement für andere ist einer der zentralen Unterschiede zwischen der *Tugendhaften Andro-Frau* und ihrer *Faux-Femininen* Schwester, der wir im nächsten Kapitel begegnen werden.

KAPITEL 9

Faux Femme – die falsche Frau

SIE SAGT: »ACH, ICH HABE VERGESSEN, DIR ZU ERZÄHLEN, DASS ICH MIR EIN NEUES AUTO GEKAUFT HABE.«
ER SAGT: »DAS IST IN ORDNUNG, SCHATZ.«

KANN MAN ALLEN KLIENTEN HELFEN?

Die Entscheidung, einen neuen Klienten anzunehmen, ist manchmal sehr schwierig. Kann ich dieser Person wirklich helfen, oder wollen sie bloß Informationen, wie sie ihr Leben genauso weiterführen können? Man könnte meine Rolle in beiden Fällen als Hilfe betrachten, aber manchmal bedeutet meine Unterstützung darin, weiterhin so zu leben wie bisher, dass man eine nicht sehr aufrichtige Lebensweise fördert. Wenn ich den Verdacht hege, dass ein Klient mir nicht ehrlich seine Ziele erklärt, rationalisiere ich dies, indem ich mir sage, dass das Karma eine wunderbar ausgleichende Macht ist. Doch andererseits spüre ich auch die Verantwortung, jedweden Schaden für meine Klienten und die Menschen in ihrer Umgebung abzuwenden.

Glücklicherweise stehe ich nicht oft vor diesem Dilemma. Aber manchmal krallt sich in meinem Bauch etwas zusammen, das laut zu schreien scheint: »Lass die Finger davon!« Ich habe gelernt, auf diese innere Stimme zu hören und diese Klienten höflich abzulehnen. Aber in den Anfangstagen meiner Praxis war ich naiver und konnte die Archetypen nicht so gut unterscheiden, die ich in diesem Buch beschreibe. Anfangs glaubte ich, dass jeder irgendwo in sich etwas Gutes birgt und sich wirklich bessern will, wenn er es nur könnte. Das heißt, ich war überzeugt, dass wir alle uneingeschränkt in unserem Leben danach streben, zu besseren Menschen zu werden, um für alle Menschen in unserer Umgebung und die Umwelt positiv zu wirken (oder zumindest weniger negativ). Daher hatte ich im Frühstadium meiner Praxis manchmal Klienten, die sich sehr gut verstellen konnten. Sie wurden von meinem Radar einfach nicht erfasst.

DELILAH – DIE FRAU HINTER DER MASKE

Ich werde nie den Tag vergessen, als Delilah in mein Büro segelte: äußerst selbstbewusst, ziemlich laut und wirklich komisch. Sie begrüßte mich wie eine alte Freundin und machte es sich auf meinem Sofa bequem, noch ehe ich sie dazu einladen konnte. Das passierte in meinem Büro nicht sehr oft. Die meisten Leute bleiben zurückhaltend, bis sie mich und meine Art besser kennenlernen. Erst wenn ihnen klar wird, wie es bei mir läuft, entspannen sie sich und gewinnen ihr normales Selbstbewusstsein zurück. In diesem Fall aber schrillten in mir sämtliche Alarmsirenen, doch da Delilah so unterhaltsam war, missachtete ich meinen Instinkt ein paar Minuten lang.

Delilah wirkte sehr unschuldig. Sie benahm sich sehr herzlich und einladend, aber ich merkte bald, dass dies Teil eines sehr bewusst angelegten Verhaltens war. Ziel war, dass ich mich entspannte, während sie mich einschätzte. Ihre überaus fröhliche Art gab ihr Zeit und Gelegenheit, zu bestimmen, wie weit sie mich dazu bringen konnte, ihr zu geben, was sie wollte. Ich blieb ruhig und aufmerksam und gab ihr die Zeit, um auszuspielen, was immer sie tun musste, um sich zu entspannen.

Schließlich stand die unvermeidliche Frage im Raum: »Delilah, wie kann ich Ihnen helfen?«

Sie begann sehr fröhlich und munter: »Also, eigentlich bin ich mir nicht sicher. Meine Freundin Alice redet ununterbrochen über Sie, und ich wollte Sie einfach selbst kennenlernen.«

»Es handelt sich also um eine Besichtigung?«, erwiderte ich trocken.

»Ja, so könnte man es nennen«, antwortete sie. »Es interessiert mich, wie Sie Alice dazu gebracht haben, all diese sogenannen Hausaufgaben zu machen, und ich begreife nicht, warum sie das will, denn sie ist doch schon ein so guter Mensch.«

»Nun, über Alice kann ich hier nicht reden, aber ich kann Ihnen verraten, was wir hier tun, wenn Sie das interessiert«, schlug ich vor. »Das hier ist ja eine Informationssitzung, daher besteht keinerlei Verpflichtung, wiederzukommen, wenn wir beschließen, dass wir nicht miteinander arbeiten können.«

»Okay. Guter Zug«, lautete ihre Antwort.

Ich schwieg darauf und wartete, ob sie mir verraten würde, was sie beunruhigte. Nicht eine Sekunde lang glaubte ich, dass sie nur gekommen war, um zu sehen, um was es bei mir ging. Sie musste überzeugt sein, dass ein Besuch bei mir sich lohnen würde, ansonsten hätte sie sich nie die Mühe gegeben.

EIN UNGEWÖHNLICHES KLIENTENGESPRÄCH

Und natürlich hatte Delilah ein Problem, aber eines, das mir noch nie zuvor begegnet war. »Also, wenn ich ganz ehrlich bin ...«, begann sie und zögerte dann.

Ich forderte sie auf, weiterzureden: »Ja, ich würde es vorziehen, wenn Sie hier ehrlich sind. Wir geben uns hier nicht mit Lügen und Täuschungen ab, Delilah.«

»Also, ich habe eine Beziehung mit dem besten Freund meines Mannes«, platzte es da aus ihr heraus. Das wirkte wie eine Bombe. Ich blieb aber gelassen und verriet weder Überraschung noch Schock.

Sie sprudelte weiter: »Ich weiß nicht, was ich tun soll. Ich will meinen Mann nicht verlassen und meinen Liebhaber will ich auch nicht aufgeben. Man könnte sagen, ich will einfach alles.

Aber ich kann mit niemandem darüber reden, denn ich bin auch mit seiner Frau befreundet. Unser Gesellschaftskreis ist sehr groß. Jeder ist irgendwie mit allen verbunden, und dadurch ist alles ein bisschen kompliziert und schwierig geworden.«

Nun war ich sicher, diesen Frauentyp zu erkennen. Delilah schien am obersten Ende des Spektrums der *Faux-Frau*en, einer Falschen Frau, angesiedelt zu sein. Sie gab den Anschein, ohne jeden Skrupel lügen zu können. Sie war fähig, locker mit den verschiedenen Schichten von Täuschungen und Betrug zu leben, die sich aus diesem Verhalten ergeben. Ihr ungebrochenes Gefühl, auf alles Anspruch zu haben, war mit der Überzeugung gekoppelt, dass sie auch alles haben konnte, und zwar ohne viel Rücksicht auf die Menschen in ihrer Umgebung: All dies waren deutliche Anzeichen für ihren Typ als *Faux-Frau*.

»Delilah, bitte verstehen Sie, dass ich Ihnen nicht helfen kann«, sagte ich mit fester Stimme. »Ich befasse mich mit Arbeitsproblemen und psychospirituellen Aspekten. Sie brauchen einen Psychologen oder Psychiater, der Ihnen hilft, herauszufinden, wie Sie aus dieser Situation herauskommen. Hier scheinen mehrere Menschen miteinander verwickelt, die alle dabei sehr verletzt werden können.«

Aber Delilah ließ sich nicht so leicht abweisen. Sie hatte beschlossen, dass sie meine Zuwendung wollte, und ihrer Meinung nach war sie eine perfekte Klientin. »Also, ja, wenn Sie es aus der Arbeitsperspektive sehen wollen«, schlug sie kichernd vor, » ja, die Jungs arbeiten zusammen.«

Bei dieser Bemerkung mochte man vielleicht denken, dass sie ein wenig albern war, aber ich ließ mich nicht eine Sekunde lang dadurch täuschen. »Nein, ich brauche keine bestimmte Perspektive, und es ist gewiss nicht die Art von Arbeitsproblem, mit der ich mich sonst befasse«, erwiderte ich.

GEFAHR FÜR DIE »MITSPIELER«

Da wir noch eine halbe Stunde Zeit hatten, bis die Sitzung beendet war, fuhr Delilah mit ihrer »Leidensgeschichte« fort, obwohl ich nicht die geringste Absicht hatte, sie als Klientin anzunehmen. Sie verriet mir, dass sie ihren Mann bei der Arbeit kennengelernt hatte, dass er ihr Chef war und es nicht lange gedauert hatte, bis er sich scheiden ließ und sie heiratete. Sie hatten zwei kleine Töchter und ein angenehmes Leben, aber sie langweilte sich. Sie stellte mir ihr gegenwärtiges Leben in aller Kürze komplett vor.

Delilah schien die Verletzungen, die sie im Leben anderer anrichtete, nicht zu bereuen. Sie spürte ein vages Schuldgefühl über den Ehebruch mit dem besten Freund ihres Mannes, hatte aber nur wenig Mitgefühl für dessen Frau. Sie verteidigte sich damit, dass diese sich nach der Geburt ihrer Kinder habe »gehen lassen« und sich nun mehr um die Hausaufgaben der Kinder als um den Mann kümmerte! So versuchte Delilah, sich jeder Schuld zu entledigen und machte eindeutig der anderen Frau den Vorwurf für ihr Unglück, sowohl von ihrem Mann als auch von ihrer besten Freundin verraten worden zu sein. Wenn man Delilah glaubte, dann war die Frau an allem selbst schuld.

Das kam mir dann doch zu bequem vor. Ich erinnerte sie an den Betrug an ihrem Mann, aber sie tat meine Bedenken locker ab: Ihr eigenes Verhalten war gerechtfertigt, weil er schon kurz nach der Heirat begonnen hatte, sie zugunsten seiner Arbeit zu vernachlässigen. Delilah hatte einfach keine Ahnung, was es bedeutete, sich wie ein verantwortungsbewusster Erwachsener zu benehmen. Für das eigene Verhalten Verantwortung zu übernehmen schien ihr ein sehr fremdartiges Konzept.

IHRE SCHULD IST ES NIE

Um Delilah gerecht zu werden, muss man erwähnen, dass sie ziemlich unglücklich wirkte. Aber ich vermutete, ihre leise Verzweiflung hatte eher mit der Möglichkeit zu tun, dass ihr illoyales

Verhalten aufgedeckt würde, statt mit ihrem Betrug selbst. Dies kommt bei *Faux-Frauen* oft vor, die es gewohnt sind, mittels Betrug, Lügen und Manipulation alles zu bekommen, was sie wollen. *Fauxs* sind Meisterinnen im Lügen und Täuschen und kennen sich in der Kunst der Manipulation so gut aus, dass sie nicht einmal über die nächsten Schritte nachzudenken brauchen. Sie gehen, ohne mit der Wimper zu zucken, locker von einer Lüge zur nächsten über. Sie glauben stets, im Recht zu sein, was sie zu überzeugenden Lügnerinnen macht. Diese »Silberzunge« in Verbindung mit dem vermutlich guten Aussehen dieser falschen Frauen lässt einem Mann so gut wie keine Chance. Auch als Frau, besonders als *Gutmütige* oder Vertrauensselige, wird man von ihren Geschichten ganz leicht eingewickelt. Vermutlich ist dann deren Mann oder Freund als Nächster an der Reihe. Ich habe nicht sehr viele *Faux-Frauen* als Klientinnen, habe sie aber am Arbeitsplatz und als Freunde von Freunden oft beobachtet. Es hat eine Weile gedauert, bis mir klar wurde, zu was sie fähig waren und wie weit sie gehen konnten, um selbst die engsten Freunde zu verraten.

Ohne Zweifel war Delilah ein Raubtier. Sie hatte ihrem jetzigen Mann nachgesetzt und ihn seiner Frau fortgenommen. Nun verfolgte sie dessen besten Freund, der ihr Liebhaber wurde. Sie setzte ihre falschen, weiblichen Listen ein, um alles zu bekommen, was sie vom Leben wollte. Ihre Weiblichkeit war nicht echt. Es war eine Karikatur dessen, was sie für echte Weiblichkeit hielt. Als Karikatur lebte sie ein vorgespieltes Leben und manipulierte jeden – und alles zum eigenen Vorteil. Ich hatte keine andere Wahl, als mich von Delilah nach dieser schockierenden Sitzung zu verabschieden. Ich wünschte ihr alles Gute in dem Wissen, dass ich sie nie wiedersehen würde. Das war auch so. Sie hatte keinerlei Bedürfnis, sich zu ändern, und da sie mich nicht für ihre Zwecke manipulieren konnte, suchte sie sich eine leichtere Beute.

WARNZEICHEN

Vielleicht ist Ihnen aufgefallen, dass Delilah auch schamlos flirtete. Sie gestand mir sogar, dass sie einfach nicht anders konnte. Dies ist ein klassisches Verhalten für eine *Faux-Frau.* Flirten ist für diesen Frauentyp wie für andere Atmen. Sobald sich ein Mann in ihrer Nähe befindet, flirtet sie. Sie braucht es einfach, dass sämtliche Männer ihr Aufmerksamkeit schenken. Sie sucht deren Zuwendung und erklärt damit ihre eigene Männlichkeit. Eine echt weibliche Frau braucht männlicher Aufmerksamkeit nicht nachzujagen. Sie ruht einfach in ihrer Weiblichkeit, bereit, die Aufmerksamkeit entgegenzunehmen, die ihr zusteht.

Sie werden diese falschen Frauen leicht erkennen, denn sie setzen sich selbst stets ganz oben auf ihre Liste und sorgen auch dafür, dass sie auch bei allen anderen ganz oben stehen. In Sachen Arbeit ist sie eher faul, doch sie kann auch ziemlich geschäftig werden, wenn sie ein passendes Projekt findet. *Faux-Frauen* sehen in der Regel gut aus und wirken sehr gepflegt. Sie stehen in allen Situationen im Scheinwerferlicht. Sie kleiden sich nach der neuesten Mode und sehr teuer und sind oft von anderen Menschen umgeben. Aber sie ist keine gute Freundin. Wie wir bei Delilah gesehen haben, ist die *Faux-Frau* wenig vertrauenswürdig, wenn es um die Gefühle anderer geht, denn sie kümmert sich ausschließlich um sich selbst.

Vielleicht begegnet man ihr in verschiedenen Komitees und allen möglichen öffentlichen Positionen, was dafür sorgt, dass ihre Tage mit Leben und Aufregung erfüllt sind, um sie abzulenken. Sie hat vermutlich zusammen mit ihrem Mann ein sehr aktives Gesellschaftsleben, denn das versorgt sie mit anderen Männern, an denen sie ihre pseuoweiblichen Tricks ausspielen kann. Außerdem kann sie so den eigenen Mann gut bei der Stange halten, wenn er erkennt, wie attraktiv sie für andere ist. Und gewöhnlich fällt er auf diesen Trick herein.

Die *Faux-Frau* bedient sich überwiegend ihrer männlichen Aspekte, denn sie muss ja ständig etwas *tun.* Sie verbringt ihre

Tage in Cafés, Läden und bei Treffen mit Freundinnen. Sie hat ständig Termine beim Friseur und im Schönheitssalon, ganz zu schweigen von ihren Tennis- und Golfverabredungen. Sie tut alles, nur damit sie nie allein ist und nur sich selbst zur Gesellschaft hat. Sie vermeidet es, nachzudenken und ihr Leben genau zu betrachten. Das würde bedeuten, sich auf ihre weiblichen Aspekte zu berufen, aber das ist ihr völlig fremd.

DIE *FAUX-FRAU* IST ÜBERALL

Diesen Frauentyp gibt es schon seit ewigen Zeiten, und es wird ihn vermutlich stets geben. Manche Leute halten es sogar für eine typisch weibliche Eigenschaft, ganz und gar unehrlich zu sein wie die *Faux-Frau*, aber ich glaube das nicht. Früher, als die Männer noch stark männlich orientiert waren und die Welt beherrschten, wendeten sie im Umgang mit Frauen oft auch Lügen und Betrug an, weil sie ständig erwarteten, manipuliert zu werden. Wenn eine Frau damals nach Macht strebte, versuchte sie vermutlich, sexuelle Gunst und weibliche List einzusetzen, denn das waren ihre einzigen Mittel. Es waren die einzigen Netze, die sie auswerfen konnte, um Macht zu erlangen.

Aber heute ist das anders. Die Grenzen zwischen Männern und Frauen sind nicht mehr so eindeutig. Die Situation hat sich drastisch verändert, denn Frauen können nun Macht für sich beanspruchen. In den entwickelten Ländern haben Frauen die Rechte, die Fähigkeit, die Bildung und die Unterstützung, alles zu werden, was sie sich wünschen. Daher besteht, oberflächlich gesehen, kein Grund, warum in der heutigen Zeit noch falsches weibliches Verhalten angebracht sein sollte. Warum kommt es aber noch immer so häufig vor? Die Antwort lautet, dass wir uns zwar sozial immer weiterentwickeln können, aber im Grunde immer noch menschlich bleiben. Solange wir unsere allgegenwärtigen menschlichen Schwächen nicht thematisieren, bleibt die Evolution scheinbar langsam und mühsam.

Da hier also menschliche Schwächen am Werk sind, wissen

wir, dass die *Faux-Frau* im Innern stark nach Macht strebt, aber sie will sich nicht dafür einsetzen. Daher ist sie mit der Macht, die von einem Partner abstrahlt, durchaus zufrieden. Die *Faux-Frau* hat keinerlei Bedürfnis, ganz normal zu sein. Sie will eine gehobene gesellschaftliche Position und alle Dinge, die mit Macht verknüpft sind – aber ohne die Ärmel hochzukrempeln und etwas dafür zu tun. Machthunger ohne Mühe ist der Hauptunterschied zwischen der *Faux-Frau* und ihren Schwestern, der *Andro-Frau* und der *Gutmütigen*. Diese Frauentypen sind gern gewillt, für die Macht zu arbeiten, die sie dann genießen.

VERBRECHEN OHNE STRAFE

Früher waren der *Faux-Frau* durch gesellschaftliche Regeln Grenzen gesetzt. Das hieß, dass Männer, die praktisch sämtliche Positionen in der Gesellschaft besetzt hielten, dafür sorgten, dass Frauen, die diese Regeln brachen und nach Macht strebten (und so gegen die Tradition verstießen), dafür bestraft wurden, manchmal sogar mit dem Tod!

Denken wir nur an die Steinigung von sogenannten Ehebrecherinnen. Nun, heutzutage ist die *Faux-Frau* eine routinemäßige Ehebrecherin, aber da keinerlei Strafen mehr angedroht werden, kann sie ganz frei und aggressiv Männern nachstellen, während sie dabei so tut, als sei sie eine höchst weibliche Frau.

Viele eher feminine Männer fühlen sich von diesem Frauentyp angezogen, aber sie verstehen nicht ganz, warum sie sich so von ihr beeindrucken lassen. Sie erkennen nicht, dass das angeblich weibliche Äußere nur ein Schein ist, eine Fassade, und dass die Frau dahinter in ihrem Verhalten und ihren Bedürfnissen ganz und gar männlich ist. Die Männer, die die *Faux-Frau* attraktiv finden, fühlen sich nicht in ihrer Männlichkeit bedroht, denn sie selbst sind ja höchst weiblich orientiert und agieren ihren männlichen Aspekt nicht regelmäßig aus. Dass die *Faux-Frau* so stark und durchgängig weiblich orientierte Männer anzieht, können wir als Beweis dafür betrachten, dass sie ausschließlich vom männlichen Aspekt aus operiert und die hohen Absätze, der Lippenstift und die manikürten Nägel bloß davon ablenken. In der Vergangenheit lernten die Frauen berechnende Verhaltensweisen, um die Unterdrückung des Patriarchats zu umgehen. Im Laufe der Zeit wurde es immer akzeptabler, listig vorzugehen, denn wenn es Frauen gelang, Männer zu manipulieren, dann erhöhten sich ihre Chancen auf ein besseres Leben enorm.

Doch wir haben diesen Frauentyp immer noch. Vermutlich spielen frühe Erfahrungen durch die Eltern eine große Rolle dabei. Wenn die Mutter manipulativ war, dann lernte die Tochter es direkt von ihr und setzte aller Wahrscheinlichkeit das unehrliche Verhalten der Mutter fort. Vielleicht wurde sie auch durch andere Frauen in der Familie dazu konditioniert. Wenn diese opportunistisches Verhalten akzeptabel fanden, kann man es den Töchtern vielleicht verzeihen, dass sie die Familientradition weiterführten. Vielleicht hatten sie niemals eine andere Verhaltensweise kennengelernt. Vielleicht haben manche Frauen auch ein inneres Rachebedürfnis übernommen, das sie unbewusst ausagieren, indem sie Männer einfangen, um sie zu vernichten – etwa wie die Gottesanbeterin oder die Schwarze Witwe.

WAS STECKT UNTER DEN KLEIDERN?

Ein geübtes Auge erkennt die *Faux-Frau* als lächerlich. Alles, was sie tut, bleibt ein bloßer Versuch, weiblich zu erscheinen. Sie ist ja unverkennbar von ihrem wahren weiblichen Aspekt abgelöst und läuft dann oft Gefahr, wie Delilah zu wirken, die Karikatur, die ich als Beispiel beschrieben habe.

Die berühmte Modedesignerin Coco Chanel hatte eine stark ausgeprägte maskuline Seite, aber sie glaubte, nur eine wirklich weibliche Frau könnte im Grunde ein Kleid tragen. Wenn die Frau nicht weiblich war, konnte auch das Kleid sie nicht weiblich machen. Coco Chanel musste hart arbeiten, um es an die Spitze der Modeindustrie zu schaffen, und ihr Werk setzt sich bis heute fort. Vemutlich war sie eher eine *Andro-Frau*, aber sie verlor nie den Kontakt zu ihrer kostbaren weiblichen Seite. Indem sie die echte Weiblichkeit in sich selbst einbrachte, verstand sie Frauen und was diese brauchten, um sich elegant, stilvoll und vor allem entspannt zu fühlen. Coco Chanel besaß die Fähigkeit, mühelos zwischen ihrem männlichen und ihrem weiblichen Aspekt zu wechseln. Ihre scharfsinnige Haltung zur Mode konnte nur von jemandem kommen, der begriff, wie wichtig es war, ein authentisches weibliches Selbst zu haben. Als Frau muss man dem treu sein, der man ist. Leider hat die *Faux-Frau* diese Verbindung verloren. Durch die Abspaltung aller weiblichen Aspekte kann sie sich als Person nicht mit dem identifizieren, was sie trägt.

Die Manipulationen der *Faux-Frau* werden durch die Zurückhaltung des eher weiblichen Mannes unterstützt, die eigene Männlichkeit einzubringen, die sein Geburtsrecht darstellt. So bildet sich eine unaufrichtige Achse zwischen dem schwachen weiblichen Mann und der böswilligen männlichen Frau. Diese Achse kann zwischen allen Archetypen entstehen und bildet dann das Fundament für die korrupte Macht der männlich orientierten Frau. Wenn wir diesen Prozess und seine Auswirkungen begreifen, können wir dem daraus resultierenden Unglück und der Einsamkeit von Männern und Frauen entgegenwirken, zwischen denen sonst ein immer breiter werdender Abgrund von Unzufriedenheit klafft.

DIE *FAUX-FRAU* IST NUR AUFS GELD AUS

Da die Regeln der Polarität zu diesem Abgrund zwischen Männern und Frauen geführt haben, ist Vorsicht geboten. Die Männer dieser Welt sollten auf der Hut sein vor diesen »Goldgräberinnen«. Der neue, verfeinerte, maskuline Typ der *Faux-Frau* strebt gnadenlos nach allem, was sie sich wünscht. Sie ist außerdem davon überzeugt, darauf Anspruch zu haben, sodass sie dabei keinerlei Scham empfindet. Vielleicht agiert sie subtil, je nachdem, wie vornehm sie wirkt oder wie unverschämt sie ist, doch egal wie, sie greift kalt und herzlos nach dem Reichtum und der Macht des nichts ahnenden Mannes. Sie hat keinerlei Gewissensbisse und bestraft oft noch den Mann, dem sie alles raubt. Es gibt zahlreiche Fälle von offenkundig maskulinen *Faux-Frauen*, die ihre Männer misshandeln. Sie kann einen ahnungslosen weiblich orientierten Mann leicht an sich ketten und in Schulden treiben, nur damit sie glücklich bleibt. Er erkennt oft nicht, dass sie unmöglich zu befriedigen ist.

Bei genauerer Betrachtung entdecken wir, dass die *Faux-Frau* nur eine verfeinerte Version der Vergangenheit ist. Sie hat keinerlei Bedenken, Affären zu haben. Vielmehr trägt sie ihr Doppelleben stolz zur Schau. Wie Delilah zögert sie nicht im Geringsten, der besten Freundin den Mann oder Freund zu stehlen. Sie weiß jederzeit, was sie will. Diese Frau ist so tückisch, dass sie etwa dem Mann einer Freundin nur nachstellt, um zu beweisen, dass sie dazu in der Lage ist. Dies ist extrem räuberisch-männliches Verhalten und sehr schädlich. Diese Frau ist keine Kandidatin für die neue Frauengemeinschaft. Sie ist keine gute Freundin, und man sollte ihr niemals trauen. Sich selbst kann sie auch nicht trauen, denn sie weiß gar nicht, wer sie ist. Sie ist zu ungeahnten Täuschungen fähig.

GEFAHREN FÜR DIE KINDER

Die *Faux-Frau* ist keine gute Mutter. Sie ist bis zum Kern von Lügen und betrügerischem Denken durchdrungen, was sich automatisch auf die Kinder überträgt. Kinder absorbieren das Verhalten ihrer Eltern wie durch Osmose. Die *Faux-Frau* hat keinen Zugang zu ihrem Herzzentrum und damit zu ihrem weiblichen Selbst. Weiblichkeit fordert, dass man sich selbst tief ins Herz blickt, um das nötige Mitgefühl zu finden, sich selbst und andere fürsorglich zu behandeln. Das ist keine Eigenschaft, die man künstlich herstellen oder fälschen kann.

Herzensgefühle sind der Grundstock von Weiblichkeit. Wenn man als Frau nicht authentisch in seinen Gefühlen für andere ist und kein Mitgefühl für sie empfinden kann, dann ist die Gefahr sehr groß, stark männlich zu werden und sich von seinem überaus kostbaren weiblichen Aspekt abzuspalten. Keine noch so geschickte Fälschung kann die echten Gefühle eines weiblichen Herzens ersetzen. Das Herzzentrum ist der Ort, wo alles beginnt und endet. Neben ihren Kindern ist die Person, die durch die *Faux-Frau* am stärksten gefährdet ist, ihr Partner oder Ehemann. Er wird auch oft zum Ziel ihrer Rache, denn als Person in männlicher Gestalt hat er die Fähigkeit, ihre schlimmsten Züge zu reizen. Die *Faux-Frau*, deren weibliche Seite ja gelähmt ist, hegt eine seltsame Verachtung für Männer, die ironischerweise mit ihrem starken Bedürfnis nach deren Anerkennung und Aufmerksamkeit gekoppelt ist. Dies erzeugt einen bizarren Zwiespalt mit der Folge von unberechenbarem Verhalten, das sie selbst und den männlichen Partner völlig verwirren kann. Wenn Sie jemals mit einer *Faux-Frau* zusammengelebt haben, werden Sie diese Dynamik in Aktion beobachtet haben. Es ist kein schöner Anblick.

RISIKEN DER BEZIEHUNG

Wenn eine *Faux-Frau* erst einmal ein Auge auf einen Mann geworfen hat, ist es kinderleicht für sie, ihn sich auch zu schnappen. Sie wird besonders vom *Pseudo-Maskulinen* Mann angezogen, denn diese beiden Typen sind ein Herz und eine Seele, die sich oft voneinander angezogen fühlen und sich anfangs auch sehr aufregend finden. Sie fühlt sich zu seiner weiblichen Seite hingezogen, er zu ihrer höchst maskulinen. (Der *Pseudo-Maskuline* Mann wird in Kapitel 12 beschrieben.)

Rein äußerlich gesehen, glauben beide, dass sie sich von ihrem Gegenpol angezogen fühlen. Er findet sie vermutlich aufgrund ihres Aussehens sehr weiblich, und sie findet ihn aufgrund seines Machoverhaltens sehr männlich. Doch in Wirklichkeit sind beide nicht, was sie darstellen. Aber sie passen aus einem anderen Grund gut zusammen: Beiden mangelt es an innerer Integrität, daher passen sie zueinander und verstehen einander. Doch das

Glück ist oft nicht von Dauer. Die *Faux-Frau* und der *Pseudo-Maskuline* sind gesellschaftliche Aufsteiger, die sich jemanden wünschen, der sie in dem gewünschten Lebensstil unterstützt. Denn eigentlich muss ja jemand die Leiter halten, während der andere sie hinaufklettert, und in dieser Partnerschaft will keiner diese Aufgabe übernehmen. Beide wollen nicht arbeiten, daher endet die Sache oft sehr unangenehm mit beiderseitiger Enttäuschung.

Die *Faux-Frau* wird sich vermutlich nicht von einem *Extrem Weiblichen* Mann angezogen fühlen, da dieser für sie zu passiv und langweilig ist. Falls sie ihn will, hängt dies vorwiegend davon ab, was er zu bieten hat. Wenn der Tausch gerecht erscheint, ist alles möglich. Der beste Coup für sie ist ein *Sensibler Mann*, denn dieser ist in jeder Hinsicht erfolgreich. Sie hält seine Sensibilität oft für Dummheit, ein verbreitetes Problem für hochsensible Menschen. Die *Faux-Frau* betrachtet seine Sensibilität als Chance, seine Freundlichkeit grob auszunutzen. Dieser Mann hat weibliche Züge, die ja in ihrer Persönlichkeit völlig fehlen, daher könnten sie sich zu einem dauerhaften Gesplitteten Paar binden (mehr darüber in Kapitel 15). Kurz gesagt, je erfolgreicher der *Sensible* ist, umso attraktiver wird er für die *Faux-Frau*. Das wäre für sie eine Traumpartnerschaft, aber nicht für ihn.

Ohne Kontakt zu ihrem Herzzentrum ist die *Faux-Frau* kaum fähig, authentisch zu sein. Daher ist ihr Verhalten stets oberflächlich und manipulativ. Sie flirtet herum, immer in dem Bestreben, mehr Aufmerksamkeit auf sich zu lenken. Diese Aufmerksamkeit bestärkt sie ihrer Meinung nach nicht nur in den Augen anderer, sondern auch für sich selbst, was noch wichtiger ist. In Wirklichkeit ist die *Faux-Frau* aber niemals zufrieden. Ihr Bedürfnis nach Aufmerksamkeit und Status ist unersättlich. Sie ist ausschließlich mit sich selbst beschäftigt und kennt kaum Großzügigkeit oder Empathie für andere. Ob als Mann oder Frau, wenn Ihnen jemand mit diesen Eigenschaften begegnet, rennen Sie so schnell wie möglich in die andere Richtung!

Delilah hat uns genau verdeutlicht, wie sich eine listige, boshafte *Faux-Frau* benimmt. Dieser Frauentyp hat eine Cousine, die sich ebenso manipulativ verhält, aber vielleicht ein bisschen älter ist. Lesen Sie im nächsten Kapitel, was die *Pantherfrau* auszeichnet.

KAPITEL 10
Die Pantherfrau

SIE SAGT: »KLINGT WIE DIE BEE GEES.«
ER SAGT: »WER???«

DAS LEBEN EINER PANTHERFRAU

Kate kam auf Empfehlung ihrer guten Freundin Mary zu mir. Sie hatte am Telefon sehr klar ausgedrückt, dass sie eine mitfühlende Zuhörerin und ein paar praktische Ratschläge brauchte, denn sie müsse einige lebensverändernde Entscheidungen treffen. Kate war eigentlich nicht die Art Frau, mit der ich sonst arbeite, aber ich dachte, als Marys Freundin könnte ich ihr vielleicht helfen, ihr an diesem wichtigen Punkt in ihrem Leben zuzuhören und ihre Gedanken auszuloten. Als Kate zu unserer ersten Sitzung erschien, war ich ziemlich überrascht. Sie hatte am Telefon ziemlich sachlich geklungen, daher war ich auf diese zierliche, hübsche, makellos gekleidete Frau nicht vorbereitet. Wie ihre *Faux*-femininen Schwestern trug diese Frau von Kopf bis Fuß hochwertige Designerkleidung. Sie machte es sich auf meinem Sofa bequem, nachdem sie ihre teure Handtasche neben sich auf dem Boden abgestellt hatte.

»Kate, ich freue mich, Sie kennenzulernen. Mary hat mir erzählt, dass Sie momentan vor ein paar Herausforderungen stehen«, begann ich, um die Unterhaltung in Gang zu bringen.

»Ja, das kann man sagen«, gab Kate mit müder Stimme zurück. »Ich finde, es ist mehr als nur eine Herausforderung. Es sind vielmehr riesige Hürden, die sich mir immer wieder in den Weg stellen. Ich scheine von einer Katastrophe zur nächsten zu stolpern. Irgendwie scheine ich nicht mehr zur Ruhe zu kommen.«

Ich drückte mein Mitgefühl für ihre Situation aus und fragte dann: »Okay, Kate, wie kann ich Ihnen helfen?«

Überraschenderweise stürzte sie sich ohne große Vorrede kopfüber in ihre Geschichte. »Also, mein Mann hat mich nach über dreißigjähriger Ehe vor drei Jahren verlassen, um, ja, es ist kaum zu glauben, mit seiner Assistentin zusammenzuleben. Ist das nicht heutzutage ein ziemlich abgeklappertes Klischee?«, fragte sie bitter.

»Ja, vermutlich ist es das, Kate, aber wenn uns solche Dinge betreffen, dann können wir uns eigentlich nur um uns selbst und unser eigenes Wohlergehen kümmern. Alles andere steht nicht mehr unter unserer Kontrolle«, erwiderte ich sanft.

VERLETZUNGEN ÜBER VERLETZUNGEN

Darauf fuhr sie mit ihrer Liste von negativen Vorkommnissen fort: »Und jetzt stehe ich schon wieder vor einer neuen Schwierigkeit. Ich habe gerade erfahren, dass seine neue Frau ein Baby bekommt!« Kates Entrüstung, wie sich ihr ehemaliger Mann benahm, war deutlich spürbar. Sie war sehr wütend, aber auch sehr verunsichert durch die neue Situation. »Er ist Vater von fünfundzwanzigjährigen Zwillingen, verdammt noch mal! Was stimmt bloß nicht mit ihm?«

Ich gab zurück, eine so ungewöhnliche Situation sei das nicht, aber meine Hauptfrage galt der Tatsache, warum sie drei Jahre nach der Scheidung immer noch so wütend auf ihn war. »Ihren Angaben zufolge sind Sie in Therapie. Man könnte annehmen, dass Sie die negativen Emotionen inzwischen verarbeitet haben?«

Ihre Antwort war schroff: »Das habe ich aber nicht. Daher brauche ich neue Strategien und eine neue Perspektive. Außerdem habe ich ein weiteres Problem. Mein Freund, mit dem ich seit drei Jahren zusammen bin, hat mich gerade informiert, dass er unsere Beziehung beenden will. Warten Sie ... und natürlich ist er jetzt mit diesem jungen Flittchen zusammen, das er in einem Nachtclub kennengelernt hat.«

Jetzt wurde ich doch etwas verwirrt: Sie war seit drei Jahren geschieden, aber hatte seit drei Jahren eine feste Beziehung? Und die war auch vorbei? »Kate, das klingt wie ein doppelter Schlag. Das tut mir wirklich leid. Ich denke, das ist für Sie sehr schwierig.«

»Schwierig?«, schrie sie zurück. »Sie haben ja keine Ahnung, wie wütend ich ständig bin! Das kann ich doch dieser steifen Therapeutin nicht erzählen. Die versteht mich doch sowieso nicht!«

Ehrlich gesagt, hatte ich selbst nicht das Gefühl, Kate zu verstehen, aber ich dachte, im Laufe unseres Gesprächs würden sich ein paar Grundursachen herausschälen, vor allem für ihre Wut. Ich bat sie, mir mehr über den Freund zu erzählen, denn das Ende der Beziehung schien doch der Auslöser für die jetzigen Probleme zu sein.

DER CHARME JÜNGERER MÄNNER – UND DIE SCHWIERIGKEITEN MIT IHNEN

»Oh, Pete ist wunderbar, sehr sensibel, sieht unglaublich gut aus und ist viel jünger als ich – erst achtundzwanzig.«

Ich versuchte, meine Bestürzung zu verbergen. Kate musste etwa Anfang fünfzig sein. Aber ich schwieg dazu und hoffte, sie würde das als Aufforderung begreifen, weiter über ihren Kummer zu reden.

»Er sagte, er wolle eine Familie und Kinder, und obwohl er mich liebt – das tut er wirklich! –, will er das jetzt mehr als mich. Ich brauche Ihnen wohl nicht zu erzählen, dass ich ihm das nicht geben kann.«

Wieder blieb ich stumm. Kate war nicht die erste Frau, der ich begegnete, die nach einer Scheidung Trost in den Armen eines

Jüngeren gefunden hatte. Das war bei meiner Klientengruppe eigentlich in Mode.

»Warum verlässt mich nur jeder?«, fuhr sie fort. »Vermutlich liegt es daran, dass ich nicht mehr so gut aussehe. Warum würden sie sonst mit diesen jungen Dummchen fortlaufen, wenn sie doch mich haben könnten?«

Ich beschloss, dass nun ein paar Bemerkungen fällig waren, um sie auszutesten. »Kate, Ihnen ist doch sicherlich klar, dass Ihr achtundzwanzigjähriger Beau sich zu irgendeinem Zeitpunkt eine eigene Familie wünschen würde. Vermutlich war er ja sehr glücklich mit Ihnen, aber Sie befanden sich nun mal in unterschiedlichen Lebensstadien. Das musste sich doch irgendwann zeigen, und in Ihrem Fall geschah es früher als erwartet.«

»Aber ich liebe ihn so sehr. Ich habe ihm alles gegeben. Ich habe ihn verwandelt, habe ihn neu gestylt – neues Auto, neue Garderobe, alles«, erwiderte sie voller Trauer und unfähig, es zu begreifen.

Ich bohrte weiter. »Ich denke, Sie stimmen mir zu, Kate, dass es ja nicht nur um materielle Dinge geht. Dieser junge Mann wollte ein eigenes Leben, und er wollte etwas, das Sie ihm nicht geben konnten. Dieser Teil Ihres Lebens ist vorbei.«

»Wollen Sie damit sagen, dass ich dafür zu alt bin?«, fauchte sie mich an.

»Nein, Kate, ganz im Gegenteil. Ich sage, dass es vielleicht Zeit ist, die nächste Stufe Ihres Lebens ins Auge zu fassen.« Aber das war nicht ihr Plan. »Nein, nein, ich will von Ihnen nur, dass Sie mir verraten, wie ich ihn wiederkriege«, beharrte sie. »Mary hat mir erzählt, dass Sie den Leuten wirklich helfen können, und ich möchte, dass Sie mir dabei helfen, ihn zurückzugewinnen.«

DIE KUNST, LOSZULASSEN

Jetzt musste ich standhaft bleiben. »Kate, ich würde mich niemals an einer solchen Manipulation beteiligen. Dieser junge Mann hat eine Entscheidung getroffen, und ich finde, dass Sie als liebevoller Mensch diese seine Entscheidung respektieren müssen. Sie haben zu einem Zeitpunkt zueinander gefunden, als Sie Trost brauchten. Er hat Ihnen geholfen, sich zu beweisen, dass Sie eine sehr begehrenswerte Frau sind. Warum belassen Sie es nicht dabei und trösten sich mit dem Wissen, dass er sicher glücklich sein wird. Das gibt Ihnen gleichzeitig die Freiheit, eine andere, dauerhaftere Art von Glück zu suchen.«

Sie ließ sich zu keiner Einsicht bewegen und antwortete wieder sehr schroff: »Ich muss Ihnen sagen, dass mir diese Unterhaltung keineswegs gefällt. Ich will doch gar nicht, dass er glücklich wird!«

Ich erklärte ihr, das täte mir leid, aber dass Strategien und Ränke gegen andere nicht meine Art seien. Noch einmal versuchte ich, sie dazu zu bewegen, ihn loszulassen.

»Aber warum soll ich ihn freigeben? Er schuldet mir so viel.«

Aha. Da war es heraus. Ich erklärte ihr, dass er ihr überhaupt nichts schuldete, weil sie als zwei Erwachsene eine Zeit lang eine Beziehung eingegangen seien, die nun vorbei sei, ob sie das nun wollte oder nicht.

»Kate, ich kann Ihnen nur erklären, wie ich arbeite und was ich Ihnen empfehlen würde. Mein nächster Schritt hier wäre: auszuloten, wie sich Ihre Beziehung entwickelte und welche Schritte Sie als Nächstes unternehmen könnten, um innerlich zu reifen.«

Darauf sah sie mich leicht verwirrt an, daher fuhr ich fort: »Kate, Pete war aus einem bestimmten Grund in Ihr Leben getreten, und nun verlässt er es wieder. Haben Sie in der Beziehung mit ihm etwas gelernt?«

Das stimmte sie nachdenklich. »Nun ja, es hat mir gefallen, den Arm um ihn zu legen, weil dann jeder sehen konnte, dass ich das immer noch kann. Ich war nicht einfach abgeschrieben, nur weil mein Mann mich verlassen hatte.«

Ich nickte. »Es ging also darum, wie Sie sich dabei fühlten. Sie fühlten sich attraktiv und begehrt, während Sie sich eigentlich als abgeschrieben betrachteten?«

Sie nickte. »Ja, genau.«

Als Nächstes fragte ich: »Reicht das denn aus für eine dauerhafte Beziehung zwischen Erwachsenen? Was, glauben Sie, fand Pete in der Beziehung gut?«

Diese Frage konnte sie leichter beantworten. »Nun, Sie wissen ja, dass ich hier am Ort gute Beziehungen habe. Das gefiel ihm. Er hatte viel bessere Berufsaussichten, weil ich Verbindungen für ihn knüpfte, die er sonst nie bekommen hätte. Ich habe so einen neuen, viel reiferen Pete geschaffen, und er gefiel sich als dieser neue Mann. Außerdem hatten wir eine fantastische körperliche Beziehung.«

Das alles ergab für mich Sinn, aber ich wollte, dass Kate das auch so sah. »Könnte man daher mit Recht sagen, dass es, solange es andauerte, zum beiderseitigen Vorteil war?«

Kate nickte, schien sich allerdings weiter verteidigen zu wollen, aber ich fuhr fort:

»Kate, wenn jemand in einer Beziehung sagt, es ist vorbei, dann ist das die Realität. Es ist vorbei. Das Einzige, was dem anderen übrig bleibt, ist, dies auf gesunde Weise zu akzeptieren und nach vorn zu schauen.«

DIE PANTHERFRAU UND IHRE JUNGEN

Inzwischen konnte ich das Thema ohne Umschweife und offener angehen. »Kate, aus meiner Perspektive haben Sie in dieser Beziehung Ihre Fähigkeit geopfert, wahrhaft weiblich zu sein. Sie haben die Führung übernommen und dem jungen Mann ständig die Richtung gewiesen. Sie haben eigentlich sämtliche Arbeit an der Beziehung übernommen, und er hat es mitgemacht, weil er davon profitierte. Da fragt man sich natürlich: War das Ihnen gegenüber fair? Das Problem ist, dass Sie ihn so bestätigten und nicht von ihm erwarteten, sich wie ein Mann zu verhalten. Er durfte den Mann spielen, während er eigentlich nur ein kleiner Junge in der Gestalt eines Mannes war.«

»Aber sehr sexy für einen kleinen Jungen im Körper eines Mannes«, meinte sie lächelnd.

»Das stimmt vielleicht«, sagte ich, »aber Sie haben ihm die Essenz seiner Männlichkeit fortgenommen. Solange er mit Ihnen zusammen war, konnte er nie die Flügel ausbreiten, um zu einem ausgewachsenen Mann zu werden. Er hatte vielleicht, materiell gesehen, alles, was er wollte, aber er entwickelte sich zu jemandem, der sich nun selbst mehr abverlangen will.

Ich glaube, Pete will in einer Beziehung der Mann sein, daher hat er sich eine jüngere Frau gesucht, die ihm genau das erlaubt. Vater zu sein wird ihm guttun. Er wird sich entwickeln und Verantwortung für einen anderen Menschen übernehmen müssen. Indem Sie ihm alles gegeben haben, verweigerten Sie ihm gleichzeitig die Möglichkeit, seine maskulinen Muskeln ein wenig spielen zu lassen, um voll zum Mann zu reifen.«

Es begann ihr allmählich zu dämmern. »Sie können mir also nicht helfen, ihn zurückzugewinnen?«

»Nein, Kate. Aber ich würde Ihnen gerne helfen, die nächste Stufe in ihrem Leben zu erreichen. Das ist nämlich ziemlich aufregend, eine Zeit des Nachdenkens und der Weisheit.« Sie sagte, das würde klingen, als würde ich sie aufs Altersheim vorbereiten.

»Nein, Kate, das haben Sie missverstanden. Ich will damit nur sagen, dass Sie der nächsten Phase Ihres Lebens noch keine Chance gegeben haben. Sie haben sich noch nicht überlegt, wie viel Befriedigung Sie dem Leben abgewinnen könnten, das jetzt für Sie ansteht. Das ist einfach die normale Reihenfolge.«

Kate blieb eine Weile stumm, und ich ließ uns von dem Schweigen wie von einer sanften Decke umhüllen. Sie begann über die wahren Auswirkungen dessen nachzudenken, dass ihr junger Liebhaber sie auf immer verlassen hatte. Ein paar Minuten saßen wir beide stumm da, doch dann verkündete sie abrupt, dass sie nun gehen müsse. Sie würde sich wieder melden. Zu diesem Zeitpunkt schien das Nachdenken über sich selbst nicht auf ihrer Tagesordnung zu stehen. Sie war allerdings die Einzige, die entscheiden konnte, wann sie dazu bereit sein würde – falls das jemals eintraf ...

MEHR HERZELEID UND WEITERE FRAGEN

Kate kam wieder, aber erst nach zwei Jahren. Sie hatte eine weitere *Pantherfrau*-Beziehung gestartet, die aber auch gerade unter Tränen zerbrochen war. Als sie wieder in meinem Sprechzimmer auftauchte, befand sie sich in einer anderen Verfassung. Wir arbeiteten ein paar Monate lang miteinander, was sie etwas gelassener zu machen schien, um diese Phase ihres Lebens nun irgendwie abzuschließen. Ich machte eine Übung mit Kate, die besonders tiefe Wirkung zu haben schien. Ich bat sie, still zu sitzen und über das Thema zu meditieren, wie es war, eine Beziehung mit einem jüngeren Mann zu haben. Ich fragte sie, welche Gedanken sich dabei einstellten. War sie selig dabei? Wollte sie die Beziehung fortsetzen, obwohl sie wusste, dass die Chancen auf Dauerhaftigkeit nicht groß waren? Ich fragte sie, ob diese Art Beziehung möglich und für den jungen Mann auch eine gute Option sei, wenn sie als ältere Frau mittellos wäre.

Allmählich öffnete sie sich, um zu diskutieren, warum sie diese nächste Lebensphase einfach nicht akzeptieren wollte. Wir untersuchten gemeinsam, wie diese wohl aussehen und wie sie sich fühlen würde. Ich forderte sie auf, sich mit ihrem inneren weiblichen Aspekt zu verbinden, und empfahl ihr diverse Techniken, die ich bei derart fehlorientierten Frauen oft erfolgreich angewendet hatte. Schließlich konnte sie sich ihren Ängsten stellen, als alt und unattraktiv betrachtet zu werden und nicht mehr in der Lage, einen Mann zu verführen. Sie erkannte, dass sie jüngere Männer als Allheilmittel gegen eine Reihe tief sitzender innerer Sorgen eingesetzt hatte, aber als ihr klar wurde, dass ihr Leben ja keineswegs vorbei war, war sie zugänglich dafür, die Jagd nach jüngeren Männern aufzugeben. Sie fand sich mit dem Leben und ihrem Alter ab, und ich sah bewundernd zu, wie sie würdevoll und selbstbewusst neuen Mut und Stolz auf ihre Leistungen entwickelte.

KENNZEICHEN DER *PANTHERFRAU*

Ich habe den Begriff *Pantherfrau* nicht erfunden. Man benutzt ihn schon seit Jahren in den Medien zur Beschreibung älterer Frauen, die sich viel jüngere Männer als Intimpartner suchen. Der Begriff *Pantherfrau* passt aber gut zu meinem Mann-Frau-Paradigma. Der hier beschriebene Archetyp stellt eine Mischung aus der *Faux-Frau* und der *Andro-Frau* dar.

Die *Pantherfrau* ist reifen Alters, vermutlich geschieden, und wenn sie gleichzeitig eine *Faux-Frau* ist, hat sie wahrscheinlich eine erhebliche Scheidungsabfindung auf dem Konto, was sie finanziell unabhängig macht. Sie braucht keinen Mann für ihre finanzielle Sicherheit. Wenn sie eine *Andro-Frau* ist, arbeitet sie vielleicht, aber das muss nicht sein, denn sie ist vermutlich ebenfalls finanziell unabhängig. Wenn man die Züge dieser männlich orientierten Frauen zu einer *Pantherfrau* kombiniert, dann hat man eine starke Katze mit einer Menge Lebenserfahrung und ausgeprägten männlichen Zügen vor sich. Wenn Sie als junger Mann von ihr ins Visier genommen werden, werden Sie nicht allzu viele wirksame Verteidigungsmöglichkeiten gegen ihre Annäherungsversuche haben.

Wie ihre Schwestern, die *Faux-Frau* und die *Andro-Frau*, ist die *Pantherfrau* automatisch die Jägerin, die Verfolgerin, die die Situation völlig unter Kontrolle hat. Sie ist wohlhabend, gesellschaftlich akzeptiert, hat gute Verbindungen, ihr eigenes Haus, Zeit zum Reisen und viele andere Vorteile einer älteren Frau. Die *Pantherfrau* ist emotional erfahren, hat ein ausgeprägt weibliches Äußeres und ein sehr männliches Innenleben. Sie ist aktiv bei der Partnersuche und ständig auf der Jagd nach weiblich orientierten jungen Männern. Diese jungen Männer sind ihre Beute – weil sie den Krallen einer so erfahrenen Katze kaum entkommen können.

DIE VERLOCKUNGEN FÜR DEN JUNGEN MANN

Als junger Mann will man dieser Situation vielleicht gar nicht entkommen. Vielleicht gefallen die Geschenke, die Aufmerksamkeiten, die Verbindungen und die angenehmen Dinge des Lebens. Doch man sollte sich auch der Tatsache bewusst sein, welche möglicherweise vernichtenden Auswirkungen das Leben mit einer solchen Frau auf die eigene Emotionalität haben kann. Vielleicht fühlt man sich von ihr angezogen, aber da sie sämtliche männliche Energie in der Beziehung besetzt, hat man als Mann keinerlei Raum, um die eigene Maskulinität auszuspielen. Wenn man zu viel Zeit als ausgehaltener Mann verbringt, findet man vielleicht nie das innere Gleichgewicht zwischen der eigenen männlichen und weiblichen Energie.

Denken Sie darüber nach. Warum würde eine ältere, attraktive, finanziell abgesicherte Frau sich so nach einem jüngeren Mann verzehren, wenn sie nicht gleichzeitig die volle Kontrolle über die Beziehung will? Viele Menschen finden solche Beziehungen in Ordnung, weil kaum ein Unterschied zu bestehen scheint zu einer Beziehung zwischen einem älteren Mann und einer jüngeren Frau. Auf den ersten Blick scheinen sie ähnlich, aber beide Beziehungen entsprechen nicht der natürlichen Ordnung und sind einfach lächerlich – jedenfalls ist das meine Meinung.

Das Problem ist, dass es energetisch einfach nicht stimmen kann. Männer und Frauen sind zwar durchaus gleichberechtigt, aber unterschiedlich veranlagt, und zwar aus gutem Grund. Ansonsten wären wir alle nur von einem Geschlecht, und damit hätte es sich. Nie wieder Streit zwischen Männern und Frauen. Wir würden in unserer androgynen Existenz wunderbar miteinander auskommen. Aber, ehrlich gesagt, wir würden uns dabei doch zu Tode langweilen. Betrachten wir daher lieber die Unterschiede. Die *Pantherfrau* ist eine Raubkatze – daran lässt sich nicht rütteln. Sie schleicht sich an und damit begibt sie sich eindeutig auf männliches Gebiet. Ihre männliche Seite ist die bestimmende, denn sie wurde vermutlich schon als kleines Mädchen derart geprägt.

WÜRDEVOLL ALTERN IST NICHT LEICHT

Die *Pantherfrau* ist sehr mit ihrem körperlichen Aussehen befasst und unternimmt sehr viel, um weiblich und jung zu wirken. Das Gleiche gilt für die *Faux-Frau*, aber beim Altern braucht diese nichts dazuzulernen. Altern bedeutet für sie bloß eine Ausweitung ihres Schönheitsprogramms. Die *Pantherfrau* hingegen ist in Wirklichkeit ein altes Mädchen mit gut entwickelten Muskeln, die sie zu einem gefürchteten männlichen Jäger im Körper einer Frau machen. Als Frau hat sie keine Ahnung, wie man würdevoll altert, denn sie will überhaupt nicht altern, und indem sie sich stets mit viel jüngeren Männern einlässt, kann sie sich selbst jünger und lebendiger fühlen. Manche Leute vergleichen es mit einer Beziehung zwischen einem älteren Mann und einem jungen Mädchen, aber es ist nicht das Gleiche. Der größte Unterschied ist, dass der *Panther* ja eine Frau ist! Das bedeutet eigentlich, dass sie sich vorwiegend weiblich verhalten sollte und nicht männlich. Ihre innere Ausgewogenheit sollte zuerst die weibliche Seite betonen und dann erst die männliche.

Der ältere Mann, der immer noch jüngeren Frauen nachjagt, muss zunächst eine starke Verbindung zu seinem männlichen Aspekt finden und dann seine weibliche Seite entsprechend ausbalancieren. Männliche Essenz ist nach außen gerichtet und ihrem Wesen nach räuberisch. Die Aspekte des Jagens und Beschützens sind männlich, und obwohl dies vielleicht zunächst unfair erscheint, handelt der ältere Mann wohl eher seiner Natur entsprechend, wenn er Frauen jeden Alters nachsetzt. Ich will hier in keiner Weise andeuten, dass es für ältere Männer in Ordnung ist, Frauen nachzusetzen, die halb so alt sind wie er. Ich sage nur, dass er vermutlich eher natürliches männliches Verhalten ausdrückt. Die Variablen in diesem Szenarium sind von individuellen Bedürfnissen und Wünschen abhängig.

Zurück zur älteren Frau. Wenn sie im Gleichgewicht ist und vornehmlich vom weiblichen Aspekt aus agiert, wird sie nicht so scharf auf jüngere Männer oder auf Männer überhaupt sein. Als ältere, reifere Frau würde sie würdevoll altern und sich ihrem Alter entsprechend verhalten. Mit ausgeglichener Balance und gesunder Kommunikation findet sie vielleicht einen *Sensiblen Mann* ihres Alters, der zu einem gleichrangigen Partner werden kann. Jüngere Männer in den Zwanzigern und Dreißigern finden einfach nicht ihr Interesse. Sie ist eine sehr ausgewogene, interessante Frau ohne das Bedürfnis, sich durch junge Menschen ihre alternde Schönheit bestätigen zu müssen. Dieser Typ ältere Frau hat ihre ureigene Ausgewogenheit, was bedeutet, dass sie sich mehrheitlich den inneren weiblichen Aspekten zuwendet. Mit zunehmendem Alter strahlt sie so den wohlverdienten Frieden, die Weisheit, Lebenserfahrung und das Selbstvertrauen aus, die sich in einem gut gelebten Leben entwickeln.

Nun haben wir alle maskulin-orientierten weiblichen Archetypen innerhalb unseres Mann-Frau-Paradigmas unter die Lupe genommen. Wenden wir uns jetzt den männlichen Gegenpolen zu, Männern, die heute mehr als je zuvor ihre weiblichen Seiten zeigen können. Der erste Archetyp ist der *Sensible*. Darf ich vorstellen ...

KAPITEL 11
Der Sensible

SIE SAGT: »ICH BIN ES LEID, STÄNDIG ZU HAUSE ZU SITZEN.«
ER SAGT: »WIE MEINST DU DAS? ICH DACHTE,
DU WÄRST GLÜCKLICH?«

AUCH SENSIBLE MÄNNER HABEN PROBLEME

Ich lernte Ryan bei einem Essen mit Freunden kennen. Er war so Mitte, Ende vierzig, hatte ein gewinnendes Lächeln und die hellsten blauen Augen, die ich je gesehen hatte. Wir begannen uns schon beim Aperitif zu unterhalten. Sehr bald fand ich aufgrund dessen heraus, wie er über seine Firma und seine Angestellten redete, dass er ein Mann mit ausgeprägter Sensibilität war. Da er zu diesem Kreis gehörte, wusste er, wer ich war, und fragte, ob er beim Essen neben mir sitzen könne. »Ich will Sie ein bisschen aushorchen«, sagte er.

Wir ließen uns zum Essen nieder, und nach ein paar Nettigkeiten über unsere Familien stellte ich die gefürchtete Frage. »Wo ist denn Ihre Frau heute Abend, Ryan?«

Er reagierte mit einem Lächeln. »Na, das ist ja ein perfekter Satz, um Konversation zu machen. Momentan habe ich keine Frau. Das ist aber eine lange Geschichte. Ich wollte Sie eigentlich fragen, ob ich zu einem Gespräch zu Ihnen in die Praxis kommen kann.«

Ich hatte eigentlich noch keine Antwort auf meine Frage bekommen, aber immerhin wusste ich, woran er zuallererst dachte. »Natürlich, Ryan. Sie sind doch ein guter Freund von Amelia. Rufen Sie mich einfach an.«

Im Verlauf des Abends setzten wir unsere Unterhaltung fort, sprachen über seine Kinder und verschiedene andere Themen. Schließlich fragte er: »Sagen Sie mir, Jen, wohin sind alle guten Frauen verschwunden?«

Lachend antwortete ich, das sei wohl eine sehr schwierige Frage. »Ich glaube nicht, dass sie irgendwohin verschwunden sind«, versuchte ich. »Aber die traditionell gute Frau, ja, die ist ausgestorben. Ich glaube, sie hatte keine andere Wahl.«

Ryan sah mich erleichtert an. »Dann liegt es also nicht an mir? Wissen Sie, Maria und ich wurden vor drei Jahren geschieden, und seitdem habe ich mich mit einer Reihe ziemlich verrückter Frauen getroffen. Diese Erfahrungen haben mich zu der Frage geführt, ob ich überhaupt eine neue Partnerin finden *will.*«

IN GESELLSCHAFT VON MÄNNERN

Ich versicherte Ryan, dass er mit Sicherheit nicht der einzige Mann mit dieser Ansicht sei. »Viele männliche Klienten sind der gleichen Meinung«, sagte ich. »Es ist aber wichtig, einen solchen Prozess nicht zu schnell anzugehen. An Ihrer Stelle würde ich mir viel Zeit nehmen, erst mal alles in Ihrem Leben zu überdenken. Das Schlimmste, was Sie tun könnten, wäre, blindlings in eine neue Beziehung zu stolpern, ohne sich die Zeit zu nehmen, um einzuschätzen, wie Sie zu dieser Person passen, die neu in Ihrem Leben aufgetaucht ist.«

Er unterbrach mich, ehe ich dies weiter erklären konnte. »Sind Sie sicher, ob Sie das außerhalb Ihres Sprechzimmers diskutieren wollen?«, fragte er respektvoll.

Ich versicherte ihm, dass ich gerne über dieses Thema redete, und da es meine Leidenschaft sei, könne ich das überall. »Nur aufgrund unserer Unterhaltung heute Abend würde ich sagen, dass Sie vermutlich das sind, was ich einen *Sensiblen Mann* nenne.«

Er sah mich groß an und erwiderte: »Ich dachte, das hätte ich ziemlich gut verborgen?«

»Na, aus meiner Sicht sollten Sie stolz auf diesen Grad an Sensibilität sein. Sensibilität sollte man sehr schätzen. Stellen Sie sich mal eine Welt vor, in der niemand sensibel ist. Das wäre doch ein sehr unwirtlicher Ort.«

Ich fuhr fort: »Unterbrechen Sie mich, wenn Sie anderer Meinung sind. Vermutlich haben Sie keine Probleme, schwere Entscheidungen zu fällen, noch, diese auch auszuführen. Sie erleben spontan Sensibilität und behandeln auch die Gefühle anderer sensibel. Ihre Intuition ist vermutlich gut ausgeprägt, aber Sie halten das vermutlich nicht für Intuition. Stattdessen glauben Sie, dass man sich am besten auf das eigene Urteil verlässt oder auf ein Bauchgefühl, da Sie damit meistens richtig liegen. Habe ich so weit recht?«

»Sie machen mich ja geradezu zum Helden«, erwiderte er lächelnd. »Doch, ja, ich glaube, Sie haben mich genau erkannt. Wie machen Sie das nur?«

HELDENVERHALTEN ERKENNEN

Lächelnd machte ich mit meiner Analyse weiter. »Ryan, in meiner Welt nennt man Sie den Helden. Jetzt sehen Sie mich überrascht und verlegen an, aber auch das ist eine typische Reaktion von Helden. Männer wie Sie sterben langsam aus, genau wie die traditionelle gute Frau, die Sie anfangs erwähnten.

Ihre Suche nach der Richtigen erscheint Ihnen momentan hoffnungslos, aber ich würde Ihnen dringend raten, nicht aufzugeben, ein guter Mann zu sein. Ich kann Ihnen verraten, dass viele Frauen einen so guten, soliden Mann wie Sie brauchen, um auch als Beispiel für die nächste Generation von Männern zu dienen. Was würde sonst aus ihren Töchtern und Enkelinnen werden?«

Einen Moment lang sah er mich nachdenklich an. »Ich muss schon sagen, ich fühle mich eigentlich nicht wie ein Held«, gestand er dann. »Meistens habe ich sogar das Gefühl, dass ich die Fähigkeit, mich als Mann zu verhalten, allmählich verliere.«

»Das fühlt sich nur so an, weil Männlichkeit sehr oft bedroht wird, und wenn einem nicht ganz klar ist, was da passiert, dann ist das ein sehr unangenehmes Gefühl. Habe ich recht?«

Er ließ erleichtert die Schultern hängen und seufzte. »Da haben Sie den Nagel auf den Kopf getroffen«, sagte er. »Was ist bloß los? Ich habe zwanzig Jahre keine Verabredung mehr mit einer Frau gehabt, und ich muss gestehen, ich bin ziemlich verwirrt.«

Lächelnd bestätigte ich ihm zu wissen, wie man sich da fühlt. Ich hatte diese Klage öfter gehört, als mir lieb war. »Kopf hoch, Ryan«, sagte ich. »Dieses Problem ist relativ leicht zu lösen. Man muss nur besser verstehen, was sich in unserer *unsichtbaren* Welt abspielt, und nicht, was man in der *konkreten* Welt wahrnimmt. Wenn Sie bereit zu einem solchen Gespräch sind, dann können wir sicherlich eine Menge zukünftiger Chancen für Sie erkunden.«

Das gefiel ihm, dass ich glaubte, für ihn bestünde noch Hoffnung. Er redete weiter über seine Frustration. »Amelia hat mir ein wenig über Ihre Arbeit erzählt«, sagte er. »Ich bin offen für alles, was diese schreckliche Verlassenheit und Verwirrung erklärt, die ich bezüglich des anderen Geschlechts empfinde. Wie sehr sich die Dinge ändern, wenn man einfach nur mal wegschaut.«

»Veränderungen sind eigentlich die einzige Konstante in unserem Leben – zumindest meiner Erfahrung nach«, sagte ich. »Der Trick besteht darin, keine Angst vor dieser sich verändernden Welt zu haben. Bleiben Sie im Rennen. Da liegt meiner Meinung nach der Grund für Ihre Verwirrung. Denn die ganze Welt hat sich so, wie wir sie kannten, verändert.«

»Was passiert dann also mit mir und diesen Frauen?«, fragte

er. »Entweder sind sie völlig überspannt oder ausgesprochen gemein.«

Jetzt war ich es wieder, die lächelte, weil ich genau wusste, wovon er sprach. Ich antwortete, dass ich viele Frauen kennengelernt hatte, die auf dem Spektrum »männliche Frau« angesiedelt seien.

Er beschrieb sein Unbehagen mit diesen männlich orientierten Frauen. »Ich mochte es einfach nicht, wie ich mich in deren Gegenwart fühlte. Und ehrlich gesagt, war es das Gleiche mit Maria gegen Ende unserer Ehe. Daher musste ich gehen.«

WARUM EHEN MANCHMAL NICHT HALTEN

Ich beschloss, die Gangart leicht zu wechseln, denn ich machte mir Gedanken über seine Arbeit und den Hintergrund seiner Exfrau. »Amelia hat mir erzählt, dass Sie in den letzten fünf Jahren eine ganze Reihe von Firmen übernommen haben, Ryan. Sie haben sich auch international nach China und Europa ausgebreitet, und Sie waren damit sehr stark beschäftigt. Stimmt das?«

»Ja, haargenau. Es war einfach sehr hektisch«, erwiderte er. »Ich hatte kaum jemals einen Moment für mich, weil ich oft monatelang unterwegs war. Aber diese Übernahmen sind nun abgeschlossen und die neuen Unternehmen in unsere Firmenkultur integriert. Meine Leute haben großartig gearbeitet.«

»Der Grund, warum ich Sie nach Ihrer Arbeit fragte, Ryan, ist, dass vermutlich Ihre maskuline Seite in den letzten Jahren äußerst gefordert worden ist«, erklärte ich. »Aufgrund Ihrer Karriere mussten Sie immer stärker Ihre maskulinen Aspekte ausagieren. Sie haben Glück. Sensible Männer wie Sie können zupacken, wenn es sein muss, und das ist sehr gut.

Aber ich komme darauf, weil Ihr Beruf und die damit verbundene Hektik sich sicher auch auf Maria ausgewirkt haben. Sie waren monatelang von zu Hause fort, und es blieb ihr überlassen, sich um die Kinder und all die anderen Dinge zu kümmern, die Sie gewöhnlich übernehmen. Sie war vermutlich von Anfang an eine eher maskulin orientierte Frau, und die Umstände haben sie stärker zu diesem Aspekt getrieben, ohne dass Sie beide gemerkt haben, was sich abspielte. Als Sie wieder zu Hause waren, hatte sich die innere Polarität verschoben. Sie beide hatten nun notwendigerweise stark ausgeprägte männliche Züge, und da sich männlich-männlich abstoßen, geriet Ihre intime Beziehung aus dem Lot.«

»Sie haben ja so recht«, sagte Ryan. »Daran habe ich überhaupt noch nicht gedacht. Aber als wir jünger waren, haben wir uns auch oft in den Haaren gelegen. Sie arbeitete als Anwältin und konnte ziemlich herrisch sein, und dieses *Gefühl* passte mir damals auch nicht. Ich hatte keine Ahnung, was ich eigentlich fühlte, nur dass es mir nicht gefiel. War das meine eigene Männlichkeit, die sich gegen ihr maskulines Benehmen auflehnte?«

»Ja, Sie haben es richtig verstanden. Das hat sich vermutlich bei Ihnen abgespielt«, antwortete ich.

»Doch sobald die Kinder kamen, schien sie zur Ruhe zu kommen. Sie war gern mit ihnen zu Hause und arbeitete nur noch halbtags. Ich konnte auch bei allen möglichen Dingen helfen, bei Aktivitäten außer Haus, aber auch bei der Hausarbeit. Das war für uns alle eine schöne Zeit.«

Er seufzte tief, ehe er fortfuhr. »Aber als die Kinder größer wurden und sie wieder ganztags arbeitete, verloren wir irgendwie sehr schnell den Kontakt zueinander. Nur fanden wir diesmal überhaupt nicht mehr zusammen. Dazu kam dann natürlich, dass meine Arbeit sehr hektisch wurde und ich sehr viel unterwegs war.«

»Sie haben also herausgefunden, Ryan, dass in einer Beziehung, in der beide darauf aus sind, die Welt zu erobern, beide darunter leiden«, sagte ich. »Sie hatten gewisserweise noch Glück, weil Sie sich weiterhin ausreichend an Ihre Männlichkeit klammerten und sie nicht vollständig an Maria und die anderen Frauen, mit denen Sie ausgingen, abgegeben haben.«

MANNSEIN OHNE KOMPROMISSE UND ENTSCHULDIGUNGEN

Ryan fuhr mit seiner Geschichte fort. »Ich kann das einfach nicht. Es fühlt sich einfach nicht richtig an, wenn ich nicht derjenige im Haus bin, der alles regelt und repariert«, sagte er. »Ich konnte das nicht einfach so aufgeben. Obwohl ich Maria auch gut verstand. Sie hat die Trennung noch nicht verwunden, aber sie war eigentlich immer auf mein Berufsleben eifersüchtig, weil sie glaubte, ihre Karriere zugunsten der Kinder aufgegeben zu haben. Ich dachte, wir hätten uns darauf geeinigt, dass ich die Brötchen verdiente, solange die Kinder klein waren, und ich fand das auch völlig in Ordnung, für uns alle zu sorgen. Aber dieser Teil meines Lebens ist nun vorbei, und ich frage mich, was mich als Nächstes erwartet.«

Ich machte ein paar Vorschläge. »Ich glaube, Sie passen am besten zu einer Frau, die in enger Verbindung zu ihrem weiblichen Selbst steht. Ich kann erkennen, dass Sie sehr glücklich mit einer Frau sein könnten, die ebenso fähig ist wie Sie, die männliche und die weibliche Seite gegeneinander abzuwiegen, die aber mehr geerdet in ihrem weiblichen Selbst ist.

Eine Frau, die sich in ihrer Weiblichkeit wohlfühlt, kann die männlichen Züge in Ihnen gut tolerieren, die verhinderten, dass Sie sich in der Ehe mit Maria als bloßer Beifahrer fühlten. Eine eher weibliche Frau wird, im Gegensatz zu Maria, nicht mit Ihnen konkurrieren. Sie wird sich freuen, Ihnen in jeder Hinsicht ebenbürtig zu sein, ohne Sie zu entmannen. Das bedeutet, dass sie stark empfänglich ist. Sie wird es annehmen können, wenn Sie sie beschützen wollen. Sie versteht, dass Sie sie nicht entmachten wollen, wenn Sie sie umsorgen. Das heißt aber auch, dass sie fähig sein würde, sich gerne um Ihr Wohlergehen zu kümmern.«

Ryan sah mich nachdenklich an. »Ich weiß, dass Sie recht haben. Zwischen mir und Maria war ständig irgendeine Rivalität im Spiel, auch in den guten Zeiten. Bis heute habe ich nie begriffen, warum ich mich dabei immer so unwohl gefühlt habe.«

Ich bestätigte diese Erkenntnis. »Zwischen zwei Partnern, die miteinander konkurrieren, kann nie Gelassenheit herrschen. Wenn eine Frau sehr empfänglich ist, schließt das jeden Wettbewerb aus. Wenn sie eins ist mit ihrer Weiblichkeit, kann sie ebenso gern geben wie empfangen. Ohne Empfänglichkeit und wenn Rivalität vorherrscht, schleicht sich noch ein weiteres hässliches Element in die Beziehung. Statt gelassen zu empfangen, wird dies zum krassen Nehmen. Empfangen und Nehmen sind eng miteinander verbunden, aber der Unterschied besteht in der Absicht. Mit falscher Absicht wächst sich dies oft zu einem Anspruchsdenken aus, das die Frau einem Mann entgegenbringt.«

Ryan sah mich seelenvoll an. Seine Augen verschleierten sich leicht. Ich glaube, er bedauerte immer noch das Ende seiner Ehe. Ich spürte auch, dass er sich in einem zutiefst empfänglichen Zustand befand und bereit war, mehr zu hören. Er war geradezu ausgehungert nach Antworten auf die verwirrenden Fragen, die nach seinen kürzlichen Erlebnissen mit Frauen aufgetaucht waren. Ich fuhr also fort:

»Ryan, ein Mann wie Sie muss sich dessen sehr bewusst sein, dass er bei Frauen ganz oben auf der Liste steht, die ehrlich sind und auf der Suche nach einem guten Mann. Lassen Sie sich nicht von Frauen einwickeln, denen nur nach außen hin Ihr Interessse am Herzen liegt. Mein Rat lautet, diese Absichten genau auszutesten und darauf zu achten, dass der gute Wille in der Beziehung auf Gegenseitigkeit beruht und Sie nicht ausgenutzt werden.«

Der *Sensible Mann* geht immer das Risiko ein, von einer eher männlichen Frau in seine weibliche Ecke gedrängt zu werden. Ich machte Ryan hoffentlich klar, dass er sich in der gleichen Position befinden würde wie in der Ehe mit Maria, sollte er dies zulassen. Ich wiederholte, die beste Partnerin für ihn sei eine Frau, die wie er locker zwischen weiblicher und männlicher Energie pendeln konnte, die aber vornehmlich in ihrer Weiblichkeit ruhte.

»Mit einer solchen Frau könnten Sie Ihre männliche Energie ausagieren, ohne dabei ständig von der Partnerin bedroht zu werden. Das kann nämlich für einen Mann sehr anstrengend sein, der sich gerne männlich fühlt. Ich finde es toll, dass Sie sich noch nicht entschuldigt haben, ein Mann zu sein. Ich glaube, das ist der Schlüssel für eine zukünftige gesunde Gesellschaft: dass mehr Männer ihre Maskulinität aufrichtig vertreten.«

Wir waren so in unsere Unterhaltung vertieft, dass uns kaum aufgefallen war, wie die anderen Gäste inzwischen ihre Mäntel anzogen und zur Tür gingen. Der Abend war wie im Flug vergangen, und mir hatte das Gespräch mit Ryan sehr gefallen. Er war wie ein frischer Wind. Wir brachen beide auf. Er bedankte sich für meine Aufrichtigkeit und meinte, er würde mich gerne in meinem Büro aufsuchen.

»Ich habe ein paar andere Probleme in der Firma und mit Arbeitsbeziehungen, bei denen Sie mir sicher helfen können. Kann ich Sie anrufen?«, fragte er zum Abschied.

»Ich hoffe es, Ryan«, antworte ich. »Ich freue mich darauf, von Ihnen zu hören.«

DIE CHARAKTERISTIKA EINES *SENSIBLEN MANNES*

Der *Sensible* unterscheidet sich von einem eher weiblich orientierten Mann, weil seine Männlichkeit gesund und voll aktiviert ist. Wenn wir seine weibliche Seite betrachten, erkennen wir, dass sie sich durch Sensibilität, Feinfühligkeit, ausdrückt. Er ist in der Regel freundlich, leidenschaftlich und rücksichtsvoll. Er hat keine Probleme damit, seine Familie zu versorgen oder sich um Kollegen zu kümmern. Er spielt nicht immer die Rolle des gütigen Vaters bei der Arbeit, aber ist ein Mann, dessen Korrektheit allen einen gewissen Schutz gibt.

Gewöhnlich wird Feinfühligkeit als ein weiblicher Zug betrachtet, und das stimmt auch. Aber Frauen sind ja nicht die Alleinbesitzer des weiblichen Aspekts. In jedem von uns existieren eine maskuline und eine feminine Essenz. Wir müssen aber die wahre Natur von Sensibilität begreifen, um diesen Männertyp richtig einschätzen zu können. Wenn jemand als sensibel beschrieben wird, ist man für viele gleichzeitig schwach oder unterwürfig, aber ich benutze das Wort nicht in diesem Sinne. Innerhalb meines Mann-Frau-Paradigmas ist jemand, der sensibel ist, freundlich, mitfühlend und mutig. Männer, die in Kontakt mit ihrer weiblichen Seite sind, deren Maskulinität aber funktionsfähig geblieben ist, sind unsere heutigen Kämpfer, unsere Helden.

Indem der *Sensible Mann* seine weiblichen Aspekte respektiert, respektiert er gleichzeitig auch seine Sensibilität und hat so konstanten Zugang zu seiner Kreativität. Diese Kreativität ist fundamental für seine Fähigkeit, Neuerungen einzuführen, die manchmal außerhalb des normalen linearen, rationalen Entscheidungsfindungsprozesses sind. Die Art, wie er seinen weiblichen Prozess anerkennt, ermöglicht ihm, seine männliche Kraft auf eine zuvor unbekannte Weise einzusetzen.

EIN MANN DER TAT UND BESCHÜTZER

Betrachten wir nun die männliche Persönlichkeit dieses *Sensiblen*. Er ist ein Mann der Tat, und gewöhnlich tut er auch das Richtige. Er eignet sich Wissen nicht an, um es irgendwo zu speichern – vielmehr verfolgt er damit einen Zweck und führt stets aus, was zu tun ist. Er ist vernünftig, logisch und fähig, Dinge umzusetzen. Er ist von Natur aus ein guter Anführer. Er ruht in sich selbst, was ihn frei macht, mit anderen zusammenzuarbeiten und mit gutem Beispiel voranzugehen.

Je nach Beruf und Erfolg trifft er oft kluge Entscheidungen in der Wahl seiner Mitarbeiter. Er findet oft Menschen mit einem guten männlichen Aspekt, die in seinem Auftrag das umsetzen, was getan werden muss. Er zieht fähiges Personal an, das sich für ihn einsetzt. Das Selbstbewusstsein, mit dem er durchs Leben geht, ermöglicht es ihm, Menschen in seiner Umgebung zu vertrauen. Man arbeitet gerne für ihn aufgrund seiner Kreativität, seiner klugen männlichen Entscheidungen, des Schutzes, den er bietet, und seiner Fairness – allesamt gute Eigenschaften für einen Arbeitgeber.

Der *Sensible Mann* ist mutig und kann daher Risiken eingehen, die aber im Rahmen bleiben. Er geht die Dinge zunächst logisch durch, ehe er die nötigen Maßnahmen ergreift. Sein Mut macht ihn vertrauenswürdig, und das macht ihn in seiner Umgebung zur mächtigen Person. Der *Sensible Mann* ist aber kein großer Redner. Er gehört nicht zu denjenigen, die in der Kneipe lustige Geschichten und Witze erzählen, denn er hat nicht das Bedürfnis, im Zentrum der Aufmerksamkeit zu stehen. Er hat aber einen Sinn für Humor, doch nicht, um andere lächerlich zu machen. Er kann immer die komische Seite einer Situation erkennen und ist oft ziemlich witzig. Aber sprechen tut er nur, wenn er etwas Wichtiges zu sagen hat.

DIE *SENSIBLEN* UNTER UNS

Die Fähigkeit, sowohl seine weibliche Seite als auch die Verletzlichkeit anderer zu schätzen, ist beim *Sensiblen Mann* hoch entwickelt. Er ist ein moderner Kämpfer, der die Schwachen beschützt, ob es sich um Tiere, Arme, seelisch Kranke, junge Menschen oder Alte handelt – praktisch alle, die irgendwie Schutz brauchen. Er stellt sich tapfer in den Weg aller, die nicht zögern würden, selbst Unschuldige brutal zu behandeln.

Ein Beispiel für diesen Männertyp ist Paul Watson, Kapitän der *Sea Shepherd*, Gründer der *Sea Shepherd Conservation Society* und ein frühes Mitglied von *Greenpeace*. Aufgrund seiner tiefen Empathie und seines Mitgefühls für Jungwale, die immer noch grausam und massenhaft umgebracht werden, verließ Watson *Greenpeace*, als die Leitung wechselte und der neue Direktor beschloss, die Organisation würde nicht mehr aktiv gegen diese Grausamkeiten vorgehen, die sie zuvor tapfer bekämpft hatten. Hier zeigt sich die Fähigkeit zur Kompromisslosigkeit. Im Fall der Wale kann man sagen, dass ohne die direkte Aktion gegen das Walsterben diese großen Tiere heute vermutlich ausgestorben wären. Watson ließ sich hier nicht umstimmen. Seine Geschichte ist die Geschichte eines modernen Kriegers.

Ein weiteres Beispiel für einen modernen Helden ist der bekannte britische Meisterkoch Jamie Oliver. Oliver nutzt seinen Prominentenstatus, um übergewichtigen Menschen zu helfen. Sein Projekt, das *Ministry of Food*, setzt sich für eine bessere Ernährung für unterprivilegierte, fehlernährte und zu dicke Menschen ein, indem er Informationen verbreitet und klarmacht, dass man die Wahl hat, sich vernünftig und gesund zu ernähren, um ein langes, aktives Leben zu führen. Das war nicht immer leicht für ihn. Man hat ihn nicht gerade mit offenen Armen empfangen, besonders nicht in den USA, wo die mächtige Nahrungsmittelindustrie ihn verspottete, weil sie sich gegen die Veränderungen wehrte, für die Jamie sich so leidenschaftlich einsetzte. Ohne den modernen Krieger in ihm hätte er wohl bald aufgegeben. Jamie setzt seine Arbeit durch Programme für gefährdete Teenager fort, indem er ihnen Ausbildungsplätze in seinen berühmten Restaurants gibt, sowie durch seine Fernsehshows.

WIR BRAUCHEN MEHR MODERNE KRIEGER

Die gerade erwähnten Männer sind bloß zwei Beispiele für diesen neuen Typ des Sensiblen Mannes, den wir heutzutage dringend brauchen. Moderne Helden gibt es in allen Schichten. Sie müssen nicht unbedingt Industriekapitäne sein, aber viele sind genau das, weil es eine Rolle ist, in der sie sich wohlfühlen. Die Tage der heuchlerischen, egoistischen und machthungrigen Tyrannen in den Firmen sind gezählt. Wir erwarten heute viel mehr von unseren Wirtschaftsführern, nämlich dass sie ausgeglichen sind, gerecht und vernünftig handeln.

Glücklicherweise haben wir heute die Chance, das Geschäftsleben auf neue Art und Weise zu lenken. Wenn dieser neue Typ des Krieger-Anführers, der *Sensible Mann*, Firmen weiter auf einem rechten Weg leitet statt auf einem Weg der Habgier, dann ist alles möglich. Vielleicht ärgert Sie meine Lobrede auf die Tugenden dieses Mannes, denn im Vergleich zu ihm schneiden die anderen Männertypen sehr schlecht ab. Doch dieser Typ Mensch ist eben der allerbeste – er befindet sich nur zufällig in einem Männerkörper.

Da das innere Spektrum dieses Mannes leicht in Richtung Weiblicheit verschoben ist, vermutlich aufgrund von Umweltbedingungen, werden sich wohl die eher männlich orientierten Frauen von ihm angezogen fühlen. Am besten würde die *Gutmütige* zu ihm passen. Sie ist immer noch eng mit ihrem weiblichen Aspekt verbunden, und die beiden haben wahrscheinlich ähnliche Lebensansichten. Aber je nach seinem Hintergrund, seinem Wertesystem und seiner bisherigen Erfahrung kann er auch empfänglich für die eher männlich orientierten Frauen sein. Manchmal verwirren die Manipulationen der *Andro-Frau* und der *Faux-Frau* ihn, aber im Gegensatz zu seinen eher weiblich orientierten Brüdern hat dieser Mann ausreichend Kraft, um Schritte zu unternehmen, wenn er erkennt, was sich abspielt, und kann dann die Situation in den Griff bekommen.

Wichtig ist, dass der männliche Aspekt eines Mannes regelmäßig aufgeladen werden muss. Gesunde Beziehungen mit guten Männerfreunden, die wie er solide und zuverlässig sind, schenken dem *Sensiblen Mann* neue Energie für seine maskulinen Aspekte. Vielleicht gehen diese Männer nach der Arbeit zusammen aus, spielen Golf oder reparieren gemeinsam etwas oder arbeiten zusammen an einem Lieblingsprojekt. Wenn sich Männer zusammentun, geht es weniger ums Reden, sondern mehr ums Tun, im Unterschied zu Frauen, die sich einfach gerne unterhalten.

Eine der einnehmendsten Eigenschaften des *Sensiblen Mannes* ist seine Aufrichtigkeit. Er ist nicht der Typ, der einem etwas vorgaukelt oder posiert, um Aufmerksamkeit zu erlangen. Genau diese Eigenschaften unterscheiden ihn stark von unserem nächsten Archetyp, dem *Pseudo-Maskulinen*.

KAPITEL 12
Der Pseudo-Maskuline Mann

SIE SAGT: »MAN BRAUCHT MEHR ALS GLÜCK,
UM EINEN JOB ZU FINDEN.«
ER SAGT: »ICH DACHTE, DU WÄRST MEIN GLÜCK.«

FALLSTUDIE: OSCAR UND ABIGAIL

Als Oscar meine Praxis betrat, war ich ein wenig überrascht. Ich hatte keinen so robust wirkenden, durchtrainierten und attraktiven Mann erwartet. Der Termin war von seiner Frau Abigail ausgemacht worden. Sie hatte an meinem *Transformativen Coaching*-Programm teilgenommen, wo sie sehr positiv mitgearbeitet und verborgene Talente in sich entdeckt hatte. Jetzt wollte sie, dass ihr Mann sie auf diesem aufregenden neuen Weg begleitete, und hatte einen Termin für ihn gebucht.

Der Hintergrund dazu war, dass Abigail eine ziemlich ehrgeizige Frau war, die Träume und Ziele für ihre Familie hatte. Sie machte sich darüber Sorgen, dass Oscar relativ phlegmatisch war, und wollte, dass ich ihn anregte, sich um eine sinnvolle Arbeit zu bemühen ... nun, das stimmt nicht ganz. Eigentlich wäre jede Art von Job gut.

Seit der Geburt ihres ersten Kindes hatte Abigail das Geld für die Familie verdient. Jetzt hatten sie zwei Kinder, die gewünschte Idealfamilie, und sie wollte, dass ihr Mann sie besser unterstützte. Als sie mir das darlegte, hatte sie höflich geklungen, aber ich fand bald heraus, dass sie am Ende ihrer Nerven war. Sie bestand darauf, dass für Oscar nun der Zeitpunkt gekommen war, seine Rolle als Geldverdiener einzunehmen.

Es schien auch absolut keinen Grund dafür zu geben, warum er das nicht tun sollte. Immerhin war er Diplomingenieur. Abigail hatte eine Personalagentur für Ingenieure ausfindig gemacht und auch in den Zeitungen mehrere passende Stellenannoncen für ihn gefunden. Sie hatte diese Zeitungsanzeigen ein paar Tage hintereinander sichtbar auf dem Frühstückstisch platziert, aber wenn sie nach einem langen Arbeitstag nach Hause kam, lagen sie immer noch genau so da. Da Oscar diese Andeutungen bewusst ignorierte, fühlte sich auch Abigail unterschwellig ignoriert. Ganz egal, was sie tat oder sagte, Oscar zeigte kein echtes Interesse daran, ins Berufsleben zurückzukehren.

ABIGAILS STANDPUNKT

Abigail hatte mir vor diesem Treffen mit Oscar ihr Herz ausgeschüttet, und ich half ihr in meiner Rolle als Coach, die Dynamik zu verstehen, die sich hier abspielte. Als sie zuerst über ihre Ehe mit Oscar und ihre Enttäuschung sprach, wurde sie gleichzeitig emotional und zaghaft. Ich hatte den Eindruck, dass sie glaubte, wenn sie flüsterte, würde dieser Albtraum, in dem sie sich befand, nicht wirklich stattfinden.

Abigail glaubte, ich könne für Oscar ebenso als Katalysator wirken wie für sie in ihren Coaching-Sitzungen. »Er braucht Motivation, und Sie können ihm das vermitteln, Jen«, sagte sie. »Sie haben es ja auch geschafft, mich dazu zu inspirieren, viel weiter zu kommen, als ich es je für möglich gehalten hätte.«

Ihre Worte rührten mich, aber ich war auch leicht besorgt. »Abigail, Sie konnten so leicht inspiriert werden, weil Sie motiviert waren«, erwiderte ich. »Sie mussten nur stärker an sich selbst glauben und einen klaren Weg finden, um das Gewünschte auch zu erreichen. Sie waren eine Traumklientin. Bei Ihnen stimmte ja alles schon, daher brauchte ich nicht viel zu tun, außer für Sie da zu sein und Ihnen zu helfen, einen genauen Plan aufzustellen: Und genau das haben Sie getan.«

Darauf musste ich ihr erklären, warum es nicht so leicht sein würde, Oscar anzuregen, sich ein wenig zu ändern. »Sie müssen verstehen, dass ich nur Menschen inspirieren kann, die bereits Energie, Motivation und Antrieb haben. Außerdem müssen sie ihre Trägheit überwinden *wollen*. Sie wissen vielleicht noch nicht, wie ihre nächsten Schritte aussehen, aber sie müssen hungrig darauf sein.«

»Ich will damit sagen, dass Oscar persönlich gewillt sein muss, sich Mühe zu geben, seine Ziele zu erreichen. Wissen Sie, was er für sich persönlich erreichen möchte?«, fragte ich sie.

Jetzt wurde sie noch erregter. »Wissen Sie was? Ich habe nicht die geringste Ahnung. Das müssen Sie ihn selbst fragen, denn ich kann nicht mehr mit ihm über dieses Thema reden, ohne dass es zu einem Dritten Weltkrieg ausartet. Genau deshalb will ich ja, dass Sie mit ihm sprechen.«

OSCARS STANDPUNKT

Oscar war ein hochgewachsener Mann mit einem gewinnenden Lächeln und viel Charme. Er hätte jeden Job haben können, um den er sich bewarb: Er war qualifiziert, er war angenehm im Umgang und hatte ausgezeichnete Manieren. Er setzte sich, entspannte sich, und ich begann, indem ich den wunderbaren Weg beschrieb, den ich mit seiner Frau Abigail unternommen hatte, sodass sie nun dachte, ich könnte auch ihm irgendwie helfen.

Seine Antwort war recht schroff: »Ich will ganz ehrlich sein. Ich bin nur hier, weil Abigail mir praktisch mit der Scheidung gedroht hat, wenn ich nicht zu dieser Sitzung erscheine.«

Ich reagierte ebenso ehrlich. »Das tut mir leid, Oscar. Mir ist es lieber, wenn meine Klienten freiwillig zu mir kommen und nicht wie ein Opferlamm. Was wollen Sie also tun?« Das überraschte ihn ein wenig, und er erwiderte nach einem kurzen nervösen Auflachen: »Klar, ich bin natürlich ein williger Klient.«

Das waren die ersten Anzeichen für das, was sich sicherlich bei den nächsten Sitzungen als Begegnung mit einem *Pseudo-Maskulinen* herausstellen würde. Mir war trotz seiner Worte klar, dass Oscar kein freiwilliger Klient war. Er wollte überhaupt nicht in meinem Sprechzimmer sitzen. Er wollte zu Hause sein und tun, was immer er den ganzen Tag lang tat, während seine Frau bei der Arbeit war. Ich befragte ihn zunächst einmal nach seiner bisherigen beruflichen Laufbahn.

»Na, ich hatte ein bisschen Pech«, sagte er. »Mir ist vor nunmehr zwei Jahren gekündigt worden, und seitdem hat sich einfach nichts Passendes in meinem Bereich aufgetan.«

Als ich meine Überraschung ausdrückte, dass es überhaupt keine Jobs als Ingenieur in seinem Arbeitsbereich gäbe, räumte er ein: »Oh ja, es gab schon ein paar Stellen, aber die interessierten mich nicht. Damit wollte ich mich nicht abgeben.«

Ich legte dar, dass es gewöhnlich leichter sei, einen Job zu finden, wenn man einen Job hat – irgendeinen Job. Zu arbeiten gilt als anständig, und beschäftigt zu sein vermittelt einem potenziellen Arbeitgeber eine positive Botschaft. Die meisten begreifen, dass man vielleicht nicht in seinem Traumberuf arbeitet, aber rechnen es einem gewöhnlich hoch an, wenn man aktiv ist und und sein Bestes tut.

Er hörte mir zu, konterte aber rasch mit seiner Meinung hierzu: »Verstehen Sie das bitte richtig. Es ist ja nicht nötig. Abigail hat einen fantastischen Job, und sie verdient mehr als genug für die ganze Familie.«

Nun hatte ich keine Zweifel mehr, mit welchem Männertyp ich es hier zu tun hatte. Es war sonnenklar: Oscar war ein *Pseudo-Maskuliner Mann* im wahrsten Sinne des Wortes.

ABGEDANKT ALS EHEMANN, VATER UND BESCHÜTZER

Ich schwieg einen Moment lang. Mein erster Gedanke war: »Was für eine Verschwendung.« Dieser Mann hatte alle Eigenschaften zum Helden. Er hatte eine wunderbar männliche Gestalt, einen ausgezeichneten Verstand und ein angenehmes Wesen. Immer wenn ich diesem Männertyp begegnete, war mir schleierhaft, warum sie so sehr zögern, die Männerrolle wirklich zu besetzen. Ich wusste natürlich aufgrund meiner jahrelangen Praxis, von Forschungsstudien und Analysen, dass Abigail ihn unbewusst mit ihrem eigenen Erfolg und ihrer Kompetenz entmachtet hatte. Aber warum war er so träge, dass er nicht einmal die Rolle übernehmen konnte, seine begabte Frau in ihrer Arbeit zu unterstützen? Nun, offensichtlich war er dazu nicht in der Lage. Aber für mich bleibt immer die Frage: Warum passiert so etwas, und wie kann man es ändern? In diesem Fall wusste ich aber für beides eine recht gute Antwort.

Abigail war nicht verantwortlich für seine apathische Einstellung zu Arbeit und Männlichkeit. Sie war bloß eine eher männlich orientierte Frau, die er sich ausgesucht hatte; vermutlich hatte er schon sein ganzes Erwachsenenleben nach ihr gesucht. Anfangs hatten sie vermutlich gut zusammengepasst, denn sie hatten die perfekte Polarität, um sich gegenseitig anzuziehen. Ihre männliche Energie war stark ausgeprägt, seine weibliche Energie ebenfalls. Energetisch waren sie das perfekte Paar, aber das bedeutete nicht, dass sich daraus auch eine erfolgreiche Beziehung ergeben würde, wenn sie das in der Realität ausspielten.

Die Mehrheit der Frauen in meiner Praxis, die sich an solche Männer binden, bringen in der Regel für sie Entschuldigungen vor. Abigail tat das nicht. Sie hatte mit mir gearbeitet und wusste, dass sie das Recht hatte, eine eigene Karriere zu verfolgen. Aber bei diesem Prozess brauchte sie keinen Beifahrer. Das machte sie geradezu verrückt. Sie hatte einen Mann, der gesund und kompetent war, dazu ziemlich intelligent, und sie hätten eigentlich glücklich ihre umgekehrte Polariät genießen können. Es würde klappen, wenn Oscar nur bereit sein würde, seinen Anteil an der Beziehung zu leisten. Sie hätten dann ein gutes, ineinandergreifendes Leben, würden ihre Kinder großziehen und sich gegenseitig unterstützen. Doch stattdessen hatte Oscar alle Verantwortung abgegeben und war recht zufrieden damit, dass Abigail sein Faulenzerleben unterstützte.

Wenn ich darüber nachdenke, so verhält sich der *Pseudo-Maskuline* genauso wie der *Extrem Weibliche* Mann, den wir im nächsten Kapitel behandeln. Der Unterschied ist aber, dass der *Pseudo-Maskuline* den Eindruck erwecken will, dass er ein *Mann* ist. Sobald man merkt, wie er funktioniert, wird man leicht ärgerlich, besonders wenn er glaubt, seine Rolle vortäuschen zu können. Aber es ist sonnenklar: Der *Pseudo-Maskuline* ist kein Mann. Er ist ein Beifahrer im Leben. Er will sämtliche Vorteile, die das Leben zu bieten hat – und das können recht ordentliche Vorteile sein. Dazu braucht er sich bloß wie ein *Mann* aufzuführen. Oscar hatte das geschafft, weil er gut aussah und intelligent war. Angesichts dieser Kombination zusammen mit seiner männlichen Gestalt konnte er fast jeden hereinlegen.

PSEUDO-MASKULINE MOTIVE

Nach der Hälfte dieser ersten Sitzung hatte ich bereits eine Menge Informationen erhalten. Ich fühlte mich mit diesem Männertyp sehr entspannt und wusste, dass er mir im Verlauf der Sitzung noch mehr über sich verraten würde. Ich war fest entschlossen, ihm vorzuschlagen, wie ich ihm helfen konnte, daher setzte ich meine offenen Fragen fort.

»Oscar, was treiben Sie denn so in Ihrer Freizeit?«

Er kicherte bei dieser Frage, ein Kichern, das ich bei einem Mann seiner Größe etwas unpassend fand. »Ich habe ja dieser Tage ziemlich viel Freizeit und angefangen, Golf zu spielen«, erzählte er mir freudig. »Ich liebe den Sport. Spielen Sie auch?«

»Nein, Oscar. Ich habe eigentlich noch nie die Zeit dazu gehabt«, antwortete ich höflich, merkte mir aber, wie geschickt er mich in seine Unterhaltung einzuwickeln versuchte, ja eigentlich in seine Denkweise. Das ist typisch für den charmanten *Pseudo-Maskuline* Mann, und es war mir schon früher begegnet.

Ich fragte ihn, ob er sich regelmäßig mit seinen Golfpartnern träfe. »Oh ja, ich habe viele Freunde, mit denen ich wöchentlich zusammenspiele. Das ist ja auch gut für die Arbeit. Wussten Sie, dass die meisten Geschäfte auf dem Golfplatz abgewickelt werden?«

Das wusste ich natürlich, aber ich fragte mich, über welche Geschäfte Oscar auf dem Golfplatz redete, da er ja seit zwei Jahren nicht mehr arbeitete. Als ich ihn nach anderen Interessen fragte, verriet er mir, dass er gerne Fallschirmspringen ausübte und ein Fitnessstudio besuchte. Ich rechnete im Kopf die Stunden aus, die er für all diese Aktivitäten aufwendete, und dachte: Natürlich willst du keinen Job annehmen. Es macht ja viel mehr Spaß, all diese Dinge zu tun, für die ja sonst keine Zeit wäre.

Das waren alles sehr beunruhigende Anzeichen. Ich befürchtete, dass Abigail nie einen Ehemann haben würde, der sie unterstützte. Sie würde nie ihre Arbeitsstunden reduzieren können. Weniger zu arbeiten war eines ihrer Ziele, weil sie sich so sehr wünschte, mehr Zeit mit den Kindern zu verbringen, solange sie klein waren. Das war eines ihrer Hauptanliegen gewesen, als sie Oscar zu mir schickte. Sie dachte, wenn er eine vernünftige Stelle finden und wieder Geld verdienen würde, hätte sie mehr Zeit für die Kinder.

DIE WURZELN DES *PSEUDO-MASKULINEN*

Man wird auf unterschiedliche Weise zu einem Pseudo-Maskulinen Mann, und ich fragte mich, welche Einflüsse bei Oscar dazu geführt hatten. Ich bat ihn, mir von seiner Ursprungsfamilie zu erzählen und ob sie in der Nähe lebten.

»Oh, ich habe eine wunderbare Familie«, berichtete er. »Sie wohnen nicht in der Nähe, sondern ziemlich weit weg. Ich zog von zu Hause aus, als ich zur Uni ging.«

Ich bohrte weiter. »Denken Sie manchmal, dass Sie jetzt, wo Sie eine eigene Familie haben, vielleicht wieder näher bei ihnen wohnen möchten?«

Dass er diese Frage verneinte, überraschte mich überhaupt nicht. Das war typisch für alle *Pseudo-Maskulinen* Männer, die mir bisher begegnet waren. Ich hatte dann oft erfahren, dass dieser Typ Mann sich von einer dominanten autoritären Figur entfernt hatte. Oscars nächste Bemerkungen bestätigten dies auch haargenau:

»Mein Vater war beim Militär«, fuhr er fort. »Er war ziemlich streng, als wir noch klein waren. Wir sind außerdem viel umgezogen. Daher ist es mir eigentlich recht, nicht in der Nähe meiner Familie zu leben.«

Ich fragte weiter: »Hatte Ihr Vater einen hohen Rang im Militär?«

»Oh ja. Ziemlich oben, aber ich bin doch eigentlich nicht hier, um über meinen Vater zu reden, oder?«, sagte Oscar und ließ mich so wissen, dass er genug von Fragen in dieser Richtung hatte.

Mir war klar, dass sein Vater eine beherrschende Figur in seinem Leben war, aber ich glaubte, dies war auch mit Angst verbunden. Oscar schien sich seine Anerkennung und seine Aufmerksamkeit zu wünschen, wollte vielleicht so sein wie dieser, aber er wollte nicht in dessen Nähe leben. Oscar schien aber froh, das Thema zu wechseln, und ich akzeptierte das.

Meine nächste Strategie war, die Diskussion wieder auf das Thema Jobsuche zurückzubringen. »Oscar, was sind denn so Ihre Zukunftspläne?« Inzwischen fand ich unser Gespräch sehr ermüdend. Es war so, als wolle man einem Fisch Zähne ziehen.

»Oh, ich habe es Abigail noch nicht gesagt, aber ich habe morgen ein Vorstellungsgespräch. Es sieht vielversprechend aus. Ich konnte schon am Telefon erkennen, dass die Frau mich haben wollte. Sie machte ein paar Bemerkungen darüber, wie gut ich für diese Stelle geeignet sei.« Oberflächlich gesehen, war das eine sensationell gute Neuigkeit, aber dahinter erkannte ich auch die arrogante Haltung, die sich fast immer bei *Pseudo-Maskulinen* findet.

»Das ist ja fantastisch, Oscar! Es wäre vielleicht nett gewesen, wenn Sie es zuerst Abigail erzählt hätten anstatt mir.«

Und in typischer *Pseudo-Maskuliner* Art erwiderte er: »Oh nein, ich will Ihr nicht unnötig Hoffnung machen. Vielleicht gefällt mir die Position nicht. Wenn der Job für mich nicht stimmt, ist es mir egal, ob sie ihn mir anbieten oder ob das Gehalt gut ist. Dann schlage ich ihn sofort aus.«

EIN LEBEN IN ARROGANZ UND ILLUSION

Mir war klar, dass dieser Mann nicht zu einem Klienten auf Dauer werden würde. Daher betrachtete ich es nicht als Verlust, wenn er sich nicht ändern wollte.

Doch bei diesem Gedanken wurde ich um Abigails willen traurig und bedrückt. Oscar war so unendlich egozentrisch, dass seine Frau und deren Wohlergehen nicht einmal von seinem Radar erfasst wurden. Das Einzige, was für ihn wichtig war, blieb sein Anspruch auf das Leben, das er sich wünschte und an das er sich nun dank Abigails harter Arbeit gewöhnt hatte. Es war sehr deutlich, dass Oscar auch am Wohlergehen seiner Kinder kaum Interesse hatte. Wenn er ein Mann mit ordentlich ausgeprägter Maskulinität gewesen wäre, hätten im gleichen Augenblick, in dem er die Arbeitsstelle verlor, seine Beschützerinstinkte eingesetzt. Er hätte getan, was ein anständiger Vater dann tut. Er hätte dafür gesorgt, rasch wieder eine feste Stelle zu finden, ganz egal, welche das in diesem Moment der Krise gewesen wäre. Sicher braucht ein maskuliner Mann nicht mehr die Beute anzuschleppen, um seine Familie zu ernähren, aber er hat die gleiche Verpflichtung, seine Familie zu versorgen und zu beschützen. Das bedeutet, eine Arbeitsstelle anzunehmen oder irgendetwas Vernünftiges zu tun, damit seine Angehörigen finanziell abgesichert sind.

Leider haben viele eher weiblich orientierte Männer heute diese Männerrolle abgelegt und auf die eher männlich orientierten Frauen in ihrem Leben übertragen. Diese Frauen sind entweder ihre Mütter, ihre Frauen oder ihre Schwestern. Diese Männer scheinen den Weg des geringsten Widerstandes einzuschlagen, weil Frauen nun in der Lage sind, selbst zu »jagen« und die Familie zu versorgen. Es ist für Frauen heute akzeptabel, die Beute selbst anzuschleppen und die Familie zu ernähren, weil sie recht gut in der Lage sind, genug zu verdienen. Diese Männer merken aber nicht, dass sie sich in ihrer Arroganz und Faulheit selbst aus der Gesellschaft hinausbewegen. Sie werden in der Gleichung immer unwichtiger, wenn sie sich nicht am Schutz ihrer Familie beteiligen. Die Gleichberechtigung der Frau hat ihnen die Erlaubnis gegeben, ihre Männlichkeit an die Frauen in ihrem Leben abzugeben, und das bewirkt überall nur Chaos.

UMGEBEN VON TRÄUMEN UND ANGEBEREI

Aber Oscar war noch nicht fertig. Es schien, als suche er meine Vergebung, als er mir erklärte: »Ich denke, ich mache mich selbstständig.«

Lächelnd forderte ich ihn auf, mir mehr darüber zu erzählen. »Das ist eine fantastische Idee, Oscar. Haben Sie sich etwas überlegt? Man braucht dazu aber ziemlich viel Disziplin und auch eine finanzielle Absicherung, ehe sich ein zuverlässiger Kundenstamm entwickelt und das Geschäft auf soliden Füßen steht. Vermutlich dauert das so an die drei Jahre, bis man von einem Erfolg sprechen kann.«

»Ja, da haben Sie vermutlich recht«, erwiderte er. »Aber das ist in Ordnung, denn Abigails Job ist sehr sicher, und sie arbeitet gerne, daher hat sie vermutlich nichts dagegen, weiterhin die Brötchen zu verdienen, während ich die Firma aufbaue.« Als ich ihn fragte, ob seine Frau Bescheid wisse, dass er eine neue Firma gründen wollte, sicherte er sich rasch ab. »Gott, nein! Das habe ich ihr noch nicht erzählt. Ich denke eigentlich noch darüber nach. Es hat ja keinen Sinn, darüber zu reden, ehe ich nicht wirklich dazu bereit bin.«

Nun, es hatte wohl wenig Sinn für mich, weiterhin mit Oscar zu reden. Ich hatte ein deutliches Bild von ihm gewonnen. Er war ein Träumer. Er hatte Vorstellungen, die Abigail letztendlich sehr viel kosten würden, wenn sie die Situation nicht selbst in die Hand nahm. Sie würde all ihre männliche Energie brauchen, um sich und ihre Familie in die gewünschte Richtung zu steuern. Ihr Mann hatte eindeutig nur wenig männliche Initiative und Motivation aufzuweisen und *nicht* den Willen, eine Stelle anzunehmen, die ihm vielleicht nicht hundertprozentig passte. Es würde vermutlich nur wenige Positionen geben, die er bereit wäre, anzunehmen. Ich kam zu dem Schluss, dass Oscar Geldverdienen nicht als Priorität betrachtete.

Wir beendeten die Sitzung, und ich bot ihm an, mich anzurufen, falls er zu den kommenden Vorstellungsgesprächen irgendwelchen Rat brauchte. Wir wussten beide, dass er mich nie anrufen würde. Er hatte getan, was Abigail von ihm verlangt hatte, und nun würde er sich wieder in seiner bisherigen Rolle entspannen. Wir verabschiedeten uns höflich voneinander in dem Wissen, dass wir uns nie wieder begegnen würden.

REALITÄTSCHECK FÜR BEZIEHUNGEN

Um zu begreifen, was sich in der Beziehung zwischen Oscar und Abigail abspielte, müssen wir die Uhr zurückdrehen bis vor die Geburt der beiden Kinder. Abigail war eine sehr erfolgreiche und kompetente Geschäftsfrau. Oscar hatte eine Stelle, aber wies bereits Anzeichen auf, dass er sich in der Arbeitswelt nicht allzu wohlfühlte. Er war zuweilen arrogant bei der Arbeit und hatte ein paar Projekttermine platzen lassen. Als Kündigungen anstanden, wusste er, dass sein Name auf der Liste stehen würde, aber es war noch nichts entschieden. Außerdem war das vor der Geburt der Kinder, daher sorgte sich Abigail darum überhaupt nicht. Sie war hoffnungslos in ihren gut aussehenden erfolgreichen Mann verliebt.

Oscar betete Abigail ebenfalls geradezu an. Sie war alles, was er sich gewünscht hatte, die Frau seiner Träume. Er bewunderte ihre Kompetenz und ihre klare Haltung. Am meisten gefiel ihm, dass sie so zupackend war. Sie waren völlig ineinander verschossen und fühlten sich sehr stark voneinander angezogen. Man kann sich daher kaum vorstellen, wie verwirrend und enttäuschend es für Abigail war, als sie nach der Geburt des ersten Kindes feststellen musste, dass sich Sprünge in ihrer Beziehung zeigten. Oscar war plötzlich arbeitslos, sie war erschöpfter, als sie es sich je hätte vorstellen können, und sie stritten sich täglich. Aber sie schob diese Gefühle beiseite mit dem Gedanken, dass sie übermüdet sei und mit dem Säugling nicht so gut zurechtkam, wie sie gehofft hatte.

Doch während das Baby heranwuchs, legte sich ihre Enttäuschung über Oscar nicht. Auch stellten sich leichte Sorgen ein, dass sie nie mehr so attraktiv für Oscar sein würde wie vorher. Wiederum sagte sie sich, das Problem läge bei ihr und dass sie einfach Anpassungsschwierigkeiten an das Mutterdasein hatte. Als Oscar immer häufiger abends mit seinen Freunden ausging und immer öfter Golf spielte, wurden ihre Sorgen stärker, sie wusste aber nicht, was sie tun konnte. Dann kam das zweite Kind. Wiederum versenkte sich Abigail in der Babywelt und erfand Ausreden für Oscars Verhalten. Gewöhnlich schob sie sich selbst die Schuld an allem zu. Vielleicht fand er ihre veränderte, mehr mütterliche Figur nicht mehr attraktiv? Vielleicht spielten immer noch die Hormone bei ihr verrückt? Sie fabrizierte eine Reihe von potenziellen Gründen für die Probleme in ihrer Ehe, hatte aber eigentlich keine eindeutigen Beweise, dass das, was sie dachte, gleichzeitig auch für Oscar galt.

POLARITÄT – SEGEN ODER FLUCH?

Im Sinne des inneren Mann-Frau-Paradigmas hatte sich wohl Folgendes abgespielt. Mit der Ankunft der Kinder hatte sich Abigails Polarität verschoben. Als sie sich kennenlernten, war Abigails Maskulinität am oberen Ende des Spektrums angesiedelt, was ebenfalls für Oscars weibliche Essenz galt. Diese Polarität war der Grund für ihre starke Anziehung zueinander gewesen, als sie sich kennenlernten und zusammenzogen. Doch mit der Geburt der Kinder hatte sich Abigail mehr zu ihrer eigentlichen weiblichen Seite hinbewegt, was bewirkte, dass ihre innere Essenz nun eher weiblich ausgerichtet war und weiter entfernt von ihrer Männlichkeit. Sie stellte fest, dass ihr das Mutterdasein gefiel, was eine weitere Verschiebung bewirkte.

An diesem Punkt wäre es ideal gewesen, wenn Oscar sich angestrengt und das maskuline Vakuum in ihrer Beziehung besetzt hätte, das Abigail nach der Geburt der Kinder geräumt hatte. Aber das geschah nicht. Er blieb fest im Weiblichen verwurzelt, und das verursachte nun alle möglichen Probleme in ihrer Beziehung. Die Polarität zwischen ihnen geriet aus dem Gleichgewicht, und Abigail war nun für Oscar nicht mehr attraktiv. Je weiblicher sie in ihrer Rolle als nährende Mutter wurde, umso weniger war sie für Ocar anziehend. Weiblich-weiblich bewirkt einen Mangel an Anziehung, daher löste sich die Polarität zwischen ihnen auf, sobald Abigail weiblicher wurde. Die Rolle der Polarität hatte ihnen anfangs eine starke gegenseitige Anziehung geschenkt, aber genau die gleichen Gesetze wirkten nun wie ein Fluch. Ihnen war nicht bewusst, was diese Verschiebung sie kosten würde. Nach den unbeugsamen Regeln der Polarität löste die ursprüngliche Anziehung zwischen den beiden sich fast in nichts auf.

DIE LEHREN DER POLARITÄT

Wenn lebensverändernde Ereignisse auftreten, müssen beide Partner flexibel bleiben, um sich anzupassen und ein neues Gleichgewicht herzustellen. Wenn Oscar die Tatsache akzeptiert hätte, dass alle Beziehungen dynamisch sind und sich ständig verändern, wenn er bereit gewesen wäre, sich selbst entsprechend anzupassen, dann hätten die beiden eine bessere und gesündere Beziehung aufrechterhalten. Sie hätten auch einen Weg zu neuer Ausgewogenheit in ihrer Polarität gefunden. Aber Oscars starre Haltung in der Beziehung ließ ihnen nur sehr wenig Spielraum. So waren sie nicht in der Lage, die Situation zu verbessern, in der sie sich als junge Eltern befanden. Statt eine eher männliche Rolle in der Beziehung zu übernehmen, entschied sich Oscar, die Situation subtil (manchmal auch nicht so subtil) zu seinem Vorteil auszunutzen. Gleichzeitig schickte er Abigail auch eine klare Botschaft, dass er nicht beabsichtige, sich zu ändern.

Wenn sie also darüber stritten, wie häufig er auf den Golfplatz ging, sagte er, er sei sehr gestresst und bräuchte die Abwechslung. Wenn sie ihn bat, mehr mit den Kindern zu helfen, gab er an, zu beschäftigt mit seinen Kontakten und seiner Jobsuche zu sein. Wenn sie über Geld stritten, sagte er, dass es einfach keine Jobs gäbe und dass er sein Bestes versuchen würde. Im nächsten Atemzug schlug Oscar auf subtile Weise vor, da sie so knapp bei Kasse seien, könnte Abigail doch ihren Mutterschaftsurlaub abkürzen und vielleicht um eine Gehaltserhöhung bitten, da sie doch so unentbehrlich für ihre Firma sei. Oscars Verhalten war so angelegt, dass Abigail daraus deutlich entnehmen musste, wie unzufrieden er mit den Dingen war, vor allem, wie sehr sich für *ihn* alles verschlechtert hatte: Abigail hatte das Gefühl, dafür bestraft zu werden, Mutter zu sein und die Veränderung ihres perfekten Lebens verursacht zu haben.

Der Punkt war aber der, dass Oscar der Verantwortung, die mit der Vaterrolle einherging, in keiner Weise gewachsen war. Er hätte die natürliche männliche Rolle des Helden, des Beschützers und des Versorgers einnehmen müssen. Indem er die männliche Rolle besetzte, hätte er gleich zwei Kernprobleme in der Beziehung gelöst: Erstens, wenn Oscar eine Stelle annehmen würde, auch wenn sie nicht ideal für ihn war, würde er seiner Frau einen Teil der finanziellen Belastung abnehnen, die ihr zu viel wurde. Zweitens, als Versorger könnte er darüber hinaus seine eigene Männlichkeit besser einbringen und die Polarität zwischen ihnen wieder ausgewogener machen. In dieser neu kalibrierten Beziehung könnte sich die alte Attraktivität füreinander wieder einstellen, die jedes Paar braucht, um glücklich zu sein, und die eine Ehe erst haltbar macht. Leider aber wollte

Oscar überhaupt nichts verändern. Er klammerte sich hartnäckig an sein altes Leben.

WEITERE KENNZEICHEN DES *PSEUDO-MASKULINEN*

Der *Pseudo-Maskuline Mann*, ebenso wie unsere *Faux-Frau*, wird sich in diesen Fallstudien nicht wiedererkennen. Meiner Beobachtung nach ist dieser Mann so damit beschäftigt, jemand anderer zu sein, als er tatsächlich ist, dass ihm nur wenig Raum zum Nachdenken bleibt.

Der *Pseudo-Mann* ist stets bereit, anderen die Schuld zu geben, und nur sehr, sehr selten wird er eigene Fehler eingestehen wollen. In einer Beziehung mit ihm ist man ständig die Person, die beschuldigt wird, und oft wird einem auch vorgeworfen, den anderen nicht genug zu unterstützen. Diese Haltung führt dazu, dass man sich schließlich selbst fragt: Gehe ich zu hart mit ihm um? Vielleicht fühlt man sich auch schuldig. Sobald sich Schuldgefühle eingestellt haben, hat er Sie genau da, wo er Sie haben will. Aber erinnern wir uns: Immer wenn zwei Erwachsene eine Beziehung eingehen, müssen beide dafür die Verantwortung tragen. Es funktioniert nicht, wenn einer allein die ganze Bürde auf sich lädt. Das ist die Grundregel bei allen Beziehungen.

Ich habe öfter erlebt, wie dieser Männertyp Frauen das Herz bricht, denn er macht ständig Versprechungen, hält aber nie etwas. Die Frau beschwichtigt sich mit der optimistischen Einstellung, dass es nächste Woche bestimmt besser wird oder dass er schon bald die ideale Stelle findet. »Ich muss nur geduldiger sein und ihn mehr unterstützen.« Ein Satz, der eine Frau mehr als alles andere dazu treibt, sich selbst zu täuschen, ist: »Aber ich liebe ihn doch.« Ja, klar, Liebe ist wunderbar. Aber wenn man sich selbst aufgibt und sich auf diesen Weg begibt, muss man die volle Verantwortung für das eigene Verhalten übernehmen und aufhören, sich über ihn zu beklagen. Er ist ein Erwachsener und muss sich als solcher verhalten. Ich kann das nicht oft genug sagen – es geht hier *nicht* um Sie!

Wenn Sie feststellen, dass Sie ständig das Auf und Ab seiner Launen und Versprechen mitmachen, dann wissen Sie, dass Sie sich auf einer Achterbahn ohne Ende befinden. Sie müssen die Entscheidung treffen, diese Achterbahn, die Sie nirgendwohin führen wird, zu verlassen. Jeder Mann muss sich anstrengen und seine Männlichkeit für sich beanspruchen, und wenn er sagt, dass er sie liebt, dann erinnern Sie ihn daran, dass Liebe zur Hälfte aus Arbeit und echter Unterstützung besteht. Zur Liebe gehört auch die Demonstration guter Absicht. Bloße Absichtserklärungen ohne Taten sind aber nichts weiter als hohle Worte.

Sie fragen sich vielleicht, woher ich das so gut weiß? Nun, ich habe das selbst mitgemacht. Ich betrachte mich als intelligenten, erfolgreichen Menschen, aber auch mich hat ein *Pseudo-Maskuliner* Mann mehr als einmal zum Narren gehalten und mir das Herz gebrochen. Meine schlimmsten und anstrengendsten Zeiten waren immer, wenn ich in den Bann eines *Pseudo-Maskulinen* geraten war. Und, ganz ehrlich gesagt, heute erkenne ich, dass die Zeichen dafür allesamt erkennbar waren. Schon sehr früh in diesen Beziehungen bemerkte ich die Anzeichen, dass diese Männer nicht die geringste Absicht hatten, ihre männliche Rolle einzunehmen. Aber jedes Mal war ich so blöd, dass ich dafür Ausreden fand, weil er ja so charmant war. Irgendwie schien es mir auch stets zu gelingen, mir selbst die Schuld zu geben, was typisch für Frauen ist, auch für jene, die es eigentlich besser wissen sollten.

Heute akzeptiere ich diese Entschuldigungen nicht mehr und rate allen Frauen, bei der Partnersuche beide Augen offen zu halten. Alle Erwachsenen, Männer wie Frauen, sollten sich dessen bewusst sein, welchen Typ sie anziehen. Ein weiteres Beispiel für einen Mann, den es zu meiden gilt, ist der *Extrem Weibliche*, unser nächster Archetyp. Er ist kein solcher Herzensbrecher wie der *Pseudo-Maskuline*, aber sein Verhalten und seine Eigenschaften können immer noch zu Problemen bei den Männern und Frauen führen, denen er täglich begegnet. Lassen Sie mich ihn nun vorstellen.

KAPITEL 13
Der Extrem Weibliche

SIE SAGT: »DU BIST JA EXTREM SENSIBEL.«
ER SAGT: »ICH DACHTE, ICH REAGIERE NUR
AUF SCHMERZEN SENSIBEL.«

FALLSTUDIE: LIAM

Liam kam auf Empfehlung seines guten Freundes Max zu mir. Max und ich hatten erfolgreich zusammengearbeitet, und nun setzte er sich dafür ein, dass ich auch die Probleme seines Freundes Liam lösen würde. Die Beziehung zwischen Max und Liam schien sich zu ändern.

»Jen, ich kann einfach nicht mehr so sehr für Liam da sein«, hatte Max mir anvertraut. »Er ist ein großartiger Mensch, aber die Probleme, mit denen er sich momentan herumschlägt, werden einfach zu viel für mich. Ehrlich gesagt, ich kann es nicht mehr hören. Außerdem habe ich keine Ahnung, wie ich darauf reagieren soll. Er tut mir wirklich leid, aber ich weiß einfach nicht, was ich dazu sagen kann.« Ich erwiderte, ich würde mich freuen, seinem Freund zu helfen und seine Probleme mit ihm auszuloten. »Danke. Der Typ braucht momentan eher eine Freundin, aber das kann ich nicht für ihn sein«, sagte er lächelnd und verließ mein Sprechzimmer.

In der folgenden Woche erschien Liam zu seinem ersten Termin bei mir. Er war makellos gekleidet. Wenn ich makellos sage, dann meine ich damit, dass er tipptopp frisiert war und seine Schuhe spiegelblank geputzt waren. Sein Anzug war modisch geschnitten und ganz offensichtlich sehr teuer. Er trug Manschettenknöpfe zu seinem eleganten Hemd. Ich hatte schon lange keinen so gut gekleideten Mann mehr gesehen. Schon bei der Begrüßung gab mir Liams aufrichtige Höflichkeit das Gefühl, in einer anderen Epoche zu sein. Das war seltsamerweise irgendwie tröstlich. Dieser Mann war so respektvoll, dass ich mir vorstellen konnte, wie er sich bei vielen Gelegenheiten in der heutigen Welt fehl am Platz vorkam.

»Guten Morgen, Liam, ich freue mich sehr, Sie kennenzulernen.« Ich hielt ihm meine Hand hin, um seine zu schütteln, hatte aber das Gefühl, dass er sie fast geküsst hätte. Mein erster Eindruck war, dass dieser Mann niemals einen falschen Schritt tun würde, und ich dachte: Wie ungewöhnlich heutzutage. Wie faszinierend!

Er setzte sich kerzengerade auf mein Sofa, worauf ich ihn aufforderte, sich so zu entspannen, wie er es mochte. »Ich möchte, dass Sie sich wie zu Hause fühlen. Das heißt, Sie brauchen sich nicht förmlich zu benehmen, weil das manchmal hinderlich ist.« Bei diesen Worten erhob ich mich, um ihm eine Tasse grünen Tee zu holen. Als ich mich ihm wieder zuwandte, wirkte Liam nicht viel entspannter, daher gab ich mich damit zufrieden, dass es eine Weile dauern würde, bis er sich in dieser Umgebung etwas mehr lockern konnte.

ÜBERFORDERT BEI DER ARBEIT

»Liam, wie kann ich Ihnen helfen? Max erwähnte, dass Sie sich von Ihren Angestellten momentan leicht überfordert fühlen. Zu Hause spielt sich zurzeit auch einiges ab. Stimmt das?«

»Ganz genau«, erwiderte er. »Max ist ein wunderbarer Freund, aber meine Probleme haben sich so verschlimmert, dass ich seine Freundschaft vielleicht damit aufs Spiel setze. Er sagte, Sie würden alles aus einer anderen Perspektive betrachten. Daher ist es vermutlich nützlich, wenn Sie als Außenstehende einen Blick darauf werfen.«

Er schien bereit, mir alles anzuvertrauen, und ich forderte ihn auf, weiterzureden. »Geben Sie mir doch einen Überblick über das, was Sie momentan so beschäftigt. Dann können wir es von allen Seiten betrachten und vielleicht eine Lösung finden.«

»Genau. Nun, als Erstes droht meine Frau, mich zu verlassen, und, ehrlich gesagt, habe ich keine Ahnung, was ich tun soll, wenn sie das wirklich macht. Zweitens habe ich ein paar Angestellte, die mich zu bedrängen scheinen, aber ich habe, offen gesagt, keine Ahnung, was sie von mir wollen.« Liam erklärte, dass er Geschäftsführer eines mittelgroßen Architekturbüros sei. Er hatte vierzig Angestellte, darunter fünf Senior-Architekten in leitender Position, die ihm direkt unterstanden. Außerdem führte er einige Architekturprojekte selbst aus.

»Man könnte also sagen, Liam, dass Sie von häuslichen und beruflichen Problemen belagert werden? Keiner der beiden Bereiche funktioniert momentan für Sie?«

Er antwortete sofort darauf. »Das ist milde ausgedrückt! Es ist einfach furchtbar! Wir haben sehr viele enge Termine, und es spielt sich so vieles ab, was mit der eigentlichen Arbeit überhaupt nichts zu tun hat!«

Ich sah Liam über meinen Brillenrand hinweg an und bemerkte, welche Spannungen sich in dem Gesicht dieses sanften Mannes abzeichneten. Ich hatte schon vor unserem Termin aufgrund der Informationen von Max einen guten Eindruck davon, mit wem ich es zu tun haben würde. Nun sah ich Liams Unbehagen, mir seine Probleme anvertrauen zu müssen, und erkannte, dass er ein zutiefst introspektiver Mensch war und sehr sensibel – nicht gerade der Typ, der jedem Fremden gerne anvertraut, was ihn gerade beschäftigt.

Ich sprach bewusst leise weiter in der Hoffnung, dass Liam meine Empathie spüren würde, denn ich hatte wirklich Mitleid mit ihm. Vor einer Scheidung zu stehen ist furchtbar, und wenn das mit Problemen im Beruf verbunden ist, würde jeder normale Mensch sehr leiden. Für jemanden wie Liam, der alle Merkmale dessen zeigte, was ich einen *Extrem Weiblichen Mann* nenne, war dies eine geradezu unerträgliche Situation.

DIE LÖSUNG ALLER PROBLEME

Ich beschloss, wie üblich vorzugehen und die Dinge in Einzelprobleme aufzugliedern, um herauszufinden, welches davon das dringlichste war. »Warum nehmen wir uns nicht ein Thema nach dem anderen vor? Dann schauen wir, wie diese die anderen beeinflussen und wie Sie vielleicht damit umgehen können«, schlug ich vor.

»Okay. Also, meine Frau glaubt, dass sie mich nicht mehr liebt, und will mich verlassen«, begann er traurig. »Sie findet, dass ich sie nicht genügend schätze, und sie ist mein ‚feiges' Benehmen leid. Ich bin selten in guter Stimmung, wenn ich aus dem Büro nach Hause komme. Sie hat sehr viele Freundinnen, die großen Einfluss darauf zu haben scheinen, was sie denkt.«

Ich fragte Liam, ob er sich dadurch isoliert fühle, und er nickte.

»Genau das ist es, und ehrlich gesagt, habe ich nicht die Energie, mir das triviale Geschwätz über diese Frauen anzuhören, wenn ich nach einem langen Arbeitstag nach Hause komme«, gestand er.

»Ja, das verstehe ich«, sagte ich. »Aber Sie wollen in der Beziehung bleiben?«

»Ja, ja, natürlich«, bestätigte er. »Sie benimmt sich zurzeit merkwürdig, aber sie ist eine fantastische Organisatorin. Sie führt unseren Haushalt mit militärischer Präzision und ist eine ausgezeichnete Köchin. Und schließlich liebe ich sie.« Liam sah jetzt so traurig aus, dass ich dachte, er würde gleich weinen.

»Liam, haben Sie im Büro einen guten persönlichen Assistenten?« Er lächelte mich leicht ironisch an. »Oh ja, ich habe Samantha, und sie ist erstaunlich gut. Ich nenne sie meine Bürofrau!

Wir sind alle sehr von ihr angetan. Falls sie sich entschließen würde zu kündigen, wäre das vermutlich genauso schlimm wie wenn meine Frau mich verlässt.« Liam blickte wieder ernst und sah plötzlich sehr besorgt aus. Ihm war gerade aufgegangen, dass Samantha ihn vielleicht ebenfalls verlassen würde.

Mir war die Situation inzwischen klar. Liam war in der Tat ein *Extrem Weiblicher* Mann und brauchte diese hocheffizienten Frauen, die sein Leben organisierten. Vermutlich war ihm das nicht bewusst gewesen, als er seine Frau Christine heiratete oder als er Samantha einstellte. Ich ließ ihn eine Weile stumm dasitzen, damit er verdauen konnte, was ihm da gerade aufgegangen war. Nichts wirkt besser als ein paar Minuten stilles Nachdenken, um solche Einsichten zu verarbeiten.

Ich machte derweil weitere Beobachtungen. Liam war seit fünfzehn Jahren mit Christine verheiratet, und sie hatten zwei Kinder. Er liebte seine Kinder, doch ihm gefielen der Krach und die Unordnung nicht, die sie verursachten. Er hatte eine großartige Firma mit gutem Personal, das sich für ihn einsetzte, aber plötzlich waren sowohl sein Privatleben wie seine Arbeitswelt aus den Fugen geraten.

DIE *ANDRO-FRAU* IM RAUM

Meine nächste Frage drehte sich direkt um sein Berufsleben. »Liam, was spielt sich denn momentan im Büro ab?«

Ein hörbarer Seufzer entfuhr diesem unglücklichen Mann, ehe er antwortete. »Ich begreife es einfach nicht. Ich habe eine Architektin in leitender Position, die alle anderen verrückt zu machen scheint. Die anderen drei, in ähnlichen Positionen, kommen jeden Tag zu mir, um sich über sie zu beschweren, aber ich habe keine Ahnung, was sie dann von mir erwarten.«

Mir war bei seiner Beschreibung bereits aufgegangen, dass es sich um eine *Andro-Frau* handelte und die anderen leitenden Angestellten in der Firma offensichtlich ebenfalls ein gesundes männliches Ego hatten. Liam hingegen war das weibliche Element in diesem Büro. »Liam, können wir bei diesem Problem ein wenig nachbohren? Über was beschweren sich die drei Architekten?«

Er wirkte ein wenig verlegen, antwortete aber ehrlich: »Also, nach allem, was ich weiß, geht Ruth mit der Arbeitszeit ziemlich großzügig um. Sie kommt oft zu spät und erledigt ihre Projekte nicht pünktlich. Das verursacht natürlich Terminprobleme bei den Junior-Architekten. Einer der Leitenden hat sogar angedeutet, dass sie vielleicht ein Drogenproblem hat.«

Das beunruhigte mich, und ich sagte zu Liam, ich hielte das für ein ziemlich ernsthaftes Problem, das unmittelbar behandelt werden sollte. Dazu brauchte ich weitere Informationen über Ruth. »Liam, haben Sie selbst etwas an Ruth bemerkt, das Ihnen seltsam vorkam?«, fragte ich.

»Nein, eigentlich nicht«, erwiderte er, »aber ich habe auch nicht viel direkt mit ihr zu tun. Ich verbringe viel Zeit in meinem Büro. Ich sehe das so, dass alle anderen in der Firma Erwachsene sind und ihre Probleme selbst lösen können. Finden Sie nicht auch?«

Ich antwortete bewusst nicht auf diese Frage, aber hier lag eindeutig ein weiterer Schlüssel. Liams extreme Weiblichkeit bewirkte, dass er sich lieber in sein Büro verzog, statt Mittelpunkt seiner eigenen Firma zu sein. Ich stellte daher eine weitere Frage. »Was sagen die anderen sonst noch über Ruth? Mir scheint, das ist ein viel größeres Problem, als Ihnen vielleicht bewusst ist.«

»Nun, offensichtlich sagt Ruth, dass die anderen tun und lassen können, was sie wollen, denn ihre Position sei aufgrund der engen Verbindung zu mir absolut sicher«, antwortete Liam.

Meine nächste Frage stellte ich mit einer gewissen Vorsicht, weil ich nicht wusste, welche Antwort ich darauf bekommen würde. »Stimmt das, Liam?«

Er zögerte, ehe er antwortete, was kein gutes Zeichen war, aber ich glaubte, dass er mir genügend vertraute, um ehrlich zu antworten. »Ja, es stimmt, dass wir an der Uni eine kurze Affäre hatten. Ich betrachte sie als Teil meiner Familie, und es würde mir schwerfallen, sie gehen zu lassen.«

DIE VERLEUGNUNG HERAUSFORDERN

Ich beschloss, alles auf eine Karte zu setzen und Liam eine zutiefst persönliche Frage zu stellen. »Liam, hat das etwas damit zu tun, dass Ihre Frau Sie verlassen will?«

Wieder zögerte er einen Moment, ehe er antwortete. »Ja. Christine hat das Gefühl, dass Ruth sich Freiheiten herausnimmt, und sie weiß auch über unsere einstige Beziehung Bescheid.«

Ich ging weiterhin vorsichtig vor, als ich fragte, ob Ruth vielleicht im Büro über ihre gemeinsame Vergangenheit redete und dass das irgendwie an seine Frau weitergetragen worden sei.

»Ganz genau«, sagte Liam. »Woher wussten Sie das?«

»Nun, es scheint kaum ein Zufall zu sein, dass Sie gleichzeitig zu Hause und im Büro Probleme haben. Wenn das passiert, sind die Themen oft miteinander verbunden«, antwortete ich.

Liam schien nun bereit, mehr Informationen preiszugeben. Er schien so erleichtert, das Problem laut ausgesprochen zu haben, dass er sich von allem befreien wollte, was irgendwie damit zu tun hatte. »Meine Senior-Architekten haben alle mit Kündigung gedroht, um ein Konkurrenzbüro aufzumachen, sofern ich das Problem nicht bald löse.«

Das war eine sehr ernste Situation, und Liam war ohne Zweifel ein extrem weiblicher Mann. Dieser Archetyp ergreift oft nicht einmal dann die Initiative, wenn das Problem ganz offen auf der Hand liegt und relativ einfach gelöst werden kann. Aber ich musste bei diesem sanften, sensiblen Mann vorsichtig vorgehen, weil er es nicht gut vertragen hätte, wenn ich ihn irgendwie beurteilte. Ich beschloss, ihm den Fall so neutral wie möglich darzulegen, damit er die Fakten deutlicher erkennen und dann seine eigene Lösung finden konnte. Liam schien ein anständiger Mensch zu sein, der sich aber nicht gerne der Wahrheit stellte, weil er einfach keine Ahnung hatte, wie er sich dann verhalten musste. Das Problem starrte ihm voll ins Gesicht, aber er war unfähig, zu handeln.

»Liam, sind Sie sich sicher über die Tatsachen? Stimmt es, dass Ruth die Arbeitszeiten nicht einhält?«

Liam antwortete darauf unmittelbar: »Oh ja, wir haben ein System mit Stundenzetteln, und sie hat offensichtlich darin herumgepfuscht. Einer der Leitenden hat sie dabei erwischt und zur Rede gestellt und ist dann sofort zu mir gerannt. Leider hat sie dabei auch einen der Junioren hineingezogen.«

Jetzt war ich ehrlich entrüstet. »Liam, Ruth verändert quasi die Kultur Ihres Unternehmens und setzt ein sehr schlechtes Beispiel für die jüngeren Angestellten. Das kann doch ernsthafte Konsequenzen für Ihre Firma und Sie selbst haben.«

Er wusste, dass dies stimmte, und nickte traurig.

FURCHT VOR EMOTIONALEN KONFLIKTEN

»Liam, trifft es zu, dass Ruths Indiskretionen bereits alle Grenzen überschritten haben?« Jetzt stiegen tatsächlich Tränen in Liams Augen auf. Ich wandte den Blick ab, weil ich ihn nicht noch verlegener machen wollte.

Als er sich wieder gefasst hatte, antwortete er auf meine Frage. »Ja. Gestern haben wir ein Projekt verloren, für dessen Vorbereitung und den Kostenvoranschlag wir sechs Monate geschuftet haben. Es hätte für die Firma zwei Jahre Arbeit bedeutet.«

Ich fand, ich musste meine Fragen vorantreiben. »Warum haben Sie die Ausschreibung verloren?«

Er schüttelte den Kopf, sah mich unglücklich an und gab dann zu, dass Ruth eine Affäre mit dem Projektleiter gehabt hatte und dessen Ehefrau davon erfahren hatte.

»Ah, lassen Sie mich raten, dann hat Ihre Frau das ebenfalls herausgefunden?«, fragte ich. Seine Antwort konnte ich kaum ertragen.

»Ja«, flüsterte er.

An diesem Punkt fragte ich Liam, ob wir die Sitzung um eine

halbe Stunde verlängern könnten, weil ich erkannte, wie dringend seine Probleme waren und dass eine Menge auf dem Spiel stand. Er beteuerte eifrig, dass er so lange bleiben könnte wie nötig. Er fühle sich so erleichtert und versicherte mir, er würde die Probleme angehen, ganz egal, wie schwierig sie für ihn seien.

Mir fiel auf, dass Liam nun viel entspannter war, obwohl er mir gerade eine sehr beunruhigende Information gebeichtet hatte. Daher beschloss ich, sehr direkt vorzugehen. Ich war sicher, er würde nun hören können, was ich sagte, auch wenn es ihm anfangs ein wenig zu hart erscheinen mochte. Ich warnte ihn, dass das Paradigma, mit dem ich arbeitete, beim ersten Kennenlernen und wenn man sich dieser neuen Wahrheit stellt, vielleicht ein wenig grob wirken konnte. Er versicherte mir, er sei zu allem bereit, egal welche Methoden ich auf Lager hätte, weil er völlig verzweifelt sei. Offensichtlich hatte Max ihn gewarnt, dass er in der Sitzung mit mir auch tapfer sein musste, und ich erkannte nun, dass Liam dies ernst genommen hatte.

»Liam, momentan steht Ihr ganzes Leben auf dem Spiel, daher müssen wir jetzt Maßnahmen ergreifen, damit dieses Risiko alsbald verschwindet. Sind Sie damit einverstanden?«, fragte ich.

»Ja, schießen Sie los«, sagte er. »Ich bin ja so dankbar, wenn ich zumindest annähernd begreife, was sich bei mir abspielt.«

AUSWIRKUNGEN DES MANN-FRAU-PARADIGMAS

Damit hatte ich seine Erlaubnis, direkt vorzugehen. »Ich arbeite zu jedem Zeitpunkt auf verschiedenen Ebenen«, begann ich. »Aber es hat keinen Sinn, diese eher esoterischen Prozesse durchzuspielen, wenn wir nicht mit der Schwere der Situation zuerst umgehen. Aber Sie sind ja bereit, sich damit zu konfrontieren und es zu verstehen, weil sich die Probleme dann rasch ändern können. Normalerweise arbeite ich mit meinen Klienten bei derart schwierigen Problemen über längere Zeit hinweg, aber dazu haben wir keine Zeit. Zeit ist der wichtigste Faktor für Sie.« Liam lächelte zaghaft, und ich legte ihm mit sanfter Stimme meine Diagnose dar.

»Liam, Sie sind das, was ich einen *Extrem Weiblichen* Mann nenne. Als solcher haben Sie Schwierigkeiten im Umgang mit Angestellten und mit der Kommunikation mit nahestehenden Menschen wie mit Ihrer Frau«, erklärte ich. »Sie sind hochintelligent und kreativ, und das ist für Ihre Firma sehr gut. Ihr weiblicher Aspekt ist der dominante Teil von Ihnen, der Ihnen ermöglicht, so kreativ und erfinderisch zu sein. Ich kenne einige der Gebäude, die Sie entworfen haben, und bewundere sie.«

Ich hielt einen Moment inne, ehe ich fortfuhr. »Nicht so gut ist die Tatsache, dass Sie ziemliche Schwierigkeiten haben, Menschen zur Rede zu stellen, besonders wenn sie sich ausgesprochen schlecht benehmen, wie etwa Ruth. Wenn man sich aber einer solchen Situation nicht stellt, verliert man den Respekt der Kollegen und Angestellten. Die wichtigste Person, die hiervon betroffen ist, ist Ihre Frau. Sie scheint so entrüstet zu sein, dass sie praktisch schon aus der Tür ist.«

Ich erklärte ihm, dass sein Verhalten ein Zeichen für einen Mangel an sichtbarer Stärke sei, die gewöhnlich für die Führung eines Unternehmens notwendig ist, aber dieser Mangel sei für einen *Extrem Weiblichen* Mann nicht ungewöhnlich. »Das Problem mit Ihrem stark entwickelten weiblichen Aspekt ist, dass Ihre Männlichkeit nur eine zweitrangige Energie ist. Aber Sie müssen lernen, diese männliche Energie öfter einzusetzen, denn sie ist für Ihr Handeln verantwortlich, die Energie, die sich äußerlich zeigt. Mithilfe Ihrer männlichen Energie können Sie diejenigen zur Rede stellen, die unverschämt und rücksichtslos mit Ihrer Firma und Ihrem Privatleben umgehen.«

Meine Worte blieben eine Weile in der Luft hängen. Ich wartete ab, bis Liam meine Erklärung und den damit verbundenen Prozess verarbeitet hatte. Er wirkte nicht schockiert, daher vermutete ich, dass er von seinem Freund Max bereits einiges über mein Mann-Frau-Paradigma gehört hatte.

MASKULINE ENERGIE ZUM EIGENEN SCHUTZ

Als Liam reagierte, schien er wie aus einer tiefen Trance zu erwachen. »Das ist schon mein ganzes Leben mein Problem gewesen«, sagte er. Ich sah, wie bei ihm reihenweise die Groschen fielen, und blieb weiter stumm.

Schließlich fuhr ich fort mit der Erklärung, dass ein weiteres Grundelement der inneren männlichen Energie die Fähigkeit zu beschützen sei. »Diese Energie schützt in erster Linie die eigene weibliche Essenz, ob wir nun ein Mann oder eine Frau sind. Dann aber muss sich die männliche Essenz ausweiten und alles in unserer Umgebung schützen, was für uns wichtig und kostbar ist.« Ich sah, dass dieser Aspekt meiner Erklärungen für Liam ein wenig verwirrend klang.

»Kann ich Sie etwas fragen?«, bat er. »Das Wort *beschützen*, das klingt so altmodisch. Wir leben immerhin im einundzwanzigsten Jahrhundert. Wir stehen in keiner Gefahr. *Wovor* soll ich mich und meine Angehörigen denn schützen?«

Die Frage hatte ich schon mal gehört und hatte die Antwort darauf parat. »Wir leben vielleicht in der Moderne, aber unser Innenleben hat sich seit unseren Anfängen eigentlich nicht viel geändert«, erklärte ich. »Beschreiben wir diesen Schutz in der heutigen Zeit: Es ist beispielsweise Ihre Rolle als das männliche Element Ihrer Beziehung, Ihre Frau vor einem möglichen Skandal zu beschützen, der sich aus der Affäre mit Ruth vor so vielen Jahren ergeben kann. Rückblickend war es vielleicht kein so guter Zug, Ruth überhaupt einzustellen. Was meinen Sie?«

Ich sah, dass Liam schockiert und äußerst verlegen reagierte, aber er antwortete: »Es war unmöglich, sie nicht einzustellen. Ehrlich gesagt, hat sie mich dazu erpresst, und als sie einmal da war, konnte ich sie nicht mehr loswerden.«

Diesen Punkt konnte ich nicht unbefragt hinnehmen. »Mit anderen Worten, Ihre Frau musste sich also damit abfinden, dass Sie in den vergangenen zehn Jahren Tag für Tag mit Ruth zusammengearbeitet haben?« Er nickte.

Wieder blieb ich bewusst stumm, um ihm zu ermöglichen, die Ungeheuerlichkeit dessen zu verdauen, was ihm gerade aufgegangen war. Ich wiederholte es mit anderen Worten, um es zu bekräftigen: »Ruth hat Ihre Firma gefährdet, sie hat eindeutig Ihre Ehe gefährdet, und daher schwebt jetzt Ihre Familie in Gefahr.«

EIN DUELL UM AUFMERKSAMKEIT

In Wirklichkeit hatte Liam seit vielen Jahren zwischen diesen beiden männlich orientierten Frauen festgesessen und die Situation einfach so akzeptiert. Er hatte nicht erkannt, wie sehr seine Frau darunter litt, dass Ruth nach all den Jahren immer noch Macht über ihren Mann hatte. Eigentlich hatte Liam sich zurückgezogen und zugelassen, dass diese beiden Frauen ein Duell um seine Aufmerksamkeit austrugen. Ich erklärte ihm die Implikationen. »Erkennen Sie, Liam, dass Sie bei diesem Duell die weibliche Rolle spielen?« Er wandte verlegen den Blick ab.

Ich wusste, dass er nach einer endgültigen Lösung für dieses Problem suchte, und ließ es daher nicht ruhen. »Liam, ich versuche, Ihnen verständlich zu machen, dass der mangelnde Schutz Ihrer eigenen weiblichen Energien Ihre Firma in Gefahr gebracht hat. Sie haben Ihre weibliche Seite nicht beschützt, indem Sie sich gegen Ruths Erpressung nicht wehrten. Ihre Firma hat nun unter finanziellen Nachteilen zu leiden. Sie haben den Ruf der Firma aufs Spiel gesetzt, und Ihre Frau hat genug von Ihnen.

Diese Situation ist vielleicht physisch nicht so gefährlich wie ein Krokodil oder ein anderes Raubtier, aber Sie und Ihre Lebensgrundlage stehen tatsächlich auf dem Spiel«, fügte ich hinzu. »Außerdem haben Sie Ihre Frau nicht vor dieser möglichen Gefahr beschützt, und nun könnten Sie alles verlieren, was Ihnen lieb und teuer ist.«

Ich sah, wie sich die Gedanken in Liams Kopf förmlich überschlugen. Er schwieg wieder, und ich blieb ebenfalls stumm. Es war offenkundig, dass wir in dieser einen Sitzung genug gearbeitet hatten. Liam und ich machten einen weiteren Termin zwei Tage später aus.

Er brauchte Zeit, um die Dinge, die er über sich selbst erkannt hatte, zu verarbeiten, und ich wollte ihm mit einem Plan helfen, Änderungen in der Firma vorzunehmen und seine Frau irgendwie zu besänftigen. Sie würde es miterleben müssen, wie er einen soliden Aktionsplan aufstellte, um überzeugt zu werden, dass sie und die Kinder beschützt wären. Liam musste beweisen, dass er seine Einstellung zu ihr und den Kindern geändert hatte.

AKTIONEN, DIE VERÄNDERUNGEN BEWIRKEN

Liam blieb der sanfte, makellos gekleidete Gentleman, aber er konnte seine innere Polarität dramatisch ändern, indem er ein paar neue Taktiken anwandte. Als ihm bewusst geworden war, was passieren musste, nahm er sein Herz in die Hand, um die nötigen Veränderungen in allen Lebensbereichen durchzuführen, darunter auch, Ruth zu kündigen.

Als Liam sie aufforderte, die Fima zu verlassen, ging sie nicht sang- und klanglos. Sie drohte Liam alle möglichen Racheakte an, was ihn sehr kränkte, aber wir gingen den Prozess genau durch. Er blieb hartnäckig, und Ruth verschwand. Eigentlich hatte sie nur sehr wenig gegen ihn in der Hand, sobald sie die Firma verlassen hatte, denn ihr Ruf war in der Branche bekannt. Sie wusste, dass sie selbst in der Firma das Problem gewesen war und nicht Liam und die anderen Architekten.

Die Folgen dieser Entscheidung, sie hinauszuwerfen, waren sehr befriedigend: Liams Privatleben verbesserte sich grundlegend, und bei der Arbeit ging es viel harmonischer zu. Ja, eigentlich war noch nie alles so gut gelaufen. Seine Angestellten hatten sofort mehr Respekt vor ihm, und er konnte mehrere Aufträge zurückgewinnen, die Ruth mit ihrem rücksichtslosen Verhalten sabotiert hatte. Am wichtigsten aber war, dass Liams Frau nach Ruths Verschwinden viel glücklicher war.

Das hieß, unsere nächste unmittelbare Herausforderung würde sein, ihm zu helfen, einen neuen leitenden Architekten als Ersatz für Ruth einzustellen. Er machte es sonnenklar, dass er sich nicht wieder in der gleichen Situation befinden wollte, wie er sie gerade bewältigt hatte. Er erkannte, dass ein Risiko bestand, den gleichen Typ Person nur mit anderem Aussehen einzustellen, wenn er sich nicht bewusst Mühe gab, die Warnzeichen zu entdecken, die ihm bei Ruth entgangen waren.

Liam hatte das Glück, dass er persönlich und seine Firma in der Branche einen guten Ruf genossen, was ihm jetzt zugutekam. Er erhielt mehrere Empfehlungen von zuverlässigen Kollegen und Agenturen. Er fand auch die richtige Person. Aber diesmal war er der Boss und nicht der Angestellte.

Liam blieb über ein Jahr lang mein Klient. In dieser Zeit gelang es uns, seine Polarität leicht vom extrem weiblichen Punkt zu mehr Ausgewogenheit zu verschieben, was hieß, er konnte seine maskulinen Energien viel leichter einsetzen. Diese Veränderung war besonders bei der Arbeit deutlich zu erkennen, weil nun Ruhe herrschte. Es spielten sich keine Dramen mehr ab, nachdem sich herausgestellt hatte, dass Liam mit so etwas gut umgehen konnte. Auch zu Hause war alles entspannter. Glücklicherweise gelang es ihm, die Polarität zwischen seiner Frau und ihm ausgewogen zu halten. Seine Ehe und seine Familie waren gerettet.

Die Vorstellung, das alles verlieren zu können, hatte Liam motiviert, die nötigen inneren Veränderungen vorzunehmen. Er freute sich sogar über seine neu gewonnene männliche Energie, denn diese einzusetzen bewirkte einen deutlichen Unterschied in seinen Führungsqualitäten – zu Hause ebenso wie im Büro. Nie wieder würde er seine Lebensgrundlage und seine Familie aufs Spiel setzen, weil er sich nun gegen einen offensichtlichen Feind gut wehren konnte.

HANDLUNGSFÄHIGKEIT ALS FÜHRUNGSQUALITÄT

Liams Geschichte ist nicht ungewöhnlich. Im Leben wie in meiner Praxis habe ich festgestellt, dass es für einen *Extrem Weiblichen* Mann üblich ist, die Zügel nicht in die Hand zu nehmen, weil er sich keiner Konfrontation stellen will, die vielleicht unangenehm werden könnte. Es ist leichter, so zu reagieren wie Liam, der sich im Büro versteckte und so tat, als ginge ihn alles nichts an oder als wäre es keine große Sache. Das Problem mit seiner Haltung war, dass dabei Menschen verletzt wurden, die das überhaupt nicht verdienten. Die Arbeit von Liams Senior-Architekten war beispielsweise ausgezeichnet. Sie brachten Aufträge ein und waren eindeutig loyal zu ihm. Liam vergalt ihnen diese Loyalität mit einem sehr schwachen Führungsstil. Die Architekten waren gezwungen, sich mit einer unerträglichen Situation abzufinden, die allmählich nicht nur Liams Ruf schadete, sondern auch dem eigenen.

Als Arbeitgeber hatte Liam die Pflicht, seine Firma insgesamt zu beschützen, auch seine Angestellten, und nicht nur Ruth. Diese Fürsorgepflicht verlangte von ihm, einzugreifen und entschieden seine Firma und deren Personal zu beschützen. Jahrelang griff er nicht ein, weil er einfach nicht dazu in der Lage war. Er hatte Todesangst vor Ruth, einer Erpresserin, war sich aber nicht bewusst, was diese Haltung ihn kostete. Meiner Erfahrung nach hat der *Extrem Weibliche* aufgrund seiner geringen Fähigkeit, sich Schwierigkeiten mutig zu stellen und zu handeln, sehr geringe Führungsqualitäten. Diese Eigenschaften sind Teil des männlichen Spektrums. In Liams Fall stimmte er erst, als er davorstand, fast alles zu verlieren, zu, sich durch Coaching helfen zu lassen.

Ob bei Männern oder Frauen, Führungsqualitäten beruhen auf einem gesunden maskulinen Aspekt in uns, denn bei der Leitung einer Familie oder einer Firma muss gehandelt werden. Man muss in der Lage sein, diejenigen zu feuern, die sich nicht angemessen aufführen, oder Angehörige zur Rede zu stellen, wenn sie die Familienregeln brechen.

DER EINFLUSS DER POLARITÄT

Liam hatte tatsächlich Angst vor Ruth. Aber warum? Ruths maskuline Energie war stark ausgeprägt. Sie war aufgeblasen und arrogant, häufige Kennzeichen bei stark maskulinen *Andro-Frauen*. Liam fühlte sich angesichts ihrer männlichen Arroganz und aufgrund seiner früheren Beziehung mit ihr machtlos. Er war auch tatsächlich machtlos aufgrund seiner inneren Polarität, die in den Jahren, in denen Ruth für ihn arbeitete, stets extrem weiblich ausgerichtet gewesen war.

Diese Art von Szenarium spielt sich oft im Privatleben wie im Berufsleben ab. Es ist ein Prinzip, das zutage tritt, wenn zwei gegensätzliche innere Aspekte aufeinandertreffen. Liams Bevorzugung seiner weiblichen Seite bewirkte, dass er die Pflichten gegenüber seiner Frau missachtete. Nicht nur seine Firma war dadurch ständig bedroht, sondern auch seine Ehe. Er schien die Probleme und das Unbehagen, die Ruths Präsenz in seiner Firma verursachten, nicht zur Kenntnis zu nehmen.

Als ich Liams Frau Christine später kennenlernte, erfuhr ich, dass sie über Ruths Stellung in der Firma sehr unglücklich gewesen war, weil die beiden früher einmal eine Beziehung gehabt hatten. Christine war eine *Gutmütige* und aufgrund dessen zwar ebenfalls männlich ausgerichtet, aber auch sehr sensibel. Trotzdem hatte sie hatte lange Zeit Ausreden für Liams feiges Verhalten gefunden. Doch als Ruths Benehmen immer mehr außer Kontrolle geriet, beschloss sie, sich nicht länger so missachten zu lassen. Entweder musste Liam die Sache in die Hand nehmen und etwas gegen Ruth unternehmen oder sie würde sich scheiden lassen. Sämtliche Ausprägungen von Liams stark weiblicher Essenz wurden mit einem Schlag zum großen Problem. Oft kann ein einziges Ereignis alle anderen unausgeglichenen Elemente im Leben eines Menschen verdeutlichen und damit die volle Wahrheit der Lage ausleuchten.

UMGEBEN VON GEGENSÄTZLICHEN POLARITÄTEN

Mit Blick auf Liams Leben muss noch ein weiteres Element betrachtet werden. Der *Extrem Weibliche* Mann zieht oft stark männlich ausgerichtete Menschen an, weil er so wenig Zugang zur eigenen Männlichkeit hat. Wenn wir uns also Liams Welt anschauen, dann hatte er eine männlich orientierte Frau als persönliche Assistentin, eine männlich orientierte Kollegin namens Ruth und viele Männerkollegen, die alle recht maskulin waren. Zu Hause hatte er in Christine eine männlich ausgerichtete Frau. Das war nicht schlecht. Ohne all die externe Männlichkeit im Büro und zu Hause wären Liam nur seine eigenen höchst weiblichen Züge geblieben, nämlich seine starke Kreativität und sein Talent, aber er hätte in keiner Weise dieses Talent umsetzen können. Dazu braucht es eben Maskulinität.

In seinem Privatleben hatte es Liam auch jahrelang seiner Frau überlassen, das Duell mit Ruth auszutragen. Ruth war stark männlich ausgerichtet und eindeutig eine *Andro-Frau*. Christine als *Gutmütige* hatte ebenfalls starke männliche Aspekte. Wenn wir die äußeren Hüllen dieser drei Hauptcharaktere fortnehmen, erkennen wir, dass die beiden Frauen ihre innere Männlichkeit einsetzten, um ein Duell über Liams inneren weiblichen Aspekt auszutragen. Früher kämpften Männer in einem Duell um die Ehre einer Frau. Heute duellieren sich männliche Frauen oft um die Zuwendung eines weiblich orientierten Mannes. Denn sie suchen das fehlende Element für die eigene innere Geschlechtlichkeit.

Liam machte gute Fortschritte in dem Jahr, in dem ich ihn coachte. Allmählich wurde ihm seine neu entdeckte Männlichkeit vertrauter und angenehmer, und er erkannte allmählich sehr weise, dass dies alles ein kontinuierlicher Prozess war. Im Umgang mit anderen Menschen musste er scharf aufpassen, dass er nicht in seine alten Verhaltensweisen zurückfiel und zuließ, dass seine Polarität wieder zu feminin wurde. Indem er seine maskulinen Aspekte verstärkte und lernte, dies im Gleichgewicht zu halten, erkannte Liam auch, wie er Christine vor ähnlichen Situationen in der Zukunft bewahren konnte. Dieses Versprechen band die beiden enger aneinander. Als ich Liam und Christine zuletzt sah, wirkten sie zusammen mit ihren Kindern sehr glücklich.

Nun schließen wir den Teil über die Archetypen ab und wenden uns einer ausführlicheren Diskussion zu, wie unsere Polarität die Intimbeziehungen in unserem Leben beeinflusst.

TEIL
DREI

KAPITEL 14
Was wurde bloß aus der Intimität?

SIE SAGT: »DU ZIEHST MICH AN WIE EIN MAGNET.«
ER SAGT: »ICH SPÜRE ABER GAR NICHTS.«

DER ZAUBERTRANK DER LIEBE

Gegenseitige Anziehungskraft ist eine wunderbare, geheimnisvolle und magnetische Macht. Wenn wir sie als Zaubertrank in Flaschen abfüllen und verkaufen könnten, würden wir Millionen Kunden dafür finden. Jeder wünscht sich dieses gewisse Etwas, das ihn oder sie zu der ganz besonderen Person hinführt. Jeder wünscht sich den Einzigen, den man bis in alle Ewigkeit lieben kann und von dem man geliebt wird. Das ist das Bild, das Liebesromane und -filme in uns hervorrufen. Und wir glauben es.

Dem *Deutschen Wörterbuch* zufolge ist Attraktion »die Faszination, die von einer sehr interessanten Person/Sache ausgeht«. Das *Oxford Dictionary* definiert darüber hinaus, dass man mit dieser Person oder Sache aber nicht physisch verbunden sein muss. Allgemein beschwört das Wort Attraktion ein Gefühl von Erwartung, von Hoffnung und Chancen herauf, dass irgendwo da draußen der passende Partner auf uns wartet. Wir brauchen ihn nur zu finden. Welche Kraft bewirkt also, dass Männer und Frauen voneinander angezogen werden? Es ist die Spannung zwischen den Polen der inneren Energie. Die Attraktion, die wir empfinden, ist sozusagen der Strom, den die dominanten internen Pole des anderen mit unserer eigenen dominanten Polarität erzeugen.

Attraktion ist für uns essenziell, weil sie den männlichen Teil in uns antreibt, diese andere Person zu suchen. Männer sind ja die Verkörperung des maskulinen Prinzips, und die Natur hat bestimmt, dass Männer die Jäger sind, und zwar nicht nur in Sachen Nahrung, sondern auch bei der Partnersuche. Wenn ein Mann seine begehrte Partnerin gefunden hat, verfolgt er sie so lange, bis sie ihm eine eindeutige Antwort gibt. *Sie* ist diejenige, die die Entscheidung trifft. So spielt sich die Paarung in der Natur ab: Der Mann ergreift die Initiative und folgt damit den Naturgesetzen von Polarität und Attraktion.

Vergleichen wir das mit dem, was heute passiert. Maskulin orientierte Frauen sind zu Jägerinnen geworden. Wir kennen alle Paare, die zuammenkamen, indem die Frau den Mann verfolgte, weil sie ihn für sich ausgesucht hatte. »Was stimmt denn damit nicht?«, höre ich Sie fragen. Es ist völlig in Ordnung – solange beide Partner mit dieser Art Partnersuche einverstanden und gewillt sind, in einer Beziehung zu leben, in der die innere Polarität verkehrt wurde. Ich werde in diesem Kapitel noch eingehender über verkehrte Polarität reden, aber betrachten wir nun erst einmal die Paarungsrituale in unserer heutigen Zeit, denn hier entstehen eine Menge Konflikte zwischen den Geschlechtern.

DIE ANDRO-FRAU AUF DER PIRSCH

In den letzten viertausend Jahren hat dieses alte Paarungssystem gut funktioniert, denn es stimmte überein mit unseren natürlichen Ausrichtungen als Männer und Frauen. Doch seit Frauen in ihrer neu gefundenen Männlichkeit es übernommen haben, sich selbst einen Mann zu suchen, können sie bei dieser Aufgabe manchmal gnadenlos vorgehen. Die Frau entscheidet, wen sie will, und verfolgt ihn daraufhin, bis er sich wie ein verwundetes Tier ergibt, oder er wendet sich gegen sie und beißt sie, wiederum wie ein verwundetes Tier. Man wird vielleicht nicht sprichwörtlich gebissen, aber diese Abweisung ist trotzdem schmerzhaft – und ganz natürlich! Die männliche Reaktion, zu beißen und es zu hassen, wenn man verfolgt wird, ist für unsere Gattung normal, denn gejagt zu werden entmachtet den Mann. Die Verfolgung durch eine Frau entspricht nicht der natürlichen Ordnung. Männer müssen die Jäger sein, denn als ursprüngliche Eigner des maskulinen Prinzips sind sie ganz natürlich Anführer und Initiatoren. Wenn eine Frau die Jagd initiiert und ihre Beute fängt, endet sie stets mit einem entmachteten Mann. Aber wenn sie nun eine stark männlich ausgeprägte Frau ist, könnte das genau das sein, was sie will – und das wird sie mit Sicherheit auch bekommen.

Wenn sie aber eine Frau ist, die wissen will, dass ihr Mann sie wirklich liebt oder aufrichtig daran interessiert ist, mit ihr eine Beziehung anzufangen, dann muss sie ihm erlauben, sie zu verfolgen. Das ist die einzige Art und Weise, wie sie den Grad seines Interesses an ihr genau bestimmen kann. Wenn sie sich einen Mann wünscht, der leicht und locker seine maskuline Essenz einsetzen kann, wird sie ihn niemals finden, indem sie selbst auf die Jagd geht. Doch das bedeutet keineswegs, dass die Frau alle Macht verliert, nur weil sie selbst nicht jagen geht. Sie wird dadurch nicht sanft, schwach oder unterwürfig, stattdessen entwickelt sie ihre eigene Aktivität. Diese Aktivität stützt sich auf den inneren Magnetismus ihrer weiblichen Aspekte, genau wie die Natur es beabsichtigt, und sie ist in Kontrolle, weil sie stets das Recht hat, sich zu verweigern, wenn sie die Annäherungsversuche des Mannes nicht wünscht.

Aber wir funktionieren heutzutage in einer Welt, in der die Vorgänge von Werbung und Paarung auf den Kopf gestellt wurden. Männer sind in den vergangenen Jahrzehnten so entmachtet worden, dass nur noch wenige die »Muskeln« haben, eine Frau zu verfolgen. Zu viele Männer sind durch eher männliche Frauen zermürbt und verletzt worden bis zu dem Punkt, an dem sie eine tief verwurzelte Angst vor Zurückweisung und Demütigung entwickelt haben. Es ist so schlimm geworden, dass manche Männer kaum noch den Mut aufbringen, eine Frau anzusprechen, selbst wenn sie sich von ihr angezogen fühlen. Die Demütigung, die viele Männer fürchten, hat aber nichts mit dem Recht der Frau zu tun, ihn abzulehnen, denn das ist ihr ureigenes weibliches Privileg. Die Ablehnung einer Frau ist ein gütiger Akt, Nein zu sagen, ohne der abgewiesenen Person schaden zu wollen. Leider haben viele Frauen diese Güte verloren, und daher fürchten Männer zu Recht eine unangemessene Demütigung, sollten sie abgelehnt werden.

Das Recht der Ablehnung ist eine starke weibliche Waffe, solange sie anständig und mit Integrität angewendet wird. Doch sie kann auch missbraucht und damit zu einem Instrument der Manipulation werden. Eine Frau kann etwa einen Mann einfach nur ablehnen, um ihn letztendlich zu halten. Für sie ist das ein Spiel und keine Art, Vertrauen aufzubauen. Frauen, die sich so verhalten, beleidigen die eher weiblichen Frauen und machen die Männer wütend, die bald erkennen, wie sie manipuliert werden. Bei der heutigen Rollenverkehrung laufen die Männer Gefahr, überempfindlich und weiblich zu werden, was wir bereits überall beobachten können. Gleichzeitig werden die Frauen immer männlicher, und viele wenden sogar Einschüchterungstaktiken und Erpressung an, um sich durchzusetzen. Dieses Verhalten führt allmählich dazu, dass sich die Frauen wie die männlichen Unterdrücker von früher verhalten.

VERKEHRTE POLARITÄT IN BEZIEHUNGEN

Wenn eine Frau stark männlich ausgerichtet ist und ihren Mann verfolgt, um eine Beziehung anzufangen, folgt daraus, dass der Mann seiner inneren Energie nach vorherrschend weiblich orientiert sein muss. Mit anderen Worten, sie befindet sich in dem nach außen gerichteten maskulinen Jagdmodus, während er sich in einer nach innen gerichteten weiblichen Verfassung befindet. Dies entspricht dem Anziehungsprozess aufgrund gegensätzlicher Polarität in seiner schlichtesten Form. Es gibt dabei immer einen Jäger und einen Empfänger. Heuzutage sind die natürlichen Rollen oft verkehrt und erzeugen das Gegenteil von dem, was die Natur beabsichtigt. Die Umkehrung dieses Prozesses versetzt die Frau in eine schwächere Position, auch wenn sie sich vielleicht überlegen fühlt und berechtigt, sich ihren Mann selbst auszusuchen. Es wird stets so bleiben, dass sie nicht diejenige war, die die Wahl traf, sondern er. Grund dafür ist einfach, dass er derjenige war, der entweder Ja oder Nein zu ihren Annäherungsversuchen sagte, und nicht umgekehrt.

Es hilft, wenn man sich die verschiedenen Ebenen der Anziehung wie auf einem Spektrum vorstellt. Das eine Ende des Spektrums stellt dar, was wir gerade besprochen haben, wo die Frau in ihrer stark maskulinen Ausprägung mit einem Mann endet, der extrem weiblich ausgerichtet ist. Aber wenn man das Spektrum, von diesem Extremfall abgesehen, betrachtet, erkennt man, dass eine Frau immer noch stark maskulin orientiert sein, aber trotzdem ein gesundes Maß ihrer weiblichen Energie einsetzen kann. In dem Fall kann sie einen Mann mit stark weiblicher Energie anziehen, der aber immer noch ein gutes Maß an maskuliner Energie hat. Das Konzept, das wir vornehmlich Energie sind und erst dann Materie, macht den Prozess der Attraktion viel besser verständlich. Mit anderen Worten, Attraktion ist ein größtenteils unsichtbarer Prozess. Das heißt, dass wir unsere Energie oder unsere Schwingung eigentlich nicht sehen können, diese uns aber zu den Menschen und Dingen im Leben führt, die wir uns wünschen. Wenn Ihre Polarität aber Ihre Schwingung bestätigt und Ihre Schwingung das Element ist, das bewirkt, was man im Leben anzieht, ist es dann möglich, diese Polarität zu ändern?

Ja, aber dazu müssen wir diese Prinzipien voll und ganz begreifen. Da es ein unsichtbarer Prozess ist, wissen wir oft nicht, warum wir uns von einem bestimmten Menschen angezogen fühlen. Vielleicht entspricht er oder sie körperlich überhaupt nicht dem, was wir uns vorgestellt hatten. Vielleicht sind sie kleiner oder haben nicht die richtige Augenfarbe. Man kann nie genau sagen, was Paare zueinanderfinden lässt. Aber diejenigen, die für die Möglichkeit von Glück empfänglich sind, spüren Attraktion, selbst wenn die Verpackung vielleicht auf den ersten Blick nicht stimmt. Das erklärt manche ziemlich seltsamen Beziehungen. Die Angehörigen und Freunde haben keine Ahnung, warum dieses Paar zueinanderfand, doch für die beiden Partner ist das sonnenklar. Manchmal begreifen auch sie es nicht vollständig, aber sie fühlen sich entspannt miteinander und wissen im Herzen, dass sie genau richtig füreinander sind. Hier ist Attraktion im Spiel.

WENN DIE NATUR VOM RECHTEN WEG ABWEICHT

Der gesamte Prozess der Frau, die den Mann verfolgt, hat noch weitere schädliche Wirkungen auf Frauen. Eine Frau, die denkt, es sei normal, Männer zu verfolgen, stellt oft fest, dass diese schlecht über sie reden und sie auch, falls es zu einer Beziehung kommt, respektlos behandeln. Vielleicht werden sie auch einfach vom Mann bloß benutzt. Wenn Liebe in einer intimen Beziehung durch Machthunger ersetzt wird, dann wird sie mit einem unhaltbaren, dünnen, feinen Faden zusammengehalten. Für beide Parteien gilt, dass sie sich nicht verletzlich zeigen können, denn es besteht kein gegenseitiges Vertrauen. Beide Partner fühlen sich leer, allein und isoliert. Was nützt es, in einer Beziehung zu leben, wenn keine Herzensbindung und keine echte Freundschaft bestehen?

Wir müssen hier noch erwähnen, dass weiblich orientierte Männer den gleichen Regeln folgen müssen, wenn weibliche und männliche Rollen weitgehend verkehrt sind. Wenn man als Mann vornehmlich von der weiblichen Seite aus agiert, kann man das Recht ausüben, die unerwünschten Annäherungsversuche einer maskulinen Frau abzulehnen. Das wäre ein wichtiger Schritt bei der Suche nach dem eigenen männlichen Selbst. Wenn man die Annäherungen einer Frau ablehnt, die man nicht begehrt, erhält man die Möglichkeit, seinen Mut neu aufzubauen und die Kraft in sich wiederzufinden, eine Frau zu verfolgen, für die man sich interessiert. Das Nein zu einer Frau, die einen vielleicht erpresst hat oder einem nachstellt, ist ein erster wichtiger Schritt dahin, die eigene maskuline Kraft wiederzugewinnen.

WIE MAN DIE POLARITÄT ÄNDERT

Die Bestimmung der Polarität, die in einer Beziehung eine Rolle spielt, ist überaus wichtig für das Verständnis, wer wir als Mensch sind. Ob wir uns dessen bewusst sind oder nicht, die Polarität ist eine Hauptkomponente für das, was wir im Leben anziehen. Der Hauptgrund, warum Menschen ihre Polarität ändern wollen, ist, dass ihnen nicht gefällt, was sie in ihr Leben ziehen. Wären Sie bereit, sich zu verändern, um mehr von dem zu bekommen, was Sie sich im Leben wünschen, oder um endlich den Richtigen zu treffen? Dazu müssten Sie vermutlich das Verhältnis zwischen männlicher und weiblicher Energie ändern, mit dem Sie gegenwärtig operieren. Das erreicht man, indem man seine Denkweise ändert. Mit anderen Worten: Man muss in sich nachforschen, wie man die Welt betrachtet.

Spalten wir diesen Prozess in seine einfachsten Bestandteile auf. Wir ziehen also an, was wir *uns vorstellen*. Um zu ändern, was wir dabei bekommen, müssen wir unsere Gedanken ändern, was nicht unbedingt ein leichter Prozess ist. Hier sind so viele Faktoren beteiligt, darunter tief verwurzelte kulturelle und familiäre Seinsweisen. Dieser Änderungsprozess birgt auch einige Risiken. Man kann nicht einfach so seine Denkart ändern. Es müssen viele Faktoren berücksichtigt werden, wenn man eine bedeutsame Änderung im Leben vornehmen will. Man muss beispielsweise zugeben, dass die frühere Denkweise einfach falsch war, und akzeptieren, dass einige Entscheidungen in der Vergangenheit sehr nachteilig waren. So etwas kann sehr hart sein.

Was passiert, wenn Ihre Familie und Ihre Freunde Ihre neue Denkweise nicht mögen? Vielleicht endet man dann ohne Freunde und sehr einsam. Auch bei der Arbeit kann sich manches ändern. Wenn Ihre neue Denkweise nun nicht mit dem Ethos der Firma oder deren Zielvorstellungen übereinstimmt? Was bedeutet das für Ihre Karriere? Am kritischsten aber wäre, wenn Ihre Polarität sich innerhalb der Beziehung verschiebt, weil Sie geändert haben, wie Sie selbst über sich denken. Wenn Sie Ihre Vorstellungen davon ändern, was Sie sich von Ihrer Beziehung wünschen, werden Sie vielleicht eines Morgens wach und stellen fest, dass Sie sich in keiner Weise mehr von der Person angezogen fühlen, mit der Sie Ihr Leben teilen.

IHR DENKEN ANGLEICHEN, UM LIEBE ZU FINDEN

Das sind nur ein paar der Folgen, die beim Ändern der Denkweise entstehen können, aber Sie werden niemals die richtige Person in Ihr Leben ziehen, wenn Sie das nicht tun. Viele, viele Menschen wissen tief in sich genau, dass sie nicht glücklich sind, ja, sie sind vielleicht sogar verzweifelt unglücklich. Aber leider entscheiden sich die meisten Menschen, sich nicht zu ändern. Sie halten das Risiko für zu groß. Sie sind nicht bereit, ihr gegenwärtiges Leben unter die Lupe zu nehmen und es einem Risiko, egal wie klein, auszusetzen. Selbst wenn Ihnen die Wahrheit in die Augen springt, entscheiden sich viele trotzdem dafür, sie zu leugnen.

Daher sagt man oft, dass Veränderungen nichts für Zaghafte sind. Veränderungen sind etwas für die Kämpfer dieser Welt, diejenigen, die sich entschließen, mutig zu sein, und die ständig nach einem besseren Leben für sich selbst und ihre Lieben streben. Man braucht Mut, um die Entscheidung zu treffen, sich zu ändern und diese Änderungen dann auch umzusetzen. Man braucht Mut, denn Menschen, die etwas ändern wollen, stoßen ständig auf Opposition. Das ist eine Tatsache. Aber wenn man wirklich jemanden finden will, der einen liebt und den man selbst lieben kann und mit dem man sein Leben verbringen will, dann sind Veränderungen notwendig. Die Gelassenheit, nach der Sie suchen, dieses besondere Gefühl von Zugehörigkeit, das man empfindet, wenn man sein Leben mit dem richtigen Menschen teilt – das macht es sämtliche Risiken wert.

Man denkt vielleicht, man weiß genau, was man will und welche Art Mann oder Frau einen glücklich macht. Frauen insbesondere haben oft eine klare Vorstellung davon, wie ihr Zukünftiger aussehen soll, wie er sein Geld verdient oder aus welchem Landesteil er zu stammen hat. Ich habe sogar von einer Frau einmal gehört, dass er Vegetarier, in einem bestimmten Stadtteil wohnen und außerdem Anwalt sein sollte! Diese Dinge können natürlich alle eine Rolle spielen, wenn man eben so oberflächlich sein will, aber grundsätzlich gilt, dass die Person, von der man sich schließlich angezogen fühlt, letztendlich jemand ist, der zu seinem gegenwärtigen inneren Energiestatus genau passt.

ROXANNE VERSCHIEBT IHRE POLARITÄT

In unserer Fallstudie der *Tückischen Andro-Frau* lernten wir Roxanne kennen, die wir als männliche Frau am oberen Ende des Spektrums bezeichneten. Sie agierte ihre maskuline Energie so selbstverständlich aus, dass sie überhaupt keine weibliche Seite zu haben schien. Sie ist ein gutes Beispiel für das, was wir hier besprechen, um zu verstehen, wie man seine innere Polarität verändern kann.

Erst als Roxanne begann, ihr Leben eingehender zu betrachten, und neue Ziele aufstellte, gelangte sie zu dem Schluss, dass sie eigentlich unglücklich war. Sie akzeptierte die Tatsache, dass sie im Leben nicht das bekam, was sie sich wünschte, weil sie so stark männlich orientiert war. Am wichtigsten für sie war aber die Erkenntnis, dass sie mit den Männern unzufrieden war, die sie anzog. Indem Roxanne an ihrer persönlichen Entwicklung arbeitete, gelangte sie zu dem Schluss, dass sie doch gerne einen Vater für ihr Baby haben wollte. Sie war eine hochintelligente Frau und erkannte, dass eine komplette Familie das Beste für ihr künftiges Kind sein würde. Im Verlauf unserer Zusammenarbeit gelangte sie zu der Entscheidung, dass sie nicht nur einen Vater für ihr

Kind haben wollte, sondern auch einen Gefährten für sich selbst. Sie glaubte, dass sie einen stark maskulin ausgeprägten Mann haben wollte, aber Sie werden sich erinnern, dass ich ihr erklären musste, dass sich eine solche Verbindung aufgrund fehlender gegenseitiger Anziehung nicht ergeben würde, solange sie sich nicht änderte.

JA SAGEN ZU VERÄNDERUNGEN

Maskulin paart sich nicht mit maskulin. Wenn Roxanne daher einen Mann mit einer aktiven inneren männlichen Energie haben wollte, musste sie die eigene Polariät ändern, um einen solchen Partner in ihr Leben zu bringen. Roxanne war sehr mutig und tat genau dies. Sie begann, ihre weibliche Seite aktiv einzusetzen, und schaffte es im Laufe eines Jahres, sich auch mit diesem Teil ihres Selbst wohlzufühlen: mit ihrer inneren weiblichen Essenz.

Roxanne war so weit von dieser weiblichen Energie entfernt gewesen, dass sie zu Beginn unserer Zusammenarbeit wirklich nicht die geringste Ahung hatte, wie sie den ersten Schritt in diese Richtung tun konnte. Aber da sie entschlossen war, sich zu ändern, machte ich ihr eines Tages, als sie diese Tatsache wieder einmal beklagte, einen recht bizarren Vorschlag.

»Roxanne, würden Sie sich einen Hund zulegen?«

Ich nahm an, sie würde im nächsten Moment vom Sofa springen und hinausrennen. »Schlagen Sie mir etwa ernsthaft vor, mir ein Haustier anzuschaffen?«

»Ja«, antwortete ich, »und zwar aus gutem Grund.«

Ich sah das nämlich so: Roxanne hatte sich in ihrem ganzen Leben noch nie um jemanden oder etwas gekümmert. Ihre Mutter hatte einen Narren an ihr gefressen und in ihrer Kindheit und Jugend alles für sie erledigt. Roxanne hatte niemals mit jemandem zusammengelebt, für den sie sorgen musste, und war auch noch nie für ein Haustier verantwortlich gewesen. Ich erklärte ihr, dass ihre fürsorglichen Eigenschaften regelrecht verkümmert waren und wiederbelebt werden müssten, wenn sie sich wirklich mit ihrer weiblichen Energie wiederverbinden wollte. Ich war überrascht, als sie meinen Rat nicht nur befolgte, sondern auch unmittelbar umsetzte. Sie legte sich einen kleinen Hund zu und kümmerte sich ein Jahr lang um ihn wie um einen kleinen Sohn. Und magischerweise zog sie dadurch auch ihren Mann in ihr Leben. Das muss man sich mal vorstellen!

WARUM KLAPPTE DIESER PLAN?

Der Mann, dem sie begegnete und der sich von ihr angezogen fühlte, hatte immer noch guten Kontakt zu seiner maskulinen Energie. Wenn Roxanne ihre eigene innere Polarität nicht mehr zum Weiblichen hin verschoben hätte, wäre er mit Sicherheit nicht an ihr interessiert gewesen. Doch in Wirklichkeit hatte ihr der niedliche kleine Hund eine Menge klargemacht. Dieses kleine Tier brachte ihr bei, dass es nicht immer nur um sie ging. Er musste gefüttert werden, auch wenn das manchmal unbequem war. Er musste zum Tierarzt gebracht werden, und wenn sie auf Geschäftsreisen ging, musste sie organisieren, dass er versorgt wurde. All dies erledigte Roxanne bereitwillig, erkannte aber nicht, dass sie sich in Wirklichkeit darin übte, wie man sich um einen kleinen Menschen kümmerte.

Das war nur eine von mehreren Strategien, die ich Roxanne empfahl und die sie bereitwillig annahm. Sie praktizierte außerdem nun regelmäßig Yoga und Meditation und entdeckte durch diese Praktiken, wie sie ihre weibliche Energie intensiver erleben konnte. Sie vertraute nun mehr ihrer Intuition und Kreativität und freute sich riesig über all die neuen Ideen, die sie nun hatte. Sie lernte auch, sich selbst mehr zu vertrauen und zu lieben. Insgesamt befähigten all diese Schritte Roxanne dazu, ihre Polarität deutlich zu verschieben. Sie war immer noch eine männlich ausgerichtete Frau, hatte sich aber genügend zu ihrer weiblichen Seite hin entwickelt, dass sie einen Mann mit deutlich maskuliner Energie anziehen konnte. Letztendlich erlaubte ihr diese Veränderung, den krassesten Ausdruck ihrer maskulinen Seite aufzugeben, die Position in der Anwaltsfirma. Sie hörte auf ihre innere Stimme und tauschte klugerweise ihre gehobene Position gegen die Mutterrolle ein, die wohl weiblichste Aktivität, die sie ausüben konnte.

SELBSTERKENNTNIS IST EIN KONTINUIERLICHER PROZESS

Roxannes Veränderungsprozess verlief sehr erfolgreich, und sie erlangte letztendlich alles, was sie sich vorgenommen hatte, doch sie musste weiter daran arbeiten, um ihr Leben in einem authentischen Gleichgewicht zu halten. Sie gab beispielsweise die Berufstätigkeit nicht ganz auf. Als ihre Tochter etwa ein Jahr alt war, startete sie eine Kinderkleiderfirma im Internet. Das war ein sehr geschickter Zug. Sie setzte dabei immer noch ihre weibliche Seite ein, indem sie ihre Tochter, den Mann und den kleinen Hund zu Hause versorgte, während sie gleichzeitig durch die neue Firma das Gleichgewicht mit ihrer inneren maskulinen Energie aufrechterhielt.

Ein weiterer Bestandteil ihres Programms, ihre weibliche Energie besser auszuagieren, war die Gründung eines Mütterklubs. Das bestärkte Roxannes inneren Wunsch, ihre weibliche Seite weiterhin deutlich auszudrücken, denn dieser Klub bedeutete zuverlässige weibliche Kontakte. Sie bekam allmählich mehr Spaß am Umgang mit anderen Frauen und kleinen Kindern, was für eine Frau mit so ausgeprägten männlichen Tendenzen anfangs nicht leicht war.

Wir hatten alle diese Prozesse in ihrem Programm diskutiert. Unser Ziel war, dass die Anziehung zwischen ihr und ihrem Ehemann stark genug blieb, indem sie dafür sorgte, dass sie ihre weibliche Energie vernünftig einsetzte und weiterhin ihre starken männlichen Bedürfnisse ausagieren konnte. Diese Ausrichtung der Polarität innerhalb einer Beziehung ist allein schon eine größere Aufgabe. Im Laufe des Lebens verschiebt sich die Polarität der Individuen in einer Beziehung nämlich ständig aufgrund von äußeren Ereignissen und Umständen. Man muss stets flexibel bleiben.

RYAN BEGREIFT SEIN PROBLEM

Ich möchte diesen Prozess weiter beleuchten, indem wir uns wieder Ryan zuwenden, dem *Sensiblen* mit einem hohen Anteil an maskuliner Energie. Als ich ihn kennenlernte, begriff ich nicht, warum er und seine Frau es nicht geschafft hatten, ihre Ehe auf Kurs zu halten, aber ich konnte ihm helfen, eine neue Perspektive zu gewinnen. In den Anfängen ihrer Beziehung war Maria, seine Frau, ein Typ mit ausgeprägter maskuliner Energie gewesen, die eine Karriere verfolgte. Aber sie hatte, als sie sich kennenlernten, offensichtlich immer noch ausreichend weibliche Züge, um Ryans männliche Energie zu aktivieren. Ryan hingegen war vermutlich zu Beginn ihrer Beziehung viel eher weiblich ausgeprägt. Damals passten sie beide ganz natürlich zueinander und kamen gut miteinander aus. Sie begannen ihre Beziehung aufgrund der Attraktion seiner weiblichen zu ihrer männlichen Energie. Das war der Ausgangspunkt für die Beziehung zwischen ihnen.

Sensible Männer scheinen in ihrer Polarität ziemlich flexibel zu sein. Das kann aber zum Problem für sie werden, wenn ihnen nicht bewusst ist, was passiert, wenn sie sich verlieben. Eine stark männlich ausgeprägte Frau wird den *Sensiblen* mit Sicherheit stärker zu seiner weiblichen Seite treiben. In Ryans Fall wurde die männliche Energie verstärkt, als er zum Alleinverdiener seiner Familie wurde und es mit seiner Firma aufwärts ging. Er arbeitete immer mehr und war häufig weltweit unterwegs. Als Maria Mutter wurde, verschob sich ihre Polarität deutlich zur eher weiblichen Seite, was Ryan ermöglichte, in der Beziehung immer mehr maskulinen Raum zu besetzen, ohne dass dies infrage gestellt wurde.

Sie hatten trotz der Verschiebung bei beiden immer noch eine recht gute Dynamik. Ryan fühlte sich besonders wohl mit dieser

Veränderung. Er freute sich, dass er nun für die Familie verantwortlich war. Das bedeutete eindeutig keinerlei Belastung für ihn. Jetzt fühlte er sich sehr erfüllt und wohl am glücklichsten. Als Alleinverdiener in einer ausgesprochen männlichen Position in der Beziehung fühlte er sich am meisten geschätzt. Weil ihm das so gefiel, nahm er an, dass es Maria genauso gut ging.

EINE WEITERE POLARITÄTSVERSCHIEBUNG

Während die Kinder heranwuchsen, wurde Maria immer unglücklicher. Langsam wechselte sie in ihren früheren Polaritätsstatus zurück, der vornehmlich maskulin war. Als sie wieder als Anwältin zu arbeiten begann, war das Schicksal ihrer Ehe besiegelt. Ryan war verwirrt. Warum war Maria nicht glücklich? Er sorgte doch so gut für sie und die Kinder! Er war sehr erfolgreich. Alles, was er tat, war doch nur für die Familie! Das war alles, was er je angestrebt hatte.

Was geschah mit der Intimität bei diesem Paar? Wo hatte alles angefangen auseinanderzufallen? Was sich innerlich zwischen ihnen abspielte, hatte gravierende Auswirkungen auf ihren Alltag. Zu der Zeit, als die Kinder erwachsen waren, war Ryan in seiner männlichen Energie fest verankert. Maria entwickelte derweil wieder mehr Kontakt zu ihrer männlichen Energie, und als sie wieder außer Haus arbeitete, wurde sie wieder zufriedener. Sie fühlte sich eben am wohlsten mit ihrer männlichen Energie.

Plötzlich schienen Maria und Ryan abgesehen von ihren beiden wunderbaren Kindern kaum noch einen gemeinsamen Nenner zu haben. Beide agierten nun ihre maskuline Energie aus, daher hatten sie den Funken verloren, der sie in den Anfangsjahren ihrer Ehe befeuert hatte. Doch im Laufe der Jahre hatten sich beide zu ihren maskulinen Aspekten hinbewegt. Als die Kinder größer wurden, waren Maria und Ryan fest in ihren jeweiligen maskulinen Essenzen verwurzelt. Das war traurig, denn Maria und Ryan liebten einander immer noch. Daher war es so schwer für sie, einander loszulassen. Aber sie hatten ihre Polarität zueinander verloren, und die natürliche Folge dessen war der Verlust der gegenseitigen Attraktivität und Intimität. Ohne dies zu bemerken, verloren sie den Kontakt zueinander und damit auch ihre Ehe.

WAS HÄTTEN RYAN UND MARIA TUN KÖNNEN?

Im Unterschied zu Roxanne waren sich Ryan und Maria dessen nicht bewusst, was mit ihrer Beziehung geschah. Sie ließen sich einfach weitertreiben, ohne innezuhalten, um zu erkunden, wie es um ihre Beziehung stand. Sie wussten nicht, dass sie daran arbeiten konnten, ihre Attraktion und den Kontakt zueinander zu erhalten. Roxanne hingegen war eine stark zielorientierte Frau, die Hilfe suchte und sich spontan zu einem Prozess der Veränderungen verpflichtete, um das zu bekommen, was sie wollte. Weil sie sich der Realität ihrer Situation bewusst war, brachte sie den Mut auf, tatsächlich etwas dagegen zu unternehnen. Und sie schlug sich sehr wacker. Sie fand Lösungen. Auch wenn nicht alles so leicht durchzusetzen war, schaffte sie es.

Bei Ryan und Maria war es anders. Wie so viele Paare glitten sie durch die Jahre vermutlich in der Hoffnung, dass sich die Dinge irgendwie regeln würden. Doch das passiert nur selten. Man muss ständig an und für Beziehungen arbeiten, was besonders für unsere heutige Zeit gilt. Die Scheidungsraten sind so hoch, weil wir weder unseren ständig wechselnden Bedürfnissen Aufmerksamkeit schenken noch den Bedürfnissen unseres Partners und den wechselnden Umständen. Wenn wir nicht bewusst und wohlüberlegt eingreifen, um unsere kostbarsten Beziehungen aufrechtzuerhalten, laufen sie Gefahr, auseinanderzubrechen. Selbst hochintelligenten Menschen wie Ryan und Maria war es nicht klar, wie viel Arbeit man für eine Beziehung aufwenden muss.

Wären die beiden sich ihrer sich veränderten Umstände und der Regeln der Attraktion und der Polarität bewusster gewesen, hätte man meiner Meinung nach ihre Ehe retten können. Maria hätte sich gemeldet, lange ehe die Beziehung an dem Punkt anlangte, als ihr Groll gegenüber Ryan sich festgefressen hatte. Sie hatte ihre Karriere aufgegeben und saß zu Hause fest, während Ryan durch die Welt reiste und seine Firma aufbaute. Und wenn Ryan seiner Frau echte Aufmerksamkeit geschenkt hätte, wäre ihm vielleicht aufgefallen, dass sie immer unglücklicher wurde, als die Kinder älter wurden. Er nahm einfach an, dass sie glücklich war, weil er glücklich war. Das stellte sich als Kurzsichtigkeit heraus mit der Folge, dass er die Liebe seines Lebens verlor.

Polaritäten sind ständig im Fluss, und Gedanken haben Macht. Marias Gedanken waren sehr stark von Groll geprägt, und dieser Groll richtete sich gegen Ryan. Ihre Polarität verschob sich, ohne dass er es bemerkte. Gerechterweise muss man sagen, dass nicht viele Menschen so etwas merken. Aber Ryan hätte mehr Fragen stellen sollen. Er hätte Maria und ihren Problemen mehr Aufmerksamkeit schenken und sich zu Hause mehr bemühen müssen. Dann hätte er vermutlich herausgefunden, wie sie sich fühlte. Zusammen hätten sie dann vielleicht einen Weg gefunden, Marias Denkweise zu ändern, vielleicht durch irgendwelche Maßnahmen, die ihre Frustration abgebaut hätten. Vielleicht hätte sie teilweise zu ihrer Arbeit als Anwältin zurückkehren können, als die Kinder in die High School gingen. Er hätte sie darin unterstützen können.

Doch Marias negative Gedanken hatten sie immer weiter zu ihrem maskulinen Pol getrieben, und Ryans mangelnde Beachtung ihrer Bedürfnisse hielten ihn an seine eigene Polarität gekettet. Aufgrund mangelnder Zuwendung und ungenügender Kommunikation bestand keinerlei Möglichkeit, die Flexibilität zu entwickeln, die sie brauchten, um die kritische Attraktion zwischen ihnen neu zu beleben.

ATTRAKTION UND POLARITÄT BEI DER HEUTIGEN PARTNERSUCHE

Die Gesetze der Anziehung und der Polarität in einer Beziehung sind gute Instrumente, die Paare heutzutage mit Blick auf eine erfolgreiche Beziehung einsetzen können. Die Geschlechterrollen sind nicht unveränderlich. Beide Partner in einer Beziehung sollten sich darüber klar sein, was sie brauchen, um glücklich zu sein. Ein Paar muss erkennen, dass sich der Polaritätszustand ihrer Beziehung ändern kann, sobald sich die Lebensumstände ändern. Dann entsteht oft ein Ungleichgewicht. Wir sind nicht so stabil wie frühere Generationen, denn wir leben in einer schnelllebigen, sich ständig ändernden Welt. Wenn ein Paar nicht regelmäßig Bestandsaufnahme von seiner Beziehung macht – zuerst für sich und dann gemeinsam –, gerät ihre Partnerschaft sehr leicht in Gefahr. Beziehungen sind niemals perfekt, und romantische Liebe allein hält nicht den Grad der Polarität und Attraktion aufrecht, der notwendig ist, um Beziehungen lebendig zu halten.

Wenn man sich der Themen bewusst wird, die vielleicht unter der Oberfläche brodeln, sollte man den Mut aufbringen, dies zu besprechen und sich den Problemen zu stellen, egal, wie anstrengend dies auch sein mag. Eine Verleugnung führt in der Regel nur zu größeren Problemen. Wenn diese Diskussion für das Paar zu schwierig ist, sollte es einen Therapeuten hinzuziehen. Bringen Sie den Mut auf, notwendige Veränderungen vorzunehmen, um wieder eine funktionsfähige Polarität in der Beziehung herzustellen. Rollen innerhalb einer Familie können sehr flexibel sein, und man stellt vielleicht fest, dass neue Regeln angebracht sind, um beide Partner zufriedenzustellen und die innere Polarität wieder auszugleichen.

Der Mann kann beispielsweise zu Hause bleiben, wenn die Frau in der Rolle der Hauptverdienerin wirklich zufrieden ist – solange sein inneres Selbst dabei gesund und ausgeglichen ist. Wenn die Frau aber nur glücklich sein kann, wenn sie zu Hause bleibt und sich um die Familie kümmert, dann sollte das Paar alles dazu Nötige unternehmen. Es gibt dazu verschiedene kreative Möglichkeiten, etwa nur Teilzeit zu arbeiten oder von zu Hause aus, und wenn der Mann dabei hilft und die Entscheidung der Frau voll unterstützt, kann ein solches Arrangement gut funktionieren.

Wir haben in den vergangenen Jahrzehnten des Rollentausches und der vollen Gleichberechtigung zwischen den Geschlechtern sehr viel erfahren und dazugelernt. Jetzt ist die Zeit gekommen, dass Frauen und Männer ihre wahren Rollen wieder einnehmen und gleichermaßen ihre Energie für die Beziehung einsetzen. Die Prinzipien dieses inneren Mann-Frau-Paradigmas funktionieren für jeden und in jeder Art von Beziehung. Als Erstes bringt man seine inneren männlichen und weiblichen Aspekte ins Gleichgewicht und arbeitet daraufhin kontinuierlich daran, diese Balance in der Beziehung mit dem Partner beizubehalten.

Wir kennen heute eine ganze Bandbreite diverser Paarkonstellationen, die alle funktionieren. Eine der faszinierendsten, die ich durch meine Arbeit kennengelernt habe, ist das *Gesplittete Paar*. An dieser Stelle macht es Sinn, dieses Konzept vorzustellen und zu erklären, denn man kann eine Menge von der Dynamik zwischen Mann und Frau in dieser Art intimer Partnerschaft lernen.

KAPITEL 15
Das Gesplittete Paar

ER SAGT: »ICH HABE GERADE DEN BODEN GEWISCHT.«
SIE SAGT: »DU NÖRGELST WIE EINE ALTE FRAU.«

EIN GESPLITTETES PAAR VOR MEINER TÜR

Eine Zeit lang erschien immer wieder der gleiche Paartyp bei mir zum Coaching. Ihre Beziehung war die Folge eines ganz bestimmten Musters: Er war ein *Extrem Weiblicher* Mann, der sich mit einer höchst maskulinen Frau (meistens einer *Andro-Frau*) verbunden hatte. Dies waren keine Zufallsbeziehungen. Die Partner schienen einander ganz bewusst gewählt zu haben, wenngleich aus anderen Gründen. Die spontane starke Anziehungskraft zwischen ihnen hatte ihren Grund in der extrem unterschiedlichen Polarität hinsichtlich ihrer inneren Geschlechtsausrichtung.

Ich nannte sie »Gesplittete Paare« aus dem einfachen Grund, weil jeder Partner eine der inneren Geschlechtsausrichtungen vollständig zugunsten der anderen aufgegeben zu haben schien. Wenn sie eine Beziehung eingingen, schienen sie die aufgegebene Position, männlich oder weiblich, völlig auf den anderen zu projizieren. Da der Erwählte das fehlende Geschlecht in vollem Umfang vertrat, hieß dies, dass nur zwei Geschlechtspole im Spiel waren statt vier bei einem normalen Paar – nämlich je zwei.

Um das weiter zu verdeutlichen: Die Frau in einer gesplitteten Beziehung wirkt völllig maskulin in ihrem Verhalten, aber ihre innere Weiblichkeit fehlt nicht vollständig; sie existiert noch tief in ihr in einem Ruhezustand. Auch beim Mann ist die männliche Essenz noch vorhanden, sie ist nur inaktiv. Interessanterweise kann dieses Arrangement einer gesplitteten Beziehung für viele Paare erfolgreich verlaufen. Diejenigen, die zu mir in die Praxis kommen, sind mit diesen inneren Arrangements recht zufrieden, was sich letztendlich auch in ihrem körperlichen Leben niederschlägt.

DIE BILDUNG EINES GESPLITTETEN PAARES

Meiner Beobachtung nach bilden sich gesplittete Paare auf zwei verschiedene Weisen. Die erste wurde oben beschrieben, also wenn zwei stark polarisierte Individuen einander finden und es auf den ersten Blick funkt: Es entsteht eine starke anfängliche Attraktion. Die zweite Version verläuft eher in einem organischen Prozess: Zwei Menschen planen nicht, zu einem gesplitteten Paar zu werden, sondern enden eher damit, weil sie im Laufe ihrer Beziehung feststellen, dass sie irgendwie perfekt zusammenpassen. Das Leben geht weiter, und sie verändern sich entsprechend ihrer Umstände.

Das gesplittete Paar, das sich erst im Laufe der Zeit entwickelt, scheint meiner Ansicht nach etwas weniger Erfüllung in der Beziehung zu finden. In einer jahrelangen Ehe haben die Umstände sie und ihre Beziehung erheblich verändert. Ohne es recht zu merken, bildeten sich unterschiedliche Gewohnheiten heraus, die dazu führten, dass jeder Partner sich innerlich auf das ihm angenehmste Geschlecht zubewegte – fast immer das Gegenteil von dem, mit dem sie geboren wurden. Mit anderen Worten, der Mann wurde immer weiblicher, die Frau immer männlicher. Ich habe festgestellt, dass diese Themen, wenn sie unberücksichtigt und unerwähnt blieben, im Laufe der Zeit zu einem tief verwurzelten Bestandteil der Beziehung wurden, sozusagen zum »Elefanten im Raum«, den niemand erwähnte.

Eines dieser sich organisch gewachsenen gesplitteten Paare kam immer wieder zu mir, weil sie nach einem Weg aus ihrem allgemeinen Unbehagen suchten. Bei der Arbeit mit ihnen stellte ich fest, dass die störenden Elemente in dieser Beziehung sehr subtil waren und von dem Paar selbst oft nicht wahrgenommen wurden. Diese Feinheiten konnten nur von einem Außenstehenden wahrgenommen und aufgedeckt werden, und so wurde ich zum Zeugen für manche seltsame, aber doch wunderbare Beziehung.

DER FALL VON SIMON UND LISA

Simon und Lisa kamen zusammen in meine Praxis. Mein erster Eindruck war, dass sie wie ein glückliches, eng verbundenes Paar wirkten. Bei der Begrüßung fiel mir auf, wie gut beide kommunizierten und dass sie locker und ungezwungen miteinander umgingen. Ich stand vor einem Rätsel. Dieses Paar schien eigentlich keinerlei Hilfe zu brauchen; sie schienen eine Beziehung zu haben, um die sie die meisten Paare beneiden würden.

Ich begann das Gespräch: »Würden Sie mich bitte aufklären? Wie kann ich Ihnen helfen?«

Lisa ergriff das Wort und sagte, sie seien auf der Suche nach jemandem, dem sie ihren Fall vortragen könnten, um alles aus einem anderen Blickwinkel zu sehen. Sie hatten es mit Paartherapie versucht, aber das hatte nicht geholfen. Sie glaubten, jemanden zu brauchen, der ihre Situation aus einer anderen Perspektive wahrnahm, ein wenig mehr von außen. Sie hatten gehört, dass ich so arbeitete.

Lisa fuhr fort: »Sehen Sie, wir sind eigentlich sehr glücklich miteinander. Ich weiß, das klingt bizarr, aber es stimmt.«

Simon nickte zustimmend seiner lebhaften, attraktiven Frau zu und fuhr fort, wo Lisa abgebrochen hatte. »Wir mussten feststellen, dass unsere Paartherapeutin nicht weiterwusste, weil wir keine offensichtlichen Probleme zu haben schienen. Wir hatten den Eindruck, sie würde besser mit Paaren arbeiten, die schon schnurstracks auf eine Scheidung zusteuern.«

Das war interessant. Ich bat Simon, mir einige Informationen über sich als Individuen und ihr gemeinsames Leben zu geben. Es stellte sich heraus, dass es ihre zweite Ehe war; sie waren ein kinderloses Paar. Beide hatten eine eigene Firma. Ihr Leben war angenehm, und sie hatten zahlreiche Freunde. Simon leitete ein erfolgreiches Innenarchitekturbüro zusammen mit einem Partner, mit dem er sich sehr gut verstand. Lisa arbeitete als Wirtschaftsberaterin, hatte vier Angestellte und einen festen Kundenstamm. Sie waren ein beruflich erfolgreiches Paar in einer engen Beziehung und schienen ein glückliches, ausgewogenes Leben zu führen.

EINFLÜSSE AUS DER VERGANGENHEIT

Lisa erzählte mir, dass sie mit zwanzig ihren Vater verloren habe. Sie hatte sich seitdem immer verantwortlich für die Mutter und den jüngeren Bruder gefühlt. Simons Eltern lebten beide und waren bei guter Gesundheit. Seinen Worten zufolge war seine Kindheit ziemlich gut. Nicht perfekt, aber als jüngstes von vier Kindern – die drei älteren waren Mädchen – hatte er sich immer gut umsorgt gefühlt. Er gab auch zu, dass er es oft vermied, Entscheidungen zu treffen, weil er ja von vier Frauen in seiner Familie umgeben gewesen war, die ihm alle ganz gern sagten, was er tun sollte.

Simon war sehr zufrieden mit seinem Innenarchitekturbüro und seinem Geschäftspartner Tim, mit dem er seit fünfzehn Jahren zusammenarbeitete. Neben der Arbeit waren sie auch gute Freunde. Dagegen musste Lisa trotz ihrer vier Angestellten ziemlich schwer arbeiten und eine größere Anzahl von Klienten betreuen. Sie stand ständig unter großem Termindruck. Ihre Arbeitsbedingungen waren in Ordnung, aber sie war mit ihren Angestellten nicht befreundet. Auch sie arbeitete Tag für Tag unter enormem Druck, um alles rechtzeitig zu erledigen. Lisa wünschte sich mehr Freizeit, aber das schien nie möglich.

»Wie kann ich Ihnen also helfen?«, fragte ich.

Lisa antwortete ein wenig zögernd: »Ich weiß nicht recht, wie ich das formulieren soll, und wenn ich nicht glaubte, dass Sie das verstehen würden, würde ich vermutlich gar nichts sagen.« Ich forderte sie auf, mir mehr darüber mitzuteilen.

Schließlich rang sie sich dazu durch. »Ich habe Simon das auch schon gesagt, daher ist es für ihn kein Schock. In den letzten paar Monaten habe ich eine Erregung in mir gespürt, die ich einfach nicht erklären kann. Ich versuche es aber. Also: Ich habe das Gefühl, dass ich in allen Lebensbereichen alles habe, was ich will, aber ich glaube nicht, dass ich das habe, was ich *brauche*.«

Das war ein Schuss, den ich nicht erwartet hatte. »Das ist interessant, Lisa. Beschreiben Sie mir dieses Gefühl doch genauer. Wo sitzt es?«, fragte ich.

Sie dachte einen Moment lang nach und antwortete dann leise: »Es fühlt sich an wie ein Loch in meinem Herzen.« Dabei senkte sie den Kopf, als wolle sie ihr Gesicht vor mir verbergen. »Ich weiß, das klingt lächerlich. Mein Herz ist völlig in Ordnung. Ich bin beim Arzt gewesen und habe jede Menge Tests machen lassen.«

Simon saß derweil friedlich neben ihr. Er war durch diese Unterhaltung in keiner Weise beunruhigt. Dazu sagte er, wenn Lisa dieses Gefühl habe, dann stimme das auch, und er würde sie in jeder Hinsicht unterstützen, damit sie diesem Gefühl des Unbehagens auf die Spur kam.

EINE GRENZENLOSE SEHNSUCHT

»Lisa, sprechen Sie doch bitte weiter über dieses Gefühl. Alles, was Ihnen dazu in den Sinn kommt. Sprechen Sie es einfach aus.« Lisa war eine sehr direkte Person, und ich hielt sie auch für glaubwürdig. Ich vertraute darauf, dass sie mir ehrlich Auskunft über diese seltsame Malaise geben würde, die an ihr nagte.

»Ich habe das Gefühl, es hat mit unserer Beziehung zu tun«, sagte sie. »Ich liebe Simon und, was noch wichtiger ist, ich mag ihn auch. Ich glaube nicht, dass das Problem bei ihm liegt, aber irgendwie tut es das doch. Ich habe einfach diese Sehnsucht in mir, ich sehne mich nach etwas. Ich verzehre mich geradezu nach etwas, aber ich weiß nicht, was es ist, Irgendwie erwarte ich aber von Simon, dass er das befriedigt.«

Inzwischen hatte ich sie als Archetypen eingeordnet und sah Simon als einen *Extrem Weiblichen* Mann und Lisa als eine *Gutmütige*. Sie waren sehr ehrlich und strebten aufrichtig nach einer neuen Perspektive, daher fand ich, ich könnte ihnen aufrichtig meine Einschätzung mitteilen.

»Lisa, Simon, Sie wissen, dass ich die Dinge nicht sprichwörtlich betrachte. Mit Ihrer Erlaubnis werde ich Ihre Situation aus einer anderen Perspektive betrachten.« Beide nickten, und ich fuhr fort: »Simon, ich sehe Sie als einen *Extrem Weiblichen* Mann, und Lisa, Sie sind eine *Gutmütige*.«

Simon antwortete, sie hätten von dem Freund, der mich ihnen empfohlen hatte, über diesen Ansatz gehört, Beziehungsprobleme zu betrachten. »Das heißt also, dass meine weibliche Seite ziemlich stark ausgeprägt ist im Vergleich zur männlichen. Stimmt das?«, fragte Simon.

»Ja, genau«, bestätigte ich.

Lisa schwieg.

»Lisa, ich habe Sie als *Gutmütige* identifiziert, was bedeutet, dass Ihre maskuline Seite kein Problem hat, ausagiert zu werden. Nach allem, was Sie mir über Ihre Arbeit erzählt haben, scheint es, dass Sie ihre männliche Energie häufig und stark einsetzen müssen, um allen Terminen und ihrem Kundentyp gerecht zu werden.«

Sie antwortete sehr offen und ein wenig traurig: »Ich fühle mich manchmal wie ein Mann.«

Ich versicherte ihr eiligst, dass dies in Ordnung sei. »Ich verstehe das sehr gut, denn es gibt auch gute Gründe dafür«, erklärte ich. »Bei Ihrer Arbeit haben Sie bloß nie Gelegenheit, sich in Ihrer weiblichen Energie zu entspannen. Simon hingegen hat ziemlich viel Gelegenheit, das auch bei der Arbeit zu tun. Ich kann mir vorstellen, wenn Sie beide vom Büro nach Hause kommen, dann fangen Sie sofort an, dort alles zu organisieren.«

Lisa nickte zustimmend. Ich wandte mich zu Simon und fragte, ob er das zuließ. Er sah mich an und bejahte dies.

IN WEIBLICHKEIT ENTSPANNEN

Ich erkannte, dass Lisa Mühe hatte, sich mit den vorgestellten Konzepten anzufreunden. Sie sagte, sie wisse nicht, was es bedeute, sich in weiblicher Energie zu entspannen. Ich versuchte, es ihr zu erklären.

»Lisa, unsere innere Polarität verschiebt sich ständig. Wenn Sie also eine männliche Aufgabe erledigen, dann aktivieren Sie Ihre männliche Energie, und das ist auch gut so. Ohne sie würden Sie nicht viel schaffen. Das Problem, das mir bei den sogenannten *Gutmütigen* aufgefallen ist, ist, dass sie manchmal auch ihre weibliche Energie einsetzen müssen, um ein Gefühl von innerer Ausgeglichenheit und Glück zu erleben.«

Rasch fügte ich hinzu, dass Hoffnung bestünde, weil von allen verschiedenen maskulin orientierten Frauentypen in der Welt die *Gutmütige* am meisten ihre weibliche Energie nutzt und genießt. »Das bedeutet, dass Sie Ihr weibliches Selbst vermissen, wenn Sie nicht regelmäßig darauf zugreifen können. Vielleicht wissen Sie nicht, wenn es fehlt, aber ich frage mich, ob dieses Verlustgefühl, dieses Loch in Ihrem Herzen, den Verlust der weiblichen Energie bedeuten könnte, die irgendwo verloren ging?«

Lisa schwieg. Tränen rannen ihr über die Wangen. Sie wischte sie fort und blieb eine Weile stumm. Simon hatte aber eine Frage.

»Wenn das zutrifft, warum und wann ist Lisas weibliches Selbst verschwunden?«

Ich erwiderte, dies sei eine gute Frage, die aber erklärt werden müsse. Zuerst wollte ich aber Lisa fragen, was sie momentan empfand. Sie wirkte sehr verloren.

»Ich weiß, dass dies stimmt«, sagte sie. »Ich fühle mich schon seit Jahren nicht mehr sehr feminin. Ich habe ja sogar eben laut ausgesprochen, wie männlich ich mich fühle. Das passt mir irgendwie nicht, und dann mache ich das Simon zum Vorwurf.«

»Lisa, Sie sind hier ziemlich genau im Bilde, und zwar aus zwei Gründen. Erstens können Sie den Unterschied empfinden und den Verlust spüren und zweitens wissen Sie auch, was Sie hier tun. Sie erkennen, dass das Problem nicht dadurch gelöst wird, wenn Sie Simon die Schuld daran geben.«

»Oh ja. Ich bin bloß schon so lange so frustriert und traurig, und jetzt geht mir auf, dass ich außerdem ziemlich wütend darüber bin«, sagte sie.

EIN EVOLUTIONÄRER PROZESS

Simon wirkte erleichtert. Es war wie eine Offenbarung, und es war ein Problem, das gelöst werden konnte. Er hatte sich große Sorgen um Lisa gemacht, und sie hatte es sehr schwer gefunden, zu artikulieren, wie sie sich fühlte, dass sie beide es leid waren, sich dabei immer wieder im Kreis zu drehen.

»Soll ich Ihnen sagen, was meiner Meinung nach für Sie abgelaufen ist, Lisa?«, fragte ich. »Sind Sie damit einverstanden?« Sie reagierte mit einem begeisterten Nicken.

»Nun, schauen wir zuerst einmal, wie es kam, dass Sie zu einer *Gutmütigen* wurden. Das ist unser Ausgangspunkt. Vermutlich haben Sie sich schon von klein auf um Ihren Bruder gekümmert, und als Ihr Vater starb, schloss diese Rolle auch Ihre Mutter ein. Sie haben keine Probleme, sich um andere zu kümmern, und das entspricht Ihrer wunderbaren weiblichen Seite.«

Sie bejahte dies und sagte, sie habe ja alles zusammenhalten und für alle da sein müssen, als ihr Vater starb. Ihre Mutter erlitt offensichtlich einen Zusammenbruch, und ihr Bruder Jimmy war gerade erst ein Teenager. Lisa beschrieb es so:

»Ich hatte keine andere Wahl, als einzuschreiten und alles zu tun, was getan werden musste. So bin ich eben. So reagiere ich immer, in allen möglichen Situationen«, sagte sie.

Das war ein sehr typisches Verhalten für eine *Gutmütige*.

Wenn alle anderen zusammenbrechen, greifen sie ein und kümmern sich um alles, was ansteht. Das Problem ist nur, wenn man ständig so verfährt, wird es zur Gewohnheit, und man landet allmählich in der Falle, immer alles für andere zu erledigen.

Ich fasste es für Lisa und Simon zusammen: »Ehe Sie sich's versehen, sind Sie so sehr beschäftigt, dass keinerlei Zeit mehr für Sie selbst übrig bleibt oder für diejenigen, mit denen Sie eine enge Beziehung haben, wie etwa Ihren Mann.«

»Amen«, murmelte Simon.

»Das ist also passiert, Lisa. Langsam, aber sicher haben Sie Ihre maskuline Aktivität immer stärker mobilisiert. Bei diesem Prozess bleibt die weibliche Energie völlig unberücksichtigt, und im Laufe der Zeit ist sie irgendwie eingeschlafen, weil sie ja nicht mehr gebraucht wurde.«

Traurig sah Lisa mich an und sagte dann: »Ich kann erkennen, wie das nach dem Tod meines Vaters passierte. Seitdem habe ich immer viel zu viel zu tun gehabt. Wenn es sich nicht um Mom oder Jim drehte, dann war es mein Job, und ich habe ständig das Gefühl, dass der Tag nicht genügend Stunden hat, um auch zu Hause alles zu regeln und dass wir beide auch einmal Zeit füreinander haben.«

UND WEN TRIFFT DIE SCHULD?

Als diese Erkenntnis langsam einsank, meinte Lisa, da sei noch etwas anderes. »Warum habe ich dieses Gefühl von Unzufriedenheit in der Beziehung? Es ist nichts Ernstes, aber irgendwie habe ich das Gefühl, es fehlt etwas, aber ich weiß nicht, was«, sagte sie.

Ich wandte mich an Simon und fragte ihn, ob ich recht in der Annahme hätte, dass Lisa sich zu Hause eigentlich nie hinsetzte. Er nickte.

»Vertritt sie auch eine ausgeprägte Meinung zu allem und jedem – ja, empfinden Sie sie zu Hause als ziemlich herrisch?«

Er nickte lächelnd. Lisa wirkte dadurch keineswegs verstört. Sie stimmte auch mit allem überein, was ich gesagt hatte.

»Lisa, da haben wir es. Dies sind deutliche Zeichen, dass Ihre maskuline Energie stark aktiviert ist. Sie sind wütend auf Simon, weil Sie ihn stumm darum bitten, selbst den maskulinen Teil der Beziehung zu übernehmen«, erklärte ich. »Das Problem ist, dass Sie ihm das nicht erlauben. Sie sind selbst so schnell und effizient und es gewohnt, meistens alles allein zu erledigen, dass es stets zu spät ist, wenn er nicht blitzschnell reagiert. Stimmt das irgendwie?«, frage ich. Diesmal lächelten und nickten beide.

»Aber Sie wollen trotzdem, dass Simon eher männlich reagiert, damit Sie sich eher auf Ihre Weiblichkeit konzentrieren können, und ich werde Ihnen nun ein paar Methoden dazu erklären, die Sie ausprobieren können. Lisa, Ihr Weg wird nun eher davon bestimmt sein zu erlauben und zu empfangen. Simon ist zu Hause vielleicht nicht so effizient wie Sie, aber Sie müssen mehr zulassen, dass er tut, was er für richtig hält, um Ihnen zu helfen.«

LERNEN ZU EMPFANGEN

Ich gab den beiden ein paar Beispiele, damit sie diese neue Dynamik besser verstanden. »Wenn Simon Sie zum Essen ausführen will oder Ihnen etwas Besonderes kaufen will, dann müssen Sie das annehmen, was er anbietet. Sie sollten die Wahl des Restaurants nicht kritisieren und auch nicht die Farbe des Tops, das er Ihnen gekauft hat. Empfangen und nehmen Sie mit Gelassenheit und Höflichkeit alles, was er Ihnen anbietet. Das ist jetzt Ihre Hausaufgabe.« Ich schlug vor, dass Gelassenheit bei ihr jetzt ganz großgeschrieben würde. Als moderne Frauen haben wir diese Art von Gelassenheit und Würde vollständig verloren und sind durch diesen Verlust zu Männern geworden.

Als Nächstes schlug ich Lisa vor, sich Zeit für ein paar »Girlie«-Aktivitäten zu nehmen. Lisa erwiderte, sie könne sich nicht vorstellen, dass sie sich dafür Zeit nehme. Sie habe ohnehin schon keine Zeit, und wenn sie hier und da ein paar Stunden abknapste, dann wollte sie sie mit Simon verbringen. Ich verstand, was sie meinte, und wusste, dass ich an diesem Punkt mehr über das innere Mann-Frau-Paradigma erklären musste, damit sie den Wert dessen erkannte, was ich vorschlug. Ich beschrieb in allen Einzelheiten, was bei ihr vor sich ging.

WEIBLICHE ENERGIE WIEDER AUFLADEN

Als Lisa Simon vor fünfzehn Jahren kennenlernte und heiratete, war sie nicht so engagiert in ihrer Karriere gewesen wie heute. Seit fünf Jahren hatte sie ihre eigene Firma, was viel mehr Arbeit bedeutete als damals als Angestellte. Lisas Mutter war nun älter und nicht sehr rüstig, und Lisa kümmerte sich um deren Finanzen und alles andere, was die Mutter nicht verstand und was ihr Vater immer erledigt hatte. Lisa stand also ständig zur Verfügung, wenn die Mutter anrief, weil sie sich einsam fühlte, sie fuhr sie regelmäßig zu Arztterminen und erledigte tägliche Besorgungen. Lisa war bei der Arbeit stark maskulin orientiert und ebenso bei der Versorgung ihrer Mutter und zu Hause mit Simon. Ich wusste, dass sie nur wenig Zeit für ihre Freundinnen hatte, was hieß, dass sie nie Zeit hatte, ihre weibliche Energie neu aufzuladen.

Simon hingegen war ziemlich entspannt. Auch er hatte Druck im Beruf, aber anders als der Stress, unter dem Lisa bei der Arbeit ständig stand. Simon liebte seinen Beruf, und er und sein Partner Tim, ebenfalls ein *Extrem Weiblicher* Mann, waren gute Freunde. Simon und Tim saßen den ganzen Tag zusammen und machten Entwürfe. Beide nährten ihre männliche Energie durch diese Zusammenarbeit und stärkten die weibliche Energie durch ihre kreativen Projekte für Klienten. Simon fand seine Arbeit befriedigend und hatte kein Bedürfnis nach anderen Freundschaften. Sein bester Freund war die Arbeit, und die Liebe seines Lebens war zu Hause.

Schade, dass Lisa nicht unter den gleichen Bedingungen lebte. Ihre Kollegen waren in der Regel abgebrühte Wirtschaftstypen und alle sehr männlich orientiert, ob sie nun Frauen oder Männer waren. Ihr Job war von Termindruck bestimmt, was hieß, dass sie ständig männliche Energie einsetzen musste, um keinen einzigen

Termin zu verpassen. Sie agierte einen kleinen Teil ihrer weiblichen Energie aus, wenn sie zum Yoga ging – sofern sie die Zeit dazu fand. Ich versuchte, ihnen zu zeigen, dass Lisas Leben überwiegend von Aufgaben diktiert war, und sämtliche an sie gestellten Herausforderungen verlangten den Einsatz ihrer männlichen Energie. Sie ertrank praktisch in ihrer maskulinen Energie und sehnte sich nach ihrer weiblichen Seite.

Es war offensichtlich, dass diese Abgelöstheit von ihrer weiblichen Seite Lisa so bekümmerte. Das Loch, das sie in sich spürte, die Gefühle, die sie nicht erklären konnte, waren Zeichen für diese Abgelöstheit. Lisa war sich ihrer selbst sehr bewusst und hatte ihre Gefühle genau gespürt. Sie hätte sie missachten oder verleugnen können, hatte aber beschlossen, diesen Zeichen nachzugehen, die sie nicht verstand. Irgendwie wusste sie, dass diese Zeichen Alarmsignale für etwas waren, was nicht mit ihr stimmte.

SCHULDGEFÜHLE LOSLASSEN

Lisa hatte nachdenklich zugehört, während ich ihr meine Ansichten darlegte, und hatte noch eine weitere Frage. »Benehme ich mich vielleicht wie ein verzogenes Kind? Ich habe alles, was man sich wünschen könnte, und einen wunderbaren Mann, der freundlich, rücksichtsvoll und liebevoll ist. Wir haben ein echt gutes Leben. Uns fehlt es an nichts, und wir haben gute Freunde.«

Ich versicherte ihr, dass sie nicht egoistisch sei, und bemerkte, dass ich häufig mit Paaren wie ihnen arbeitete. Meine Klienten sind in der Regel Menschen, denen es finanziell gut geht und die keine Überlebensprobleme haben, aber das macht sie nicht anders. Wenn die Grundbedingungen fürs Leben erfüllt sind, steigen oft tiefe innere Gefühle hoch. Ich glaube, das heutige Leben reizt uns, auf einer ganz anderen Ebene zu hinterfragen, wer wir sind. Ich versicherte Lisa, dass sie einen mutigen Schritt getan hatte, ihr Unbehagen so zu konfrontieren. Dann wies ich auf ein weiteres verbreitetes Element in ihrer Situation hin.

Ich glaube, es ist gleichzeitig ein Geschenk und ein Fluch, in einer so reichen Gesellschaft zu leben. Die Gabe besteht darin, dass wir das Bewusstsein entwickeln können, innerlich zu reifen, aber das wird zum Fluch der Unzufriedenheit, wenn man weiß, dass etwas fehlt, und es dennoch kontinuierlich abstreitet. Die Wahheit ist, dass nicht jeder diesen mutigen Schritt tut. Manche Menschen verdrängen einfach diese nagenden Gefühle mit einem neuen Urlaub, einem ausgedehnten Shoppingtrip oder einer neuen Handtasche.

Lisa nickte. »Ich habe solche Freundinnen«, sagte sie. »Sie haben alles und nichts. So will ich nicht sein.«

EINE EHE IST IN STÄNDIGEM FLUSS

Ich war überzeugt, dass, wenn es Lisa gelang, eine engere Bindung mit ihrer weiblichen Seite einzugehen, die Chancen gut standen, dass die unglücklichen Aspekte in ihrem Leben sich in positiver Richtung ändern würden. Ich erklärte ihnen mein Konzept eingehender, damit sie beide aufhören konnten, sich über ihr gemeinsames Leben schuldig, besorgt oder traurig fühlen zu müssen.

»Im Laufe ihrer Ehe haben Sie es sich beide in Ihrer Urposition bequem gemacht: Simon mit seinen weiblichen Aspekten und Lisa mit ihren männlichen. Da Simons Leben sich im Laufe der Beziehung nicht sonderlich änderte, verschob sich seine Polarität auch nicht sehr. Lisa hingegen fühlte sich von allen Seiten eher zu ihren männlichen Aspekten hingedrängt. Sie bewegte sich immer stärker zu ihrem maskulinen Selbst, und Simon blieb dabei nichts anderes übrig, als sich mit seinem weiblichen Ich zu solidarisieren.

»Simon, ist es möglich, dass Sie zu Beginn Ihres gemeinsamen Lebens ein wenig unzufrieden waren, aber bereit, Kompromisse einzugehen, denn dabei geht es schließlich in einer Beziehung?«

»Ja, das stimmt«, antwortete er.

»Und nach einer Weile wurde das zur Gewohnheit. Lisa tat

dieses und jenes, und Sie taten nichts. Lisa traf immer öfter die Entscheidungen über Ihr gemeinsames Leben, und Sie haben sie nie herausgefordert. Lisa arbeitete immer mehr, und Sie stellten es niemals infrage, wie viel Zeit Sie voneinander getrennt verbrachten. Trifft das zu?«

»Genau«, bestätigte Simon.

»Sie haben beide akzeptiert, dass die Dinge nun einmal so waren. Sie hatten Glück, weil Sie einander liebten, und das hat Sie die ganze Zeit beieinandergehalten. Aber nun hat Lisa ihre Unzufriedenheit identifiziert, wusste aber nicht genau, wo diese herrührte. Ihre Seele sagte ihr, sie wollte ein anderes, vielleicht ausgewogeneres Leben. Es ist tatsächlich ein evolutionärer Prozess, Aspekte in sich zu entdecken, die man vernachlässigt hat, und besser sein zu wollen, als man ist. Es ist eine Bewegung in Richtung Ganzheit.«

DEN KURS KORRIGIEREN

»Ich fühle mich schon viel besser«, sagte Lisa.

»Was wäre denn nun der nächste Schritt?«, fragte Simon.

»Ehrlich gesagt, brauchen Sie vermutlich nur ein paar Sitzungen, um einen anderen Weg einzuschlagen. Es kann anstrengend sein, mit alten Gewohnheiten zu brechen, aber wenn Sie ein ausgewogeneres Leben anstreben, wird es vermutlich nicht so schwierig. Bei der Polarität eines Paares kann man nicht die eine Seite verändern, ohne dass der andere davon betroffen wäre. Wenn eine Veränderung eintritt, spürt auch derjenige, der nicht an den Sitzungen teilnimmt, die Wirkung, hat aber dann keine Möglichkeit, dies zu beeinflussen.«

Simon war damit einverstanden, sich zu beteiligen, und ich gab ihnen einige detaillierte Anweisungen, um den Prozess in Gang zu setzen. »Simon, in der nächsten Zeit sollten Sie die Gewohnheit aufgeben, zuzulassen, dass Lisa bei allen Dingen in Ihrer Beziehung die Führung übernimmt«, begann ich. »Sie müssen Ihre Selbstzufriedenheit aufgeben und eine dominantere

Rolle einnehmen. Glücklicherweise werden Sie dabei kaum auf Gegenwehr stoßen, denn Lisa sehnt sich nach einer Pause von ihrer männlichen Energie. Der Zeitpunkt ist gekommen, um Ihre Männlichkeit wieder in den Vordergrund zu rücken, nicht nur in der Beziehung, sondern auch ganz allgemein für sich selbst.«

Ich schlug Simon vor, bei sich selbst anzufangen. »Verlangen Sie sich mehr ab hinsichtlich Ihrer Führungsqualitäten und seien Sie auch in Kleinigkeiten proaktiv. Das hilft Ihnen, ihre maskulinen Muskeln wieder zu kräftigen«, erklärte ich. »Übernehmen Sie ganz allmählich wieder die Verantwortung, wenn das angemessen ist, wobei Sie gleichzeitig sensibel auf Lisas Bedürfnisse reagieren. Unser Ziel ist es, Lisa in einen Zustand von *Empfänglichkeit* und *Zulassen* zu bringen. Sie hat diese Fähigkeit verloren und muss wieder Vertrauen in ihr weibliches Ich gewinnen. Mit einem liebevollen Partner kann sie diesen Zustand viel leichter erreichen.«

Ich warnte ihn auch, da Lisa es so gewohnt war, alles selbst zu erledigen und sämtliche Entscheidungen zu treffen, dass ich keineswegs überrascht wäre, wenn sie sich anfangs ein wenig dagegen wehren würde. Es war eben ihre Gewohnheit, so zu reagieren. Sie war überzeugt, wenn sie nicht selbst die Hand im Spiel hatte, würde eine Sache nicht ordentlich oder überhaupt nicht erledigt werden. »Es ist vermutlich schwer, diesen Würgegriff ihres Kontrollbedürfnisses zu lockern. Kontrolle ist ihr Freund, denn sie fühlt sich damit sicher. Es ist also Ihr Job, Simon, wieder die Führung zu übernehmen und damit auch die Kontrolle.«

Bei meinem nächsten Vorschlag lächelten beide wieder. »Simon, ich weiß, es klingt sonderbar, aber Sie müssen versuchen, Lisa dann und wann zu überraschen. Sie darf sich über Ihre nächsten Schritte nicht im Klaren sein, denn sie muss lernen, Ihnen und Ihrem Urteil wieder zu vertrauen. Sie sind ja in einer guten Position, denn Lisa liebt sie. Fangen sie mit Kleinigkeiten an, etwa dass das Essen auf dem Tisch steht, wenn Lisa nach einem langen Arbeitstag nach Hause kommt, aber nicht jeden Tag. Denken Sie daran, dass der Überraschungseffekt daran das Beste ist.«

Ich sagte, dass mir wohl bewusst sei, dass auch er einen langen Arbeitstag habe, aber momentan würden wir uns auf Lisa konzentrieren, damit sie sich wieder umsorgt fühlte. Aber sie musste auch wieder dazu kommen, diese Fürsoge zu akzeptieren. Empfänglichkeit ist das Wichtigste, wenn man versucht, sich wieder mit dem weiblichen Ich zu verbinden.

DIE BÜRDE ERLEICHTERN

»Eine weitere Idee wäre, zumindest zeitweise jemanden zu finden, der Lisas Mutter beisteht, denn Lisa braucht wirklich eine Pause von ihren ständigen Pflichten«, fuhr ich fort. »Ich würde außerdem eine Pause von der Arbeit empfehlen, vielleicht einen Kurzurlaub, um das Ganze in Schwung zu bringen. Eine Arbeitspause könnte sich ungeheuer positiv auf Sie beide auswirken. Sie könnten es als eine Zuflucht für Ihre Beziehung betrachten, Zeit, um entspannt miteinander zu sein. Dabei können Sie das Wertesystem Ihrer Beziehung begutachten und wie Sie in Zukunft weiterleben wollen.«

Ich erklärte, dass zu gesundem innerem Wachstum die Fähigkeit gehört, das eigene Verhalten zu überprüfen und notwendige Änderungen vorzunehmen. Man braucht dazu Mut und Hartnäckigkeit. Kurz vor Ende der Sitzung schlug ich noch vor, dass Simon die Führung in der Beziehung übernahm, ohne aber dominant oder überheblich zu werden.

»Denken Sie daran, dass Führung in einer Beziehung nichts mit Dominanz zu tun hat. Das Hauptaugenmerk sollte darauf liegen, ein Gefühl von Verantwortung für den geliebten Menschen zu übernehmen«, sagte ich. »Simon, Sie haben ja eine ganz natürliche Sensibilität, und wenn Sie diese mit der Kraft Ihrer maskulinen Energie verbinden, werden Sie überrascht von den Auswirkungen sein.«

Schließlich fragte ich noch einmal bei Lisa nach, ob sie bereit sei, Simon eine Weile die Führungsrolle zu überlassen, um ihr zu helfen, ihre kontrollierende Art aufzugeben, die sie sich im Laufe der Zeit angewöhnt hatte.

Lisa reagierte begeistert. »Wissen Sie, ich saß wirklich in der Klemme zwischen dem Bedürfnis, absolut alles in meinem Leben kontrollieren zu wollen, und dem Wunsch, sämtliche Kontrolle aufzugeben«, sagte sie. »Aber ich hatte einfach keine Ahnung, was in mir vorging. Ich glaube, deshalb habe ich insgeheim Simon für dieses Gefühl der Leere verantwortlich gemacht. Ich brauche einfach dringend eine Pause von allen meinen Pflichten.«

Ich war froh zu hören, dass sie einiges davon aufgeben wollte, warnte sie aber, dass sie vielleicht Kummer und Trauer empfinden würde, wenn sie eine so eingefleischte Gewohnheit aufgab. Der Prozess dazu klingt ja einfach, aber ist nicht leicht durchzuziehen. Lisa und Simon waren allerdings stark motiviert, und ich hatte das Gefühl, dass es mit ihnen klappen würde. Ich sollte recht behalten.

DAS PARADIGMA ERREICHT EIN WEITERES PAAR

Simon und Lisa hatten Spaß an ihrem Programm und machten erstaunliche Fortschritte. Simon stellte fest, dass er sich über die Wiederentdeckung seiner männlichen Seite freute, und wollte diese Entdeckungen auch Tim mitteilen, seinem Geschäftspartner. Mit Lisas Erlaubnis erzählte er ihm auch davon, was sich in ihrer Beziehung abgespielt hatte. Infolge dieser Unterhaltung wurden auch Tim und sein Partner Matthew bald zu meinen Klienten. Sie hatten stillschweigend ähnliche Probleme in ihrer Beziehung zugelassen und suchten ebenfalls verzweifelt nach einer Lösung.

Die Resultate waren wunderbar, denn die vier Freunde ließen sich freudig auf den Coaching-Prozess ein und tauschten ihre Probleme und Erfolge dabei untereinander aus. Es fiel ihnen auf, dass ihre Freundschaft viel enger wurde, weil sie eine neue Sprache gefunden hatten, die ihnen einen schlüssigeren Ausdruck erlaubte, wenn sie im Geschäfts- und Privatleben schwierige interpersonelle Situationen erlebten.

Tim und Simon erzählten mir, dass ihre Freundschaft im Laufe der Jahre abgekühlt sei, weil Lisa sich mit den Anforderungen ihrer Firma verändert hatte und männlicher geworden war. Matthew hatte in jener Zeit bei einem Autounfall ein Trauma erlitten, und all diese Einschnitte hatten eine Distanz zwischen ihnen geschaffen und eindeutige Auswirkungen auf ihren Umgang miteinander gehabt. Aber keiner von ihnen wusste, wie sie mit den Veränderungen in ihrer Freundschaft umgehen sollten. Mit dem neuen Beziehungskonzept, das sie in den Coaching-Sitzungen bei mir kennengelernt hatten, begannen alle vier eine persönliche Reise, die ihre Freundschaft vertiefte. Sie konnten nun auf verschiedenen Ebenen einander mehr genießen und eine tiefere Zufriedenheit bei der Zusammenarbeit erlangen.

Meiner Erfahrung nach kommt das Gesplittete Paar recht häufig vor. Beziehungen ändern sich automatisch mit den Erfahrungen, die die Individuen im Laufe der Jahre erleben. Bei diesem Prozess ist es ziemlich leicht, dass der eine oder andere Partner die dominante Rolle übernimmt, wenn dies seiner Ausrichtung entspricht. Das Problem ist nur, dass dies gewöhnlich als Dominierung endet und nicht als Führung. Das wiederum führt zu einer Beziehung, die vollständig von einem Partner dominiert wird, was beim ersten Typ des Gesplitteten Paares gut verlaufen kann. Sie erinnern sich, die beiden, die sich als komplette Gegensätze kennenlernen und sich ineinander verknallen.

Aber beim zweiten Typ des Gesplitteten Paares, also wenn die Beziehung sich im Laufe der Jahre organisch entwickelt, kann dieser evolutionäre Prozess eine liebevolle Beziehung manchmal in eine toxische verwandeln, was beiderseitige Unzufriedenheit bewirkt. Wie wir jedoch bei Simon und Lisa gesehen haben, kann sich auch eine positive Verwandlung vollziehen. Dazu braucht es

Liebe, Freundichkeit, den starken Wunsch, eine ausgewogene, faire Beziehung zu haben, und die eindeutige Bereitschaft, Macht und Kontrolle aufzugeben.

Ich habe viele Paare in reifen Beziehungen wie diese beiden beraten. Jüngere Männer und Frauen ringen manchmal noch intensiver um Themen wie Intimität, Ausgewogenheit, Macht und Kontrolle. Aufgrund ihrer Jugend und der Gesellschaft, in der sie aufwuchsen, stehen sie vor anderen Herausforderungen. In diesen Bereich begeben wir uns als Nächstes.

KAPITEL 16
Besessen von sexuellen Eroberungen

SIE SAGT. »KOMMST DU ZU MIR?«
ER SAGT: »ICH RUF DICH [NICHT] AN.«

SEXUALITÄT IST ALLGEGENWÄRTIG

Der Verlust der Weiblichkeit hat bei vielen jungen Frauen zu einer beispiellosen Zunahme an Promiskuität geführt. Noch nie zuvor war es für Frauen so akzeptabel, sich wie Jäger aufzuführen und Männer zu erbeuten. Heute dürfen sie das, und sie tun es auch.

Das Internet hat diese sexuellen Eroberungen und das Anmachen zur Normalität gemacht. Viele Frauen, die dieses Buch lesen, kennen nur die gegenwärtige Epoche und begreifen nicht, warum ich das hier überhaupt erwähne. Dieser Aspekt unserer heutigen Welt, die allgegenwärtige Sexualität, wird nur selten erwähnt, vielleicht weil dies in größerem Ausmaß als normal gilt. Sex ist keine große Sache mehr. Kurzfristige Eroberungen sind heutzutage Standard. Das ist wahr. Aber was bedeutet dies mit Blick auf die Ausgewogenheit unseres inneren Selbst?

In meiner Praxis habe ich von verschiedenen jungen Leuten gehört, dass heutzutage in Sachen Männer, Frauen und Sex alles möglich ist. Frauen machen Männer an mit dem Vorsatz, sie zu benutzen – ohne irgendwelche Vorbehalte oder Verpflichtungen. Männer halten sich zurück und lassen zu, dass die Frauen sie aushalten – und niemand zuckt dabei mit der Wimper. Diese Beispiele für eine verkehrte innere Polarität werden vielleicht als normal betrachtet, aber diese neue Art des Umgangs hat auch zur Folge, dass sich viele junge Menschen ausgenutzt und missbraucht fühlen.

Um sich besser zu fühlen, wenden sich viele dann dem Sex zu, der neuen Lieblingsdroge. Je mehr man davon hat, umso mehr will man, und Sex ist stets leicht zu haben. Ob diese Situation sich durch die Allgegenwart von Pornografie entwickelt hat, die per Mausklick jederzeit erhältlich ist? Das Internet erfüllt jeden Wunsch. Es gibt unzählige Methoden, andere Menschen zu finden, mit denen man entweder zwanglosen Sex oder die gelegentliche Affäre hat. Junge Menschen haben freien Zugang zur Internetpornografie und werden leicht danach süchtig. Es wird allgemein akzeptiert, dass zu viel Pornografie die Neigung stark verringert, sich reale Menschen für Sex und Intimität zu suchen. Ich sehe hier eine steil nach unten führende Spirale und mache mir Sorgen um unsere jüngere Generation.

FALLSTUDIE: ANNA

Als ich auf Anna wartete, fragte ich mich, welche Sorgen sie wohl zu mir führten. Sie war die fünfundzwanzigjährige Tochter von Freunden. Ihre Mutter hatte mich gebeten, mit ihr zu reden. Anna und ich hatten uns daher zum Lunch verabredet.

Ihre Mutter hatte es recht offen ausgedrückt: »Jen, Anna muss mit dir reden. Sie ist unglücklich und redet nicht mit mir.« Anna hatte schon vor Längerem aufgehört, mit ihrer Mutter über private Dinge zu sprechen. Sie war fünfzehn, als sie sich derart zurückzog und kaum noch etwas über ihren Tagesablauf mitteilte. Daher fragte ich mich, ob sie sich mir gegenüber öffnen würde oder ob wir bloß eine höfliche Konversation beim Essen haben würden. Das war nicht abzusehen.

Als sie sich meinem Tisch näherte, war ich leicht schockiert. Ich erinnerte mich an sie als ein sehr hübsches, intelligentes

Mädchen, das das ganze Leben vor sich hatte. Ihre Karriere war damals in den Anfängen. Heute sah Anna sehr schmal aus. Ihre fahle Gesichtsfarbe verriet mir, dass etwas grundlegend falsch lief.

»Anna, wie schön, dich zu sehen. Es ist ja so lange her«, begrüßte ich sie herzlich.

Sie lächelte schüchtern und entgegnete: »Danke, dass du dir die Zeit nimmst. Ich muss wirklich mit jemandem reden.«

Ich versicherte ihr, es sei mir ein Vergnügen und ich sei mehr als nur bereit, ihr zuzuhören und zu helfen, falls das in meiner Macht stünde. Sie schien sich daraufhin noch tiefer in ihren Stuhl zu drücken, als wolle sie sich unsichtbar machen, und sagte traurig: «Na, ich hoffe, dass du anschließend noch genauso denkst.«

Diese Bemerkung fand ich ein wenig seltsam, aber ich ließ sie im Raum stehen und wandte mich unserer Bestellung zu. Anschließend beschloss ich, das Gespräch direkt zu beginnen und nach ihren Problemen zu fragen. Es hatte keinen Sinn, um den heißen Brei herumzureden, denn ihre Körpersprache verriet mir, dass sie sich weiter zurückzog. Ich sorgte mich, dass sie vielleicht den Mut verlor, das zu bereden, was sie so beschäftigte.

DIE LIEBE AN FALSCHEN ORTEN

»Anna, wir kennen uns schon so lange, dass wir uns weitere Höflichkeiten ersparen und gleich zum Thema kommen können. Was ist mit dir los?« Dieser sachliche, klare Ansatz hatte Erfolg.

Sie brach in Tränen aus und antwortete zögernd: »Ich bin ja so unglücklich, habe aber keine Ahnung, warum.« Ich ließ sie weinen und wartete, bis ihr Schluchzen nachließ.

Sanft forderte ich sie auf, einfach irgendwo anzufangen. Sie spielte mit ihrer Serviette und zupfte nervös an einem Stück Brot. »Ich glaube nicht, dass ich je jemanden finde, der mich liebt«, sagte sie traurig. So wie ich Anna mir gegenüber an dem Tisch wahrnahm, hatte ich keine Ahnung, warum sie so etwas denken sollte. Sie war eine sehr hübsche junge Frau, sehr gescheit und hatte ein äußerst freundliches Wesen.

»Anna, wie kommst du auf die Idee, dass du nicht liebenswert bist?«, fragte ich.

Sie schniefte immer noch, aber schluchzte nicht mehr und beruhigte sich allmählich. »Also, ich habe mit vielen Männern geschlafen, aber keiner scheint auch nur irgendwie daran interessiert zu sein, auf länger mit mir zusammen zu sein.«

Das machte mich traurig. Es gab keinen Grund, warum sie so negativ über sich dachte. »Anna, warum hast du mit all diesen Männern geschlafen, wenn keine Möglichkeit bestand, dass sich daraus eine stabilere und vielleicht dauerhafte Beziehung entwickeln würde?«

»Wie meinst du das?«, fragte sie.

Ich formulierte die Frage um. »Du musst mir helfen, dich zu verstehen. Warum schläfst du mit Jungen, die sich dir in keiner Weise verpflichtet fühlen und bei denen auch du nicht die Absicht hast, sie auf länger zu kennen?«

Sie sah mich an, als stammte ich aus dem Mittelalter. »Das macht doch jeder. So läuft das heute.« Ich merkte, dass sie ein wenig ungeduldig klang.

»Wirklich? Aber sag mir, Anna, wie funktioniert das für *dich*?«

Da begann sie wieder zu schluchzen. Ein paar Taschentücher später bekam ich die Antwort auf meine Frage. Sie klang ziemlich verzweifelt.

»Das weiß ich nicht. Nichts scheint für mich zu funktionieren. Alle hassen mich, und mein Leben ist eine einzige Katastrophe.«

LIEBE TUT WEH

Ich versuchte, ihr eine andere Perspektive zu vermitteln. »Liebe Anna, ich glaube nicht, dass dein ganzes Leben eine einzige Katastrophe ist. Du bist jung und schön, und du hast einen viel versprechenden Beruf. Vielleicht musst du ein paar Dinge besser verstehen und ein paar Verhaltensweisen ändern. Dann fühlst du dich vielleicht gleich besser. Warum erzählst du mir nicht, was diese Traurigkeit bei dir ausgelöst hat?«

Ich erkannte, dass es Anna nicht leichtfiel, sich zu öffnen. Sie war sehr zurückhaltend, und als der Kellner unser Essen brachte, konnte sie ihr Bekenntnis noch ein paar Momente lang aufschieben. Dann kam es heraus. »Ich bin verliebt.«

»Oh, und warum bist du dann so unglücklich? Liebe ist doch etwas Glückbringendes, Anna, besonders wenn man so jung ist und noch das ganze Leben vor sich hat.«

Aber sie wusste, was nicht stimmte, und begann es zu erklären: »Du verstehst das nicht. Er weiß das nicht. Und ich bin sicher, er will mich auch gar nicht.«

Anna hatte Jeff über Freunde kennengelernt. Es stellte sich heraus, dass sie seit etwa einem Jahr ab und zu miteinander geschlafen hatten. Aber er schien kein besonderes Interesse an ihr zu haben. Eines Abends waren sie beide die Letzten, die eine Party verließen, und beschlossen, sich ein Taxi zu teilen. Als sie bei ihrer Wohnung in der Innenstadt angelangt waren, nutzte Jeff die Gelegenheit zu einer weiteren sexuellen Begegnung. Am nächsten Morgen verließ er sie wie üblich, ohne weitere Pläne für ein Wiedersehen zu machen.

Nach dieser letzten Begegnung war Anna verzweifelt. Sie hatte sich verliebt, und Jeff brach ihr das Herz. Von dem Augenblick an begann die Qual für Anna. Sie begegnete Jeff regelmäßig in ihrem gemeinsamen Freundeskreis, aber er erwähnte ihre letzte gemeinsame Nacht nie mehr und unternahm keinerlei Versuche, sie allein zu sehen. Ich vermutete, dass Jeff Annas veränderte Haltung ihm gegenüber gespürt hatte und keine richtige Beziehung mit ihr anfangen wollte. Es war für ihn besser, sie auf Distanz zu halten.

Anna riss mich aus meinen Gedanken. »Was stimmt nur nicht mit mir? Warum nimmt Jeff mich nicht einmal zur Kenntnis, wenn ich ihn doch so liebe? Warum kann ich nicht glücklich sein? Wann bin ich endlich an der Reihe, auch mal glücklich zu sein?« Das klang wie eine Reihe von Kinderfragen, aber ich sah ihr schmerzverzogenes Gesicht und achtete darauf, dass meine Miene nicht die Entrüstung spiegelte, die ich nun empfand.

DER PREIS VON ZWANGLOSEM SEX

»Anna, du siehst das möglicherweise verkehrt herum. Vielleicht sollte die Frage lauten: Was stimmt mit mir und warum schätze ich nicht alles, was mit mir in Ordnung ist?« Anna war eigentlich noch nicht fähig, derart über sich selbst zu reflektieren, aber ich entschied mich, trotzdem weiterzubohren. »Du lebst in einer Zeit und einer Umgebung, die den kostbaren Sinn von Sexualität und Intimität verloren zu haben scheint, daher ist das nicht eigentlich dein ureigenes Problem, sondern ein gesellschaftliches, das aber starke Auswirkungen auf dich hat. Ich glaube nicht, dass dir dieser Stil des sexuellen Umgangs Spaß macht, aber du scheinst auch nicht zu wissen, wie du dich dem entziehen kannst, wenn alle anderen sich so verhalten. Trifft das irgendwie zu?«

Sie sah mich tränenüberströmt an, wie ein trauriger Engel, und antwortete: »Du hast recht. Ich weiß nicht, wie ich mich anders verhalten könnte, denn so spielt es sich in meinem Freundeskreis eben ab.«

Sie sprach weiter, aber ihre Geschichte wurde nicht besser. Mit jedem Satz, den Anna hervorbrachte, schien sie eine weitere Schicht von bislang uneingestandenem Schmerz aufzudecken. Anna hatte sehr viele sexuelle Begegnungen mit Leuten gehabt, die sie über Facebook, Twitter und generell im Internet kennengelernt hatte. Sie erzählte mir die Geschichte von einem Mann, von dem sie geglaubt hatte, er würde ganz gut zu ihr passen. Ihr gefiel sein Foto, und er schien auch sonst jede Menge gute Seiten aufzuweisen.

Sie traf sich mit ihm, als er zu einem Besuch in die Stadt kam, und sie gingen zusammen essen. Sie war ein wenig enttäuscht verglichen mit dem Bild, das sie sich in Gedanken von ihm gemacht hatte. Er war ein erfolgreicher Mann, und dieser Teil war tatsächlich in Ordnung, aber sie fühlte sich einfach nicht von ihm angezogen. Doch zwei Stunden nach ihrer ersten Begegnung lag sie mit ihm im Bett. Sie fühlte keinerlei Attraktion, hatte aber trotzdem mit ihm geschlafen. Sie bekannte ihre Reue darüber. »Ich wünschte mir bloß, dass er mein Bett verlassen und verschwinden würde.«

Gegen Ende ihrer Geschichte sank mir das Herz. Ich fühlte, wie Traurigkeit sich schwer auf mich herabsenkte. Warum verkaufte sich diese schöne, kluge, junge Frau so billig? Anna sagte, ihre Freunde benähmen sich alle so. Das Anmachen per Telefon galt als ziemlich normal unter den jungen Männern und Frauen in ihrem Bekanntenkreis. Nichts schien mehr heilig und besonders zu sein. Und sicherlich hatten diese Begegnungen nichts Besonderes an sich. Sex war, als würde man eine Tasse Kaffee miteinander trinken, ganz schlicht und einfach. Es war Bestandteil der üblichen Interaktionen zwischen jungen Erwachsenen.

Aber Anna konnte den Gedanken an Jeff nicht loswerden, egal wie viele sexuelle Begegnungen sie seitdem gehabt hatte. Die Leere in ihrem Herzen wollte einfach nicht verschwinden. Eigentlich schien sie größer zu werden. Sie hatte sich in den falschen Mann verliebt und einen kostbaren Teil ihrer selbst sehr rasch und mehrfach mit ihm geteilt. Aber er erwiderte ihre Zuneigung einfach nicht.

DER PROZESS DER VERÄNDERUNG

Ich gab Anna Gelegenheit, einen gewissen Abstand zu gewinnen, indem ich sie fragte, ob sie jetzt darüber weiterreden oder lieber an einem anderen Tag zu mir ins Büro kommen wollte. Ich hatte das Gefühl, dass sie ziemlich aufgebracht war und vermutlich Zeit brauchte, diese Gefühle, die aus ihr herausgebrochen waren, erst einmal zu verarbeiten. Sie reagierte erleichtert: »Ja, weißt du, ich bin völlig fertig. Aber ich komme gerne nächste Woche zu dir ins Büro.«

Als wir uns in der Folgewoche wiedertrafen, war ich zu dem Schluss gekommen, dass Anna als junge Frau intelligent genug war, um zu erkennen, dass sie sich viel ernster nehmen musste als bisher. Wir setzten unser Gespräch fort, und ich erklärte ihr die Situation aus meiner Sicht. Ich verdeutlichte ihr, dass dies nicht mehr oder weniger sei – einfach nur meine Sicht. Man konnte zahlreiche andere Einstellungen dazu haben, aber wenn sie die Dinge aus einer anderen Perspektive sah, konnte sie sich selbst entscheiden, wie sie ihr Leben weiterführen wollte.

»Anna, ich habe lange über unser Gespräch nachgedacht und möchte ein paar Punkte erwähnen. Bitte unterbrich mich, wenn du denkst, dass meine Ansichten zu altmodisch sind, aber meine Position ist diese: Wir sind in erster Linie Menschen und wir passen unser Verhalten unserer Umgebung an. Manchmal ist das nicht so gut, wenn diese Umgebung uns nicht dient.«

Sie nickte zustimmend. »Ich habe auch darüber nachgedacht. Mein Leben funktioniert für mich nicht, und jünger werde ich auch nicht. Ich weiß heute, dass ich eigentlich viel lieber die normalen Dinge tun möchte, mit denen ich groß geworden bin, auch wenn ich mich sehr lange genau dagegen gewehrt habe.«

VIRTUELLES UND ECHTES LEBEN

Ich fuhr fort: »Es gibt so viel Technologie im Leben, besonders im persönlichen Leben von jungen Leuten, dass es scheint, als würde man selbst und die Freunde die Fähigkeit verlieren, körperlich beieinander zu sein, in echter Freundschaft. Eine solche persönliche Freundschaft ist ja auch eine Form von Intimität. Sie nährt die Seele, und wenn man eine solche körperliche Vertrautheit nicht kennt, dann geht man eben zu Facebook und Twitter und besucht all die anderen Foren und stellt sich so dar, wie man eigentlich nicht ist.«

Anna nickte, und ich erkannte, dass sie meinen Gedanken folgte. »Man kann in dieser virtuellen Umgebung so tun, als sei man glücklich und sorglos, auch wenn einem gerade das Herz bricht. Das hat seinen Preis, denn es raubt einem körperlich wie emotional die Energie, am allermeisten aber die seelische Energie.«

Anna sah mich zustimmend an. Dann sagte sie: »Ich hatte keine Ahnung, wie erschöpft ich mich meistens fühle. Es ist für mich wie ein Zwang, ständig diese Foren zu aktualisieren. Alle meine Freunde machen das ebenso, aber ehrlich gesagt, mein Herz ist eigentlich nicht bei der Sache.«

Ich fragte sie, warum sie sich dann die Mühe machte. »Nun, das tun doch alle, und ich werde mich ausgeschlossen fühlen, wenn ich aus dieser virtuellen Welt aussteige. Jeder nimmt da teil, und alles passiert nur da«, beharrte sie.

»Aber genau das ist mein Punkt«, erwiderte ich, »Jeder ist allein, und niemand verbindet sich tatsächlich im echten Sinne mit anderen. Echte Kontakte sind verschwunden. Und wenn man die Verbindung zu anderen auf tiefe, menschliche Weise verliert, dann erklärt das doch sicherlich, warum man sich oft so einsam und isoliert fühlt.«

Wiederum stimmte Anna zu und sagte, dass sie sich genauso fühle.

»Anna, machen wir weiter. Ich frage mich, warum du mit Leuten schläfst, denen du dich nicht verbunden fühlst. Machst du das, um irgendeine Art von Bindung herzustellen?« Auf ihre Antwort war ich nicht vorbereitet:

»Nun, eigentlich habe ich keine Ahnung, warum ich das mache. Das läuft einfach so. Es ist ziemlich normal. Wenn ich das nicht machte, ich meine, wenn ich nicht offen wäre für unverbindlichen Sex, dann würde ich nicht als normal gelten.«

»Mit anderen ins Bett zu gehen, weil die Freunde das auch tun, ist eigentlich kein guter Grund für eine intelligente junge Frau«, sagte ich darauf. »Ich glaube, dass du offen genug bist, um dein Verhalten zu hinterfragen. Wenn man sich irgendwie nicht wohlfühlt, ist der Zeitpunkt gekommen, sich bewusst zu werden, warum man dies tut, um einzuschätzen, ob es wirklich die Sache wert ist. Diese Selbstbefragung führt einen in tiefere Schichten seines Selbst. Daraufhin kann man auch andere Entscheidungen treffen.«

WER HAT WIRKLICH DIE KONTROLLE?

Anna lächelte und senkte den Blick. Sie blieb einen Moment stumm, und ich kannte Anna gut genug, um zu erkennen, dass sie gemerkt hatte, dass diese gespielte Ignoranz bei mir nicht ankam. Dann blickte sie auf und sagte: »Ich kann es kaum glauben, dass ich dies sage, aber ich mache das, um Männer zu kontrollieren.«

Bingo, dachte ich. »Wenn du also mit ihnen schläfst, dann kommen sie zu dir zurück und bleiben im selben Freundeskreis?«, fragte ich. »Und du hast das Gefühl, Herr der Lage zu sein?«

Sie gab dies zu.

Jetzt war ich an der Reihe, eine recht unangenehme Wahrheit auszusprechen. »Aber bei Jeff hat das nicht geklappt?«

»Nein. Das hat mich überrascht, und jetzt kriege ich ihn nicht mehr aus dem Kopf.«

Ich fragte sie, ob das wohl Liebe sei oder nur Enttäuschung, weil er sich ihr entzogen hatte. Ich sah, dass ihr die Frage unangenehm war.

»Das sind sehr schwierige Fragen. Ehrlich gesagt, weiß ich darauf keine Antwort. Ja, die meiste Zeit, wenn ich mit diesen Männern schlafe, fühle ich mich ziemlich abgespalten.«

Ich teilte ihr mit, dass meiner Meinung nach dieses Abgespaltensein eher ein Symptom des Prozesses war, dass sie mit so vielen Männern schlief. »Schließlich würde jeder von einer solchen Erfahrung abgestumpft, denn es hat ja nichts Besonderes an sich. Es ist bloß ein anderer Körper zu einem anderen Zeitpunkt, und damit hat es sich. Der Tanz, der zur Verbundenheit zwischen Männern und Frauen gehört, ist auch nur das: ein Tanz. Ich glaube nicht, dass du das bei deinen Eroberungen jemals empfunden hast, und habe das Gefühl, dass du dich genau danach sehnst.

Wenn du mit Hinz und Kunz ins Bett springst und keiner sich irgendwie um die tieferen Gefühle des anderen kümmert, dann enden wohl beide Partner damit, sich leer und einsam zu fühlen.«

Wieder reagierte sie mit einem stummen Nicken.

UNSERE INNEREN STRUKTUREN SIND UNTERSCHIEDLICH

»Anna, ich glaube, Männer und Frauen sind in jeder Hinsicht gleichberechtigt, aber sie sind auch unterschiedlich in ihrer Struktur, was sie stark voneinander unterscheidet. Und wenn wir unterschiedlich sind, dann folgt daraus, dass wir unterschiedliche Bedürfnisse erfüllen müssen, um im Leben Zufriedenheit zu erlangen«, erklärte ich. »Wenn du in einem weiblichen Körper steckst und den weiblichen Aspekt in dir schätzt und dein weibliches Selbst respektierst, dann bist du für den anderen, besonders für Männer, in einer empfänglichen Position, damit sie dich als Person ebenfalls respektieren.«

Ich fuhr fort, dass das Jagen und Erobern ein normaler Bestandteil der männlichen Natur ist. Männer brauchen ein deutliches Nein von einer Frau, damit starke Grenzen gezogen werden, besonders wenn sie sich danebenbenehmen. Dieser Prozess schafft einen Raum der Sicherheit und der Zufriedenheit für ihre Maskulinität. Es ist außerdem für Männer natürlich, die Frau glücklich und zufrieden machen zu wollen. Wenn das nicht passiert, werden Männer oft unglücklich und neigen eher dazu, die Frau nicht zu respektieren. Die Folge ist, dass die Frauen in ihrem Leben sehr unglücklich werden.

Anna schien mir zu folgen, obwohl dies offensichtlich eine völlig neue Sichtweise für sie war.

»Nach allem, was du mir erzählt hast, ist dieses Verhalten in den heutigen Kreisen nicht angesagt«, fuhr ich fort. »Junge Frauen machen junge Männer an, und die Männer fühlen sich frei, zu tun, was sie wollen, weil man ihnen das erlaubt. Niemand setzte ihnen aufgrund von schlechtem Benehmen feste Grenzen.

Und wir können dieses Benehmen nicht einmal schlecht nennen, denn es scheint, dass die Frauen sich auf ihre Weise ebenso verhalten. Wer sind also diese Männer und Frauen? Es scheint hier überhaupt keine deutlichen Trennlinien mehr zu geben.«

Anna verarbeitete schweigend diese neuen Gedanken. Dann fragte sie, was sie denn als Nächstes tun könne, und ich schlug ihr vor, sich aufs Neue mit ihrer weiblichen Energie zu verbinden. »Du scheinst nicht zu spüren, wie du dich fühlst und was du brauchst, damit du glücklich und zufrieden bist. Stimmt das?«

Sie gestand dies ein und sah dabei sehr unglücklich aus. Sie sagte auch, dass ihr dieses Gefühl überhaupt nicht gefiel.

MIT SCHLECHTEN GEWOHNHEITEN ZU BRECHEN IST NICHT LEICHT

Ich versuchte, einen Schritt weiterzugehen. »Die Frage lautet also: Wie würdest du dich bei deinen Freunden fühlen, wenn du dieses Verhalten einfach nicht mehr mitmachst?«

Anna versuchte, ehrlich zu antworten, hatte aber damit Mühe, denn sie wusste, wie viel auf dem Spiel stand, wenn sie zustimmte, ihr Verhalten zu ändern. »Mein Leben ist so seit meiner Teenagerzeit«, sagte sie. »Auf der Uni eskalierte es, und jetzt sitze ich hier mit fünfundzwanzig und dem Gefühl, dass ich keine Ahnung von Beziehungen habe. Ich habe nicht einmal eine! Ich muss mich ändern, denn ich will etwas Besseres.«

Sehr mutig, Anna! Wir besprachen einen kleinen Aktionsplan, der nicht zu anstrengend war, und sie schien dankbar zu sein, weil sie einen Weg vor sich sah. Ich schlug ihr vor, eine Bestandsaufnahme von ihren bisherigen Begegnungen mit Männern zu machen und von ihrem Leben mit ihren Freunden. Wenn sie die einzelnen Elemente identifizierte, konnte sie besser bestimmen, an welchen sie echte Freude hatte, um diejenigen zu vermeiden, auf die das nicht zutraf und die sie nur unter dem Druck der Gemeinschaft ausübte – Verhaltensweisen, die sie eigentlich gedankenlos übernommen hatte.

Anna gab bereitwillig die sexuellen Begegnungen mit Männern auf, an denen sie nicht interessiert war. Das bedeutete so ziemlich das Ende für unverbindlichen Sex. Anna nahm sich vor, ihr Leben neu zu ordnen. Bald schon fühlte sie sich besser. Sie setzte sich selbst Grenzen und spürte bald auch wieder ihre weibliche Energie. Plötzlich verspürte sie nicht mehr das Bedürfnis, anderen Leuten einfach so zur Verfügung zu stehen.

Dann arbeiteten wir an ihrem Problem mit Kontrolle. Meiner Erfahrung nach scheinen alle männlich orientierten Frauen damit zu ringen. Über einige Wochen blieben Anna und ich per Telefon und E-Mail miteinander in Verbindung. Sie war eine sehr gewissenhafte junge Frau. Ihre maskuline Energie war gut ausgeprägt, daher hatte sie Spaß an diesem Projekt und fühlte sich stark verpflichtet.

DIE VERPFLICHTUNG AN DEN ÄNDERUNGSPROZESS

Innerhalb von wenigen Wochen war die Veränderung in ihrer ganzen Haltung offensichtlich. Ihre Mutter erzählte mir, dass Anna viel kommunikativer geworden sei. Sie hatten sogar Spaß bei einem gemeinsamen Einkaufsbummel gehabt. Ihre Mutter hatte das Gefühl, Anna sei nach vielen Jahren endlich wieder sie selbst. Sie war fröhlicher geworden. *Fröhlich* ist vielleicht ein altmodisches Wort aus einer Welt, in der man den ganz normalen Überschwang junger Leute so beschreibt. Heute ist das kein Wort mehr, das man selbstverständlich benutzen könnte.

Nach etwa drei Monaten lud Anna mich zum Mittagessen ein, damit wir uns wieder einmal austauschen konnten. Sie schlug ein nettes kleines Café im Botanischen Garten vor. Das fand ich ziemlich aufschlussreich. Sie fühlte sich wohl in einer natürlichen Umgebung. Der weibliche Aspekt liebt die Natur.

»Anna, wie gut du aussiehst!«, rief ich aus, als ich sie sah, und sie erwiderte sehr glücklich, dass es ihr auch sehr gut gehe.

»Ich habe jetzt viel mehr Energie und habe einen Zeichenkurs belegt. Ich wollte immer schon zeichnen, aber ich bin nicht sehr gut. Daher habe ich beschlossen, neue Techniken dazuzulernen. Ich finde das so entspannend und wenn ich mich hinsetze und eine Zeichnung zu Papier bringe, fühle ich mich ausgesprochen wohl.«

Ich war begeistert, dass sie eine Ausdrucksweise für ihre kreative Energie gefunden hatte. »Anna, das ist fantastisch! Ist dir bewusst, dass du ganz spontan einen Weg gefunden hast, dich mit deinem weiblichen Selbst zu verbinden? Genau das rate ich immer allen. Wenn du dich wirklich mit deinem weiblichen Selbst verbindest, findest du auch einen Weg zu dem vernachlässigten Teil von dir, der du wirklich bist. Und dein Weg zu dieser Authentizität ist das Zeichnen.«

Sie erzählte mir sehr lebhaft von ihrem neuen Hobby. Außerdem hatte sie sich einer Wandergruppe angeschlossen und unternahm einmal im Monat eine längere Tour. Diese Aktivitäten hatten die perfekte Brücke gebildet von der Einsamkeit des zwanglosen Sex zur Freude und dem Frieden, die man empfindet, wenn man sich wieder mit seinem weiblichen Selbst verbindet.

BESTANDSAUFNAHME UND ÄNDERUNGEN

Anna berichtete weiter über ihre Fortschritte. Sie war nicht mehr so oft online und hatte sich bei verschiedenen Websites abgemeldet. Sie hatte kaum noch Zeit dazu, denn sie setzte ihre Energie lieber für ihre sich entwickelnde Karriere und die neuen Freizeitbeschäftigungen ein. Sie wollte einfach öfter zeichnen und sich in der realen Welt mit ihren Freunden treffen.

Sie hatte festgestellt, dass es viel mehr Zeit in Anspruch nahm, ihre Freunde tatsächlich zu treffen, und hatte keine Zeit mehr für die Hunderte von virtuellen Freunden. Die echten Freunde hatte sie auf einen inneren Kreis von vier reduziert. Sie hatten abgemacht, sich wöchentlich zum Essen zu treffen. Ihre Freundinnen interessierten sich sehr für Annas neue Lebensweise. Anna berichtete, dass auch sie nun ihr Leben unter die Lupe nahmen und sich befreit fühlten von dem Druck, unter dem sie sich zuvor gefühlt hatten.

Es war wunderbar zu sehen, dass Anna mitten im wirklichen Leben stand. »Anna, das ist ein erstaunlicher Prozess, und ich bin voller Bewunderung, wie viel du in kurzer Zeit erreicht hast. Ist dir bei dieser Einschätzung deines Lebens und den vorgenommenen Veränderungen noch etwas anderes aufgefallen?«

Sie lächelte mich an und antwortete beinahe schüchtern: »Ich habe erkannt, dass ich einfach geliebt werden möchte, und ich möchte selbst fähig sein, jemanden zu lieben.«

Was für ein Aha-Erlebnis! Sie war da auf ein grundlegendes Bedürfnis gestoßen, dessen Erfüllung sie glücklich machen würde – und zwar in kürzester Zeit! Ich war voller Bewunderung für diese junge Frau.

»Anna, um geliebt zu werden, muss man liebenswert sein, und das bist du bereits. Du hast nur mehrere Jahre damit zugebracht, dein wahres Ich mit einem Verhalten zu verdecken, das die Umgebung dir aufzwang«, sagte ich. »Du bist immer liebenswert gewesen, aber dein früheres Verhalten hat anderen immer die falsche Botschaft vermittelt. Dein wahres Selbst war hinter all diesen unechten Aktivitäten verborgen.«

Lachend stimmte sie zu. »Ich fühle mich ganz anders, denn ich lebe mein Leben jetzt so, wie es für mich gut ist. Ich habe kein Bedürfnis mehr, mit meinen Freunden zu konkurrieren, und mir ist aufgefallen, dass ich ihre Anerkennung auch nicht mehr so brauche.«

EIN KLAR DEFINIERTES LEBEN

Ich staunte immer noch, was ein paar Unterhaltungen bei dieser klugen jungen Person bewirkt hatten. »Anna, du hast ja keine Ahnung, was du alles erreicht hast! Du hast dir etwas vorgenommen und geschafft, was manche Leute selbst mit fünfzig noch nicht erreicht haben, und du bist erst fünfundzwanzig! Wenn du nicht die Anerkennung von anderen brauchst, bist du frei, dein

Leben so zu leben, wie es gut für dich ist, mit deiner ganz eigenen Integrität, nur für dich allein.«

Sehr gut, Anna!

Anna erklärte mir eine Methode, die bei ihr gut geklappt hatte und die sie weiterhin praktizierte. »Ich stellte eine Liste von Dingen auf, die ich erreichen wollte und die zu dem Leben passten, das ich gerne führen wollte. Das Aufschreiben half mir, denn meine Chancen, alles zu erreichen, stehen jetzt viel besser.«

Gegen Ende unseres Treffens fragte Anna mich, wie sie ihren Weg weiter verfolgen könne. Ich antwortete, sie sei bereits so erfolgreich dabei, weil sie ihr weibliches Selbst schätzte, wo alles seinen Ausgang nahm. Ihre männliche Seite würde die Richtung einschlagen, die sie ihr durch ihre weibliche Energie aufzeigte. Ich riet ihr, weiterhin die entscheidenden Unterschiede zwischen Männern und Frauen zu beachten.

»Wenn du willst, dass ein Mann dich liebt, und wenn er dich als die schöne kluge Frau schätzt, die du bist, dann musst du dich selbst schätzen und respektieren, und das machst du schon ganz wunderbar«, sagte ich. »Dieser Prozess wird dann wie ein wohl definierter Muskel. Je mehr du ihn trainierst, umso besser kannst du dein weibliches Selbst spüren, bis es wieder ganz normal wird, zu sein, wer du bist. Du brauchst dann nicht mehr bewusst auf dein Verhalten zu achten. Respektiere dich selbst, und du wirst überrascht feststellen, wie viel Respekt dir von den Männern dieser Welt entgegengebracht wird.«

Dann verabschiedeten wir uns voneinander, und ich wusste sicher, dass Anna unterwegs zu einem neuen Leben war. Das war eine viel versprechende Aussicht, und ich hoffte, sie würde Glück und Zufriedenheit in allen Bereichen finden: zu Hause, bei der Arbeit, im Freundeskreis und in sich selbst.

Ich glaube, dass Zufriedenheit im Beruf ebenfalls stark zu unserem generellen Wohlbefinden beiträgt. Unser nächstes Forschungsthema bringt uns zurück zu den verschiedenen Archetypen und wie sie sich am Arbeitsplatz verhalten. Auf diese Weise finden Sie heraus, wen Sie im Büro am besten meiden und wie Sie mit den tatsächlichen Gegebenheiten umgehen, während Sie auf Ihrem gewählten beruflichen Weg voranschreiten.

KAPITEL 17

Der Arbeitsplatz – ein Haifischbecken?

SIE SAGT: »ICH HABE DIR DOCH GESAGT, DASS DU MIR NICHT IM WEG STEHEN SOLLST!«
ER SAGT: »NA, DEN FEHLER MACHE ICH NICHT NOCH EINMAL!«

IM CHAOS EINES BETRIEBS

Im Laufe der Zeit war mir aufgefallen, dass nicht alle männlich orientierten Frauen gleich sind. Nein, eigentlich hatten sie nur ihre Maskulinität gemeinsam. Allmählich begriff ich diesen Frauentyp immer besser, was es für mich leichter machte, ihnen zu helfen. Zu einem Zeitpunkt arbeitete ich auch mit mehreren größeren Organisationen, die fortwährend Probleme mit diesem Frauentyp hatten.

Die Chefs auf der oberen Etage wurden immer öfter mit ernsthaften Problemen konfrontiert, die zwischen höheren weiblichen Angestellten und ihren Kollegen entstanden. Diese Managerinnen in gehobenen Positionen, die ich beraten sollte, waren oft sehr unfreundlich, konkurrenzbetont und sogar ausgesprochen subversiv im Umgang mit den anderen Frauen am Arbeitsplatz. Das war für die Firmen sehr unangenehm, denn viele fähige, aber weniger konkurrenzbetonte Frauen litten unter diesen Bedingungen, und wenn sie die Tyrannei und die schlechte Behandlung durch ihre Vorgesetzten oder Kolleginnen nicht länger aushalten konnten, dann kündigten sie.

Der Verlust dieser kopmpetenten Frauen schadete der Firma, aber das Management erkannte nicht genau, was sich eigentlich abspielte. Einige Unternehmen, in denen man vermutete, dass eine Frau in höherer Position ernsthafte Konflikte verursachte, zogen mich hinzu, um die Situation durch Coaching vielleicht zu verbessern. Wenn ich für eine Organisation arbeite, besuche ich die Klientin oft am Arbeitsplatz. Ich kann mich noch an den Tag erinnern, als ich eine Direktorin namens Melanie kennenlernte. Dieses Treffen und viele andere ähnelten sich auf unheimliche Weise sehr stark, sodass ich ständig vor einem Déjà-vu stand. Mein Erlebnis mit Melanie ist ein gutes Beispiel dafür, wie der Prozess des Kennenlernens gewöhnlich verlief.

Ich erschien zu meinen Terminen immer ziemlich früh, und so wartete ich in dem eindrucksvollen Foyer dieses großen Unternehmens, indem ich ein paarmal auf und ab spazierte. Dabei fühlte ich mich von der Höhe der Marmorsäulen erdrückt und traurig, weil der Marmorboden so hart und unnachgiebig war. Die Welt der Angestellten in großen Firmen wird oft mit Großartigkeit umkleidet, ist aber von enormer Kälte durchdrungen. Das wirkt wie eine Mahnung daran, dass sie ja tagsüber Gefangene von etwas sind, das viel größer ist als sie. Dieses Ding, die Organisation, kontrolliert das Berufsleben und gönnt einem oft nur wenig Spielraum, sich auszudrücken.

Meine Gedanken beim Warten verliefen stets gleich: Wenn man als Angestellte oder Chefin keine Ahnung hatte, was innerlich in einem ablief, dann würde man ständig den Kontrollmechanismen der Firma ausgesetzt sein. Diese Gedanken führten mich zu einer schrecklichen Entdeckung: Der Frauentyp, den ich coachen würde, eine archetypische *Andro-Frau*, kontrollierte auf diabolische Weise die Menschen in ihrer Umgebung, während sie gleichzeitig versuchte, Kontrolle über das eigene Leben zu gewinnen.

KENNZEICHEN DER TYPISCHEN KARRIERE-ANDRO-FRAU

Wenn ich also in einem dieser Foyers wartete, öffneten und schlossen sich ständig die Aufzugtüren und spuckten Menschen wie Ameisen aus einem gigantischen Maul aus, als habe jemand ihren Bau gestört. Diese Menschen sahen in ihrer Bürokleidung allesamt gleich aus, aber ich würde meine Klientin ausmachen – lange ehe sie mich erkannte. Wir waren uns zwar noch nie begegnet, aber ich wusste instinktiv, wer sie war.

Ich war ziemlich sicher, dass es die hochgewachsene, schlanke Frau war, die ganz leicht übertrieben gekleidet war. Ihr Rock war ein kleines bisschen zu kurz und zu eng, die Absätze ein kleines bisschen zu hoch. Sie wirkte ebens makellos wie statuenhaft. Melanie entsprach dem Stereotyp, der mir schon so oft begegnet war. Sie entsprach ihm sogar haargenau. Ich wusste, dass man sie gewarnt hatte, dass ich ziemlich konfrontierend sein konnte, daher würde sie sich keine Blöße geben. Ich wartete mit meiner Begrüßung, damit sie sich sammeln konnte, erwartete aber eigentlich nicht, dass ihr das gelingen würde. Die *Andro-Frau* ist immer in Alarmbereitschaft, und so schossen Melanies Blicke auch kurz in alle Richtungen, ehe sie den Kopf senkte, um ihr Handy zu checken. Sogleich begann sie, eine Nachricht zu löschen und nachzusehen, ob auf andere reagiert werden musste.

Ich wusste, wie unwohl sich diese Frau fühlte, wenn sie einfach nur warten musste. Inzwischen war ich sicher, dass es sich um meine Klientin handelte, ging auf sie zu, begrüßte sie herzlich und stellte mich vor. Wieder fühlte ich mich sehr klein, diesmal aufgrund von Melanies Größe wegen ihrer Absätze. Sie war so typisch für das, was ich inzwischen als *Andro-Frau* bezeichnete. Alle Andro-*Frauen* weisen die gleichen Kennzeichen auf. Sie sind ehrgeizig und ziemlich furchtlos in ihrem Machthunger. Melanie war eine weitere in einer langen Reihe von *Andro-Frauen*, die zum Coaching zu mir gekommen waren. Dieser Kliententyp ist ziemlich berechenbar. Doch mein Interesse war geweckt, als mir auffiel, dass es abgesehen von diesen zähen Mädels noch andere männlich orientierte Frauen am Arbeitsplatz gibt.

HARTER EINSATZ ZUM ALLGEMEINEN NUTZEN

Dieser andere Frauentyp war unendlich viel freundlicher und nur halb so ehrgeizig. Macht war für sie nicht so wichtig, denn ihr Hauptziel war, dass die Arbeit anständig erledigt wurde. Sie war ziemlich männlich, hatte aber eine andere Seite, die ich sehr angenehm fand: Ihr war wirklich am Wohlergehen anderer gelegen. Ich erkannte, dass bei diesem Archetyp, den ich die *Gutmütige* nannte, die maskuline Seite zwar verstärkt ausgeprägt, aber ihre weibliche Seite immer noch erkennbar war. Mir gefiel dieser Frauentyp, aber sie schien in Gefahr zu sein. *Gutmütige* sind die Arbeitsbienen eines Unternehmens, und eine Firma kann es sich nicht leisten, genau diese kompetenten Seelen zu verlieren. Ich entwickelte daher ein Programm, das sich mit den Problemen der *Gutmütigen* bei der Arbeit befasste, was gut funktionierte. Ich fand einen Weg für diese Frau, ihren Beitrag für die Gesellschaft besser zu schätzen, aber dabei auch ein paar Pluspunkte für sich selbst zu gewinnen. Hauptvorteile für sie dabei waren weniger Stress und die Wiederherstellung ihrer Gesundheit.

ARCHETYPEN IN DER ARBEITSWELT

Ich glaube, das weibliche Wesen unserer Spezies hat im Laufe der Jahrhunderte so viel Unterdrückung erlebt, dass es scheint, als würde ein Virus im kollektiven weiblichen Hirn rufen: »Jetzt bin ich an der Reihe, an der Spitze zu stehen!« Viele männlich orientierte Frauen sehnen sich nach dem Gefühl von männlicher Macht, das man traditionell nur erlangen konnte, wenn man in einem Männerkörper geboren war.

Es ist, als hätten sich sämtliche Facetten von unterdrückender Macht, die in vergangenen Zeitaltern ausgeübt wurde, im kollektiven Bewusstsein der Frauen gesammelt. Und als hätten auf ein

Signal hin alle befunden, dieses Unrecht müsse nun in jeder Hinsicht wiedergutgemacht werden. Indem diese Machtunterschiede ausgeglichen werden, teilen Frauen schreckliches Unrecht an Männer aus. Dies gilt besonders für jene am jeweils oberen Ende des Spektrums. Die Schlacht zwischen den Geschlechtern tobt weiter, denn einige der *Extrem Weiblichen* Männer akzeptieren oder respektieren Frauen überhaupt nicht mehr, besonders nicht die neue Art der maskulinen Frau.

Es gibt aber auch Gutes zu berichten. Beim *Sensiblen Mann* und der *Gutmütigen* erleben wir eine aufregende Entwicklung. Diese Typen haben die Fähigkeit, Macht positiv zu nutzen. Sie können andere fördern und sich anständig verhalten. Sie haben aufgrund ihrer inneren Geschlechterbalance die Fähigkeit, genug persönliche Macht in sich zu spüren. Daher brauchen sie andere nicht zu beherrschen. Sie fühlen sich von der Macht anderer nicht bedroht. Interessant ist, dass der *Sensible Mann* und die *Gutmütige* oft in leitende Positionen aufsteigen, auch wenn sie nicht direkt danach streben. Ihre Empathie und ihre Integrität bringen sie oft in eine leitende Rolle, obwohl sie zögern, diese einzunehmen.

Aber dieses Szenarium trifft nicht auf alle Männer und Frauen zu. Der *Pseudo-Maskuline* und die *Andro-Frau* sind zwei Archetypen, die im Berufsleben eine ausgesprochen toxische Wirkung entfalten, denn sie haben einen stark ausgeprägten Machthunger. Für diese Typen ist Macht wie eine Droge. Sie werden danach süchtig, weil ihnen für die eigene persönliche Macht eine solide Grundlage fehlt. Sie tun alles, um an der Macht zu bleiben und um mehr zu erlangen. Korruption und Tyrannei sind oft die gewählten Drogen, um diese Machtsucht zu befriedigen. Kein Teil ihres Lebens bleibt von dieser Besessenheit verschont.

Für den *Pseudo-Maskulinen* und die *Andro-Frau* beruht diese gnadenlose Sucht nach Macht auf ihrem niedrigen Selbstwertgefühl. Sie halten nicht viel von sich und haben auch eine tief sitzende Furcht, dass andere das herausfinden könnten. Diese unheilvolle Kombination treibt sie an, nach immer mehr Macht zu streben, denn sie glauben, dass die Chancen, dass jemand ihre Täuschung entdeckt, umso geringer werden, je höher sie aufsteigen. Aber Sie haben es schon erkannt: Keine noch so große Macht kann ihr unersättliches Bedürfnis stillen, damit sie mit sich selbst im Reinen sind. Sie leben mit einer inneren Qual, die oft die Oberhand gewinnt und bewirkt, dass sie jedem übel mitspielen, der sich ihnen in den Weg stellt.

ANDRO-FRAUEN AM ARBEITSPLATZ

Die meisten *Tugendhaften Andro-Frauen* sind sich ihrer Verantwortung bewusst, wenn sie als Führungskräfte Entscheidugen treffen. Dieser Typ Frau fühlt sich mit Macht und deren Konsequenzen wohl. Sie ist vertrauenswürdig, und wenn die Axt fallen muss, dann legt sie oft selbst den Kopf auf den Block. Sie trifft aufgrund ihrer Fähigkeiten kluge Entscheidungen und vertritt sie auch. Ihre Entscheidungen werden nicht von einem Komitee gefällt. Das ist eher der Weg, den ihre feige Schwester, die *Tückische Andro-Frau*, einschlägt.

Es ist die Tückische Schwester, die gleich nach Eintritt in eine Firma ihr Machtstreben mit der Geduld und der Präzision eines Urwesens beginnt, das sich auf eine höhere Evolutionsebene entwickelt. Sie kann abwarten, denn sie hat ihr Ziel fest im Blick und weiß genau, wie sie ihre tückischen Pläne ausführen wird. Sie ist immer als Erste zur Stelle, diese Tückische Schwester, um sich selbst zu schützen, und sie entschärft alle Mechanismen, die die Firma eingerichtet hat, um jene zu entlarven, die nicht in die Firmenkultur passen. Eine solche Organisationskultur wird manchmal bewusst aufgestellt, oder sie entwickelt sich organisch mit dem Unternehmen. Wie auch immer, eine Störung in der Unternehmenskultur kann die glatten Abläufe der Firma stören, und die meisten Betriebe trennen sich von Mitarbeitern, die nicht in ihr Konzept passen.

Die *Tückische Andro-Frau* umgeht diese Prozeduren, indem sie alle Regeln der Firma befolgt. Nur sehr selten wird sie die

Organisation kritisieren, bis sie sich fest und sicher an der Spitze eingenistet hat. Diese Konformität ist Bestandteil ihres komplexen Täuschungsmanövers, das wie ein Schleier ihre wahren Absichten verhüllt. Sie drückt nur wenige konträre Meinungen aus, die vielleicht die kulturellen Aufspürmechanismen in der Firma in Alarmbereitschaft versetzen würden.

Die *Tückische Andro-Frau* freundet sich mit den Schlüsselpersonen in Machtpositionen in der Firma an. Ihr Hauptziel ist letztendlich derjenige, der das Ganze leitet. Wenn es sich hierbei um einen weiblich ausgerichteten Mann handelt, weiß sie sofort, was zu tun ist. Die endgültige Schlacht wird nicht mit ihm ausgetragen, sondern mit allen anderen, die ähnliche Ambitionen wie sie hegen. Wenn darunter andere Frauen sind, kämpft sie gnadenlos, bis sie sie aus dem Weg geräumt hat. Wenn es ein Mann ist, spielt sie alle möglichen Spiele, um schließlich vorn zu liegen.

DIE NÄCHSTEN SCHRITTE BERECHNEN

Alle Aktionen der *Tückischen Andro-Frau* sind berechnend, jeder Schritt, den sie tut, jede Konferenz, an der sie teilnimmt – es geht immer nur ausschließlich um sie und ihre Ziele. Sie vertritt nur selten eine feste Meinung, daher kann sie sich wie eine Wetterfahne drehen und wenden. Tag für Tag bewegt sie sich im Fluss der anderen, aber sie schlägt keine Wellen, bis sie sich im Unternehmen sehr, sehr sicher fühlt.

Diese Frau kann haargenau bestimmen, an welche Rockschöße sie sich am besten klammert. Diese Entscheidungen trifft sie schon sehr früh und berechnet von da an ihre Schritte bis an die Spitze. In Wirklichkeit braucht sie aber mehrere Rockschöße auf dem Weg zum Hauptgewinn. Momentan sehen wir in den Medien dafür echte Beweise. Diese Frau – und das gilt für alle Frauen, von der Putzfrau, die Macht über ihre Kolleginnen gewinnen will, bis zur Chefin in einer Firma – kümmert sich nur wenig um die Legalität ihrer Aktionen. Solange sie dabei nicht erwischt wird, kennt sie keine Bedenken. Wir reden hier von jemandem am obersten Ende des Spektrums. Der einzige Unterschied besteht in der Umgebung.

Ihrer freundlicheren und sanfteren Schwester, der *Tugendhaften Andro-Frau*, geht es darum, stets das *Richtige* zu tun, um ihre Ziele zu erreichen. Diese Ziele haben in der Regel mit verbesserten Bedingungen anderer zu tun. Die *Tückische Andro-Frau* konzentriert sich hingegen darauf, es *recht* zu machen, um die Blicke anderer abzulenken, die sie vielleicht beobachten. Dies ist zwar nur ein kleiner Unterschied, aber der Gegensatz in den Auswirkungen ihrer Handlungen ist bemerkenswert.

Sobald die *Tückische Andro-Frau* in einer Firma fest im Sattel sitzt und über die nötige Macht verfügt, geht daraufhin im Extremfall die Firma zugrunde. Ihre Prozesse wirken wie ein Krebs. Sie bleiben unentdeckt und fressen sich heimlich durch das Gesamtgefüge der Organisation. Jede Aktion raubt dem Wirt etwas – in diesem Fall der Firma oder dem Land, falls sie es geschafft hat, bis an die Spitze politischer Kontrolle zu gelangen. Langsam, aber sicher fällt alles auseinander. Eine üble Praktik folgt der anderen, denn es gibt keine Sicherheitsvorkehrungen oder Kontrollmechanismen mehr, wenn sie ganz oben steht. Der Fisch stinkt immer vom Kopf her. Sehr bald gerät die Firma, das Land oder das Familienleben ins Schlingern.

Die Angestellten in ihrer Umgebung bemerken bald die fehlerhaften Praktiken, aber fühlen sich nicht mehr berechtigt, etwas dagegen zu sagen oder zu tun. Gewöhnlich sorgen sie sich um ihr Einkommen, und viele schlagen den Weg des geringsten Widerstands ein. Sie wissen zudem, dass diese Frau gnadenlos ist, und wenn sie die Stimme gegen sie erheben, riskieren sie ihre Entlassung. Die *Tückische Andro-Frau* spricht vielleicht nicht viel, aber ihre Bedrohlichkeit wird gespürt, und nur wenige wagen es, sie herauszufordern.

Und hier liegt das Problem – und potenziell vielleicht auch die Lösung. Nur wenige Menschen erkennen, dass die durchschnittliche *Andro-Frau* sehr ängstlich ist und dass ein Großteil ihres Draufgängertums nur ein Deckmantel ist, um ihre Angst zu verbergen. Unter diesem Deckmantel steckt eigentlich eine sehr kleine Person, die sich siegreich fühlt, weil sie so viele Leute zum Narren gehalten hat. Die Lösung für Sie als Kollegin ist, aufrichtig zu sein und sie furchtlos zu konfrontieren. Häufig wird sie sich dann zurückziehen, um ihre Energien für einen weiteren Kampf zu sammeln. Das ist dann das nächste Problem. Wenn es ihr gelingt, sich zu reorganisieren, muss man bereit sein, sich ihr wieder tapfer in den Weg zu stellen. Sie können dabei Ihre Stelle verlieren, ja, aber die Arbeit unter ihr ist ja ohnehin ein Albtraum. Wenn sich genügend Kollegen tapfer gegen sie stellen, können sie auch gewinnen. Ich habe das erlebt – zwar nicht oft, aber immerhin einige Male.

DIE *GUTMÜTIGE* AM ARBEITSPLATZ

Als Erstes sollten wir uns im Zusammenhang mit der *Gutmütigen* in Erinnerung rufen, dass ein Merkmal sie von den anderen eher maskulinen Schwestern unterscheidet. Die *Gutmütige* hat nicht die Fähigkeit verloren, zwischen ihren männlichen und weiblichen Aspekten zu pendeln. Beide Essenzen sind gewöhnlich in guter Verfassung, aber nicht perfekt, daher besteht bei ihr immer noch die Gefahr, dass sich ihre Polarität zur einen oder anderen Seite verschiebt – ob zur maskulinen oder femininen, das hängt von ihrer engsten Umgebung ab.

Stellen Sie sich also vor, Sie nehmen an einem Meeting in Ihrer Firma teil, und natürlich ist auch mindestens eine *Gutmütige* dabei. Was passiert wohl, wenn die unangenehmen und schwierigen Aufgaben verteilt werden? Was werden Sie tun? Ich wette, Sie lassen die Hände brav im Schoß, bis die *Gutmütige* den Arm hebt und sich für diese unangenehmen Aufgaben meldet.

Wenn eine *Gutmütige* anwesend ist, spürt man sofort die Energie einer aktiven Frau, und das liefert allen anderen die Rechtfertigung, nicht mehr als unbedingt notwendig zu übernehmen. Man weiß ja, dass sie alles erledigen und sich um die Extraarbeit ebenfalls kümmern wird. Sie spüren das in ihr und regieren darauf, indem Sie sich drücken, auch wenn Sie diese Dinge selbst locker erledigen könnten. Man muss allerdings gerechterweise anmerken, dass sie, selbst wenn Sie versuchten, ihr zu helfen, es vermutlich nicht zulassen würde.

Denken Sie daran, dass die *Gutmütige* weder faul noch machthungrig ist. Ihre Motivation besteht darin, Dinge zu erledigen, und ihre Belohnung ist die innere Befriedigung, gebraucht zu werden und etwas gut zu machen. Sie braucht keine äußere Macht, daher ist sie fantastisch dazu geeignet, im Hintergrund zu arbeiten, als verborgene Triebfeder einer Organisation. Sie ist nicht der Typ, der sich ständig aufspielt, Lob sucht und von allen bewundert werden muss.

Sie ist eine ausgezeichnete Partnerin für einen Karrieretyp. Oft ist sie die mächtige Person im Hintergrund, ob in der Ehe oder einem Unternehmen. Auch wenn sie selbst eine Machtposition innehält, und das kommt häufig vor, dann erledigt sie immer noch alles ohne größeres Vertun und Unterbrechungen. Sie fördert andere, die ihre Arbeit ebenfalls erledigen können. Ihre Befriedigung rührt von jenen her, denen sie hilft, und jenen, für die sie arbeitet: Ihre Belohnung ist, dass es allen gut geht.

Neben ihrer gut ausgeprägten männlichen Seite ist auch die weibliche Seite der *Gutmütigen* mit Fähigkeiten, Probleme zu lösen und Neuerungen einzuführen, noch relativ gut ausgeprägt. Sie ist allerdings weniger eine Schöpferin, sondern vielmehr eine Erneuererin, denn die weibliche kreative Seite wird nicht oft benutzt. Sie setzt sich stark ein, um Lösungen für Probleme zu finden, die andere verursacht haben.

Ihre Schwäche ist aber nicht ihr weiblicher Aspekt. Vielmehr ist es ihr männlicher Aspekt, der sie ziemlich im Stich lassen kann. Sie neigt dazu, ihre männliche Seite zu stark einzusetzen, und das führt zu einem negativen Einsatz von Maskulinität. Falls sie ihrer weiblichen Seite erlaubt, die maskuline zu unterstützen und zu steuern, kann sie den Willen ihres maskulinen Aspekts ohne negative Folgen in den Vordergrund stellen. Dann befindet sie sich in einer viel besseren Position, um die Kontrolle über ihr Leben zu übernehmen. Sie kann sich dann auf das eigene Glück konzentrieren, statt sich ständig abzurackern, damit alle anderen glücklich werden.

DIE *FAUX-FRAU* MAG NICHT ARBEITEN

Die Faux-Frau wünscht sich ein schönes Leben, ohne dafür arbeiten zu müssen. Sie genießt die vom Partner abstrahlende Macht und sieht sich durch ihn als bedeutsam. Ihre eigene weibliche Seite ist gelähmt, daher ist die weibliche Rolle, die sie der Welt präsentiert, nur Schein. Es ist eine Maske, hinter der sie ihre wahre Polarität verstecken kann, denn diese ist eindeutig maskulin.

Die *Faux-Frau* hat die Fallen erkannt, in die die *Gutmütigen* und *Andros* ständig hineinstolpern, und nicht die geringste Absicht, in deren Fußstapfen zu folgen. Diese Frau hat es immer schon vermocht, alle in ihrer Umgebung zu steuern, damit letztendlich sie sämtliche Macht innehat. Dieses System klappt für sie, und sie wird sich auf absehbare Zeit nicht ändern. Das Gerede, dass Frauen heute alles sein können, was sie wollen, lässt sie ziemlich kalt. Sie will ja gar nichts Besonderes sein. Sie hat keinerlei Ehrgeiz für sich selbst. Ihr Ehrgeiz ist, jemanden zu finden, der das Geld verdient und sie aushält. Für sie ist Feminismus fast ein Schimpfwort. Sie hat es ja immer schon verstanden, das System für sich arbeiten zu lassen.

Die *Pantherfrau* ist ähnlich gestrickt wie die *Faux-Frau*, weil auch sie eigentlich überhaupt nicht arbeiten will. Die traditionelle Pantherfrau ist älter. Oft ist sie geschieden, und wenn sie zudem die Züge einer Faux-Frau aufweist, sitzt sie nach ihrer Scheidung auf einer gehörigen Abfindung. Das macht sie finanziell unabhängig. Sie braucht daher keinen Mann oder eine Arbeitsstelle, um sich abzusichern. Wenn die *Pantherfrau* eher einer *Andro-Frau* ähnelt, dann arbeitet sie vielleicht, obwohl sie vermutlich finanziell unabhängig sind. Geht sie im Büro auf Männerjagd, ergibt sich daraus oft eine Beziehung. Jüngere Männer sollten hier aufpassen!

DER *SENSIBLE MANN* AM ARBEITSPLATZ

Wenn man mit einem *Sensiblen Mann* zusammenarbeitet, erkennt man sehr bald, dass er ein ausgezeichneter Mitarbeiter, Kollege und eine Führungspersönlichkeit ist. Er ist ein Mann der Tat und macht alles gewöhnlich richtig. Er hat seine Kenntnisse nicht einfach angesammelt, sondern wendet sie auch an und tut alles, was getan werden muss. Der *Extrem Weibliche* Mann hingegen hat diese Fähigkeit nicht, Dinge zu erledigen. Dies ist einer der Hauptunterschiede zwischen diesen beiden Typen.

Der *Sensible* Mann ist vernünftig und denkt logisch. Er kann Prozesse einleiten und benutzt sein inneres Gefühl für Kreativität und kluge männliche Entscheidungsfähigkeit, um zu einer zuverlässigen Leitfigur zu werden. Da er in sich ruht, kann er ohne Weiteres mit anderen zusammenzuarbeiten oder furchtlos die Leitung zu übernehmen. Er ist bereit zu führen, weil dies für ihn gleichbedeutend mit Dienen ist. Sein Führungsstil kann geradezu als tapfer bezeichnet werden. Er ist konkurrenzorientiert, aber braucht seine Gegner nicht völlig aus dem Feld zu schlagen wie so viele testosterongetriebene Führungspersönlichkeiten.

Ein typisches Szenarium in einem Unternehmen mit einem *Sensiblen Mann* ist, dass er als Leiter einen inneren Kreis von anderen Männern um sich schart. Sie sind seine zuverlässigen Berater und stellen seine rechte Hand dar. Die nächste Ebene von Führungskräften unterhalb dieser Gruppe besteht aus Leuten, die er für ihre jeweiligen Positionen als am fähigsten betrachtet. Dabei schert es ihn nicht, ob es Männer oder Frauen sind, er will einfach die beste Person für den jeweiligen Job. Oft ist diese beste Person eine stark männlich orientierte Frau, und das passt ihm auch. Er respektiert alle, die ihre Positionen gut ausfüllen. Das ist sein Ziel.

DER MACHTHUNGRIGE *PSEUDO-MASKULINE* MANN

Die Zahl dieser Männer ist in den letzten Jahrzehnten sprunghaft angestiegen. Von allen weiblich orientierten Männern wurde dieser Typ am stärksten durch den Aufstieg der Frauen durch die Ränge der Organisationen und generall am Arbeitsplatz bedroht. Der *Pseudo*-Mann liebt Macht und Autorität, und ehe die Frauen auf allen Ebenen gleichberechtigt wurden, konnte er seine maskuline Autorität durch das Rechtssystem und gesellschaftliche Normen ausüben. Heute jedoch ist er überall stark bedroht: zu Hause, am Arbeitsplatz und in der Gesellschaft. Er kann der Frau, die er am meisten fürchtet, nicht entkommen: Die *Andro-Frau* ist überall.

Aber der *Pseudo-Maskuline* rangelt immer noch um eine Position im Leben und bedient sich oft bösartiger Tricks, um sie zu erreichen. Ob fair oder nicht, das ist ihm egal, und gewöhnlich spielt er nicht gerade fair. Er funktioniert nicht aus einem legitimen maskulinen Aspekt heraus, sondern von einer eher künstlichen Person her, die die Tatsache verschleiern soll, dass seine Orientierung eigentlich stark weiblich ausgerichtet ist. Das macht die Dinge an einem anspruchsvolleren Arbeitsplatz sehr, sehr schwierig für ihn. In niedrigeren Positionen hat er oft Erfolg mit seiner männlichen Fassade, aber wenn mehr Intelligenz und eine gewisse Subtilität gefordert werden, weiß sich der *Pseudo-Mann* nicht mehr zu helfen.

Er zieht es vor, zu einem geschickten Büropolitiker zu werden, eine Rolle, die ihm gut liegt. Er ist ohnehin der geborene Schmeichler und ein Meister der Anpassung. Wenn er eine bestimmte Position anstrebt, verzehrt er sich nach dem Gefühl von Autorität, das mit der Macht über andere verbunden ist. Die traurige Wahrheit aber ist, dass er es manchmal zwar bis zur Spitze schafft, aber nur indem er manipuliert und intrigiert statt aufgrund von Kompetenz und Intelligenz. Wenn er oben angelangt ist, kann es sehr schwer sein, ihn wieder loszuwerden. Er webt um sich herum ein Netz von Personen, in dem er sich sicher fühlt. Sie haben es schon erraten: Dieser Kreis besteht aus ähnlichen Schwächlingen, die ebenfalls keine intellektuellen Fähigkeiten aufweisen. Daher halten sie eng zusammen, eine Bande von Dummköpfen, die sich, solange es geht, an ihre Positionen klammern.

Der *Pseudo-Mann* hat einen tief sitzenden Neid auf den wirklich männlichen Mann, besonders den *Sensiblen*, der obendrein sehr kompetent ist. Er umgibt sich nicht gerne mit echter Maskulinität, daher stellt er lieber männlich orientierte Frauen ein, die sich um die Dinge am Arbeitsplatz kümmern, für die man eigentlich männliche Eigenschaften braucht. Wenn der *Pseudo-Mann* eine Position mit Autorität besetzt, befördert er immer mehr männlich orientierte Frauen, die er dann strategisch um sich platziert, um die echten Männer in Schach zu halten. Während diese damit beschäftigt sind, sich einander herauszufordern und zu duellieren, bleibt er sicher an der Spitze. Er begreift das geflügelte Wort »Teile und Erobere« meisterhaft.

DER *EXTREM WEIBLICHE* MANN AM ARBEITSPLATZ

Am anderen Ende des Spektrums des *Pseudo-Männlichen* haben wir einen Mann, der gar nicht so ist, wie er scheint. Der *Extrem Weibliche* Mann fühlt sich sehr wohl in seiner Welt, solange er sich hinter einer Maske verstecken kann. Sein Verhalten ist kaum jemals aufrichtig, denn er hat einfach sehr viel Angst. Erinnern Sie sich, ihm fehlt ja ein substanzieller Teil seines Selbst, und ohne einen ihn schützenden männlichen Aspekt befindet er sich ständig im Angstzustand. Um diesen Mangel an maskulinem Mut auszugleichen, reagiert er mit ausgesprochener Freundlichkeit. Sein einschmeichlerisches Wesen hilft ihm, seine Ziele zu erreichen, aber niemals auf direktem Weg. Der *Extrem Weibliche* ist derjenige im Büro, der die Beförderung haben will, aber gewöhnlich zu ängstlich ist, um zu tun, was notwendig ist, um an sein Ziele zu gelangen.

Leider hat der *Extrem Weibliche* Mann keinerlei Führungsqualitäten und nur wenig Neigung zur Konfrontation, was ihn in den meisten Situationen daran hindert, die Haltung eines Führers einzunehmen. Dieser allgemeine Mangel an Vitalität macht ihn eher geeignet für ruhigere Beschäftigungen, wie etwa im Universitätsbetrieb oder einem wissenschaftlichen Labor. Der Mut, den er für Führungs- und kämpferische Aufgaben benötigt, ist bei ihm nicht entwickelt, weil sein männlicher Aspekt so stark beeinträchtigt ist. Sehr selten steigt ein solcher Mann an die Spitze auf, obwohl er oft hochintelligent ist. Intellektuell ist er für eine Spitzenposition geeignet, aber nicht emotional oder psychisch. Positionen, die Führungsqualitäten erfordern, sind nichts für ihn.

Der *Extrem Weibliche*, der oft ein guter Mensch ist, kann leider ein paar Probleme mit maskulinen Typen haben, die er aber gleichzeitig anzieht. Der *Extrem Weibliche* ist oft Zielscheibe von Mobbern. Er kann sich nur schlecht wehren und läuft daher große Gefahr, missbraucht und gemobbt zu werden. Dieser Typ Mann ist sehr sensibel, was zu seinem Risikofaktor beiträgt. Und seine männliche Energie ist so schwach ausgebildet, dass dadurch seine weibliche Seite in Gefahr gerät. Der männliche Aspekt muss sich in einem guten beschützenden Zustand befinden, damit die weibliche Seite angemessen funktionieren kann. Ohne dieses entscheidende Element ist die weibliche Seite in Gefahr, die Züge eines Fußabtreters anzunehmen.

Dieser Mann operiert in dieser Welt ohne dieses schützende Element, was ihn im Extremfall zu einem sehr einschmeichelnden Typ macht. Seine Liebenswürdigkeit manifestiert sich aber ganz anders als diejenige des *Pseudo-Maskulinen*.

Der *Pseudo-Mann* hat einen Plan, der *Extrem Weibliche* Mann hat nur Angst. Er will, dass alle Menschen ihn mögen, damit sie ihn nicht verletzen. Er wendet daher einen unangemessen hohen Anteil Energie dafür auf, akzeptiert und gemocht zu werden. Und warum entwickelt er nicht einfach seine männliche Seite? Dann hätte er doch sehr viel mehr Spielraum! Aber das geschieht nur selten.

Am Arbeitsplatz begegnet man diesen verschiedenen Typen ständig, und meistens hat man eigentlich nicht die Wahl, mit wem man hier Umgang pflegen will. Doch wenn es um Freundschaft geht, haben Sie glücklicherweise mehr Kontrolle und die Wahl. Jetzt wollen wir uns die verschiedenen Archetypen ansehen, wie sie sich in engen Freundschaften und gesellschaftlichen Kreisen verhalten.

KAPITEL 18

Die Freundschaftslandschaft

SIE SAGT: »HEUTE ABEND KOMMEN DIE MÄDELS VON DER LESEGRUPPE ZU MIR.«
ER SAGT: »DANN VERSCHWINDE ICH IN MEINEM BÜRO.«

WIE FREUNDSCHAFTEN FUNKTIONIEREN

Ein altes japanisches Sprichwort lautet: »Wenn dir der Charakter eines Menschen nicht klar ist, dann sieh dir seine Freunde an.« Ich glaube, Sie werden mir zustimmen, dass daran etwas Wahres ist. Wenn man einen Mann oder eine Frau nicht genau einschätzen kann, sollte man sich daran erinnern. Freundschaften tragen erheblich zu unserem Leben bei, aber wir schätzen oder pflegen sie oft nicht so, wie wir sollten.

Es ist für Männer wichtig, Freunde zu haben, aber nicht im gleichen Sinne wie für Frauen. Männer sind vielleicht Mitglieder eines Sportvereins oder gehören einem Team an; sie gehen zusammen auf den Fußballplatz, zum Camping oder auf die Jagd. Solange sie etwas *tun* und ein gemeinsames Ziel haben, kommen Männer in der Regel gut miteinander aus. In diesem Sinne haben ihre Freundschaften stets etwas mit gemeinsamen Aktivitäten oder gemeinsam geplanten Projekten zu tun. Männer sind vielleicht durch ihre Frauen oder Schwestern miteinander verknüpft und finden etwas zu tun, während die Frauen sich unterhalten. Vielleicht arbeiten sie auch zusammen und treffen sich zuweilen auf ein Glas oder um Golf zu spielen, aber nur selten entwickelt sich daraus eine tiefer gehende persönliche Freundschaft. Allgemein gesehen, neigen erwachsene Männer nicht dazu, einander das Herz auszuschütten, endlos miteinander zu reden oder ihr Leben zu analysieren. Letzteres passt viel eher in die Landschaft von Frauenfreundschaften.

Es sind eher die Freundschaften unter Frauen und die neue Szene, die sich hier entwickelt hat, die mir Sorgen machen. Aufgrund meiner Praxis und auch meines Privatlebens weiß ich, dass die Aufrechterhaltung von gesunden Freundschaftsbeziehungen für heutige Frauen äußerst wichtig ist. Und genau diese Frauenfreundschaften sind meiner Meinung nach in der heutigen Gesellschaft am stärksten bedroht. Dafür gibt es eine Reihe von Gründen.

DER WERT WEIBLICHER KONTAKTE

Wäre es nicht wunderbar, sich in dem Wissen sicher zu fühlen, dass man eine Decke aus wahrer Freundschaft hat, unter die man bei Bedarf, wenn die Welt zu kalt wird, einfach schlüpfen kann, um sie bis zum Kinn hochzuziehen? Denken Sie daran, wie sicher sich loyale Unterstützung anfühlt, ein freundliches Wort in genau dem richtigen Moment, woraufhin alles plötzlich viel einfacher erscheint. Einer der kostbarsten Aspekte des Frauenlebens, das wir aufgrund unserer neu gefundenen Männlichkeit verloren haben, ist die Gabe echter, enger Freundschaften zwischen Frauen. Diese Art von Freundschaft braucht jede Frau, aber nicht alle kennen sie.

Als Mann ist man ganz natürlich konkurrenzbewusst. Wenn wir als Frau diesen Wettbewerbsinstinkt in seiner vollen maskulinen Ausprägung übernehmen, bleibt nur wenig Raum für eine Frauenfreundschaft. Viele Frauen haben ihren maskulinen Aspekt in dem Ausmaß entwickelt, dass sie den Grad an weiblicher Energie nicht mehr aufrechterhalten können, den man für die altmodische Frauenfreundschaft einfach braucht. Wenn wir auf jeder Ebene unseres Lebens miteinander konkurrieren, dann muss etwas wegfallen, und gewöhnlich ist es genau das. Wenn man die Entscheidung zwischen Macht und Freundschaft zu treffen hat, dann verliert die Freundschaft in dieser Welt meist ihren Stammplatz.

Früher konnten Frauen ihren weiblichen Aspekt durch Freundschaft und Verbundenheit miteinander stärken und polarisieren. Es ist immer noch möglich, dies in gewissem Ausmaß zu erreichen. Es gibt unter Frauen Freundschaften, in denen echte Liebe und aufrichtige Fürsorge füreinander herrschen und traditionelle Zuneigung weiterhin besteht. Aber nicht viele Frauen haben die Zeit oder nehmen sich die Zeit, diese Art enge, fürsorgliche Beziehung mit anderen Frauen einzugehen und aufrechtzuerhalten. Aufgrund der monumentalen Veränderungen für Frauen heute folgt logischerweise, dass ihre Interaktionen untereinander sich ebenso deutlich verändert haben.

Eine der besten Methoden, wie Frauen ihren weiblichen Aspekt wieder stärken können, ist die Bindung an Freundinnen. Wenn sich Frauen in Freundschaft zusammenfinden, sind sie in der Lage, einander zurück in ihre ureigene Weiblichkeit zu polarisieren. Wenn sie eine gesunde weibliche Seite haben, dann hilft es, sie weiterhin zu stärken. Immer mehr Frauen finden den Weg zueinander zurück und hinterlassen so ein besseres Erbe wahrer weiblicher Freundschaft als Vorbild für ihre Töchter und Enkelinnen. Weibliche Verbundenheit bewahrt die Welt vor Brutalität. Wir können es uns nicht leisten, diesen essenziellen Fürsorgeaspekt unseres weiblichen Wesens zu verlieren.

WIE WIRD MAN ZU EINEM GUTEN FREUND?

Da wir mit Blick auf unsere Freundschaft heute so unsicher und abgespalten sind, empfehle ich ein paar Regeln. Diese Leitsätze sind eigentlich nicht neu, sondern stellen eher eine Auffrischung dar. Früher herrschten recht strikte gesellschaftliche Maßstäbe; unsere heutigen Regeln brauchen nicht so starr zu sein, aber die

Rückkehr zu mehr Höflichkeit und Respekt ist schon lange überfällig.

Wenn wir Regeln aufstellen und befolgen, schaffen wir für uns einen festen Boden und gegenseitiges Verständnis, um was es bei einer Frauenfreundschaft geht. Dies ist unsere Chance, alte Verhaltensweisen neu zu beleben und sie ans Heute anzupassen, sodass sie den gegenwärtigen Stand unserer Entwicklung spiegeln. Ich finde es aufregend, neue Ziele für Frauen aufzustellen, denn es ist wirklich Zeit! Wenn wir nichts unternehmen, um die Lage zu verbessern, sehen die meisten Frauen einer einsamen und isolierten Zukunft entgegen.

Sicher werden ein paar Leute behaupten, sie hätten keine Zeit, ihre Freundschaften zu pflegen, weil wir in so hektischen Zeiten leben. Frauen stehen unter starkem Druck, aber sie müssen sich die Mühe geben, miteinander in Kontakt zu bleiben, besonders mit ihren Freundinnen, mit denen sie sich wohlfühlen und deren Gesellschaft anregend und tröstend ist – Frauen, denen sie vertrauen, dass sie sie stets unterstützen werden.

Vertrauen ist überaus wichtig. Ohne Vertrauen kann es keine echte Freundschaft geben. Es ist das erste Grundelement für eine solide und dauerhafte Freundschaft.

Zwischen zwei Freunden und auch innerhalb einer Freundesgruppe muss ein *Geist von Gleichheit* herrschen. Innerhalb des Kreises ist jeder gleichrangig. Wenn dieses Element fehlt, herrscht Rivalität, und genau das will man nicht. Im Geist der Freundschaft sollte es weniger darum gehen, was man hat, sondern eher, wie man ist. Denken Sie an diesen wichtigen Punkt: Rivalität und Freundschaft schließen sich gegenseitig aus.

Da innerhalb der Gruppe jeder gleichrangig ist, verdienen auch alle *gleiche Zeit*. Die Effekthascherei von ein paar sehr redseligen Freunden raubt stilleren Frauen oft die Stimme. Gleiche Zeit bedeutet auch, dass man großzügig allen Freunden in der Gruppe zuhört.

Bei echter Freundschaft ist *kein Platz für Ausschließlichkeit.*

Falls es nötig ist, jemanden auszuschließen, entwickelt sich sogleich Verachtung und Rivalität. Exklusivität hat in der Welt von Freunden keinen Platz.

Freunde müssen *akzeptierend und tolerant* zueinander sein. Das bedeutet, dass jeder Einzelne in der Gruppe großzügig zu sein hat. Denn niemand ist perfekt, daher akzeptiert ein wahrer Freund die anderen samt ihrer Fehler und Schwächen, ohne sie zu verurteilen. Und wenn jemand unabsichtlich verletzt oder missverstanden wird, versucht eine Freundin, Vergebung zu üben, statt einfach aufzugeben.

Eine Freundin erkennt, dass jeder sich selbst und seine *besonderen Gaben an den Tisch der Freundschaft* bringt, und das sollte genug sein. Wenn man *die Besonderheit eines jeden* erkennt, der zum Tisch der Freundschaft kommt, ist man privilegiert, diese Freunde respektieren zu dürfen.

Empathie und Mitgefühl sind eng miteinander verbunden und in jeder echten Freundschaft vorhanden. Liebevolle Fürsorge ist keine Eigenschaft, die sich leicht vorspielen lässt. Wenn sie nicht echt ist, wird sie sehr schnell als Schwindel enttarnt.

FREUNDE KLUG WÄHLEN

Freunde finden einander aus den unterschiedlichsten Gründen, aber heutzutage hat das Wort Freund im Umfeld der sozialen Medien und der starken Rivalität unter Frauen eine andere Bedeutung. Eine große Zahl von Freunden zu haben gilt als bewundernswert, aber fragen Sie sich einmal selbst: Wie viele von den Menschen, die ich im Netz oder im Leben kenne, sind echte Freunde, denen ich vertraue, die ich liebe und die mich ebenfalls lieben und mir vertrauen? Und mit welchen habe ich aus anderen Gründen Kontakt, wie etwa aufgrund von gesellschaftlichem Druck, zur Beziehungspflege oder was auch immer?

Frauen brauchen um der Sache selbst willen Kontakt mit anderen und nicht aufgrund der Vorteile, die die Freundschaft vielleicht bringt. Leider haben viele junge Frauen heute keinerlei

Erfahrung mit diesen grundlegenden Freundschaften. Ihre Generation ist mit der sozialen Beziehungspflege im Internet aufgewachsen, und manche haben nie einen Freundeskreis gefunden, auf den sie sich verlassen können.

Falls Sie jemals aus einer Gruppenaktivität ausgeschlossen wurden oder wenn man Sie auf andere, subtile Weise nicht miteinbezog, müssen Sie aufpassen, dass Sie nicht gemobbt werden. Solche Mobber können äußerst geschickt ihre Opfer quälen. Wir haben ja gesehen, wie manche weibliche Archetypen es darin geradezu zur Meisterschaft bringen. Achten Sie darauf, dass Sie in keiner Gruppe, der Sie angehören, irgendwie benachteiligt werden. Das gilt für junge genauso wie für ältere Frauen. Niemand ist dagegen immun. Wenn man sich nach dem Treffen mit einer Gruppe oder nur einer einzigen Freundin ausgelaugt fühlt, dann passen Sie genau auf. Wenn Ihnen die Energie ausgesaugt wird, um deren Bedürfnisse zu stillen, dann geben Sie zu viel, was Ihnen letztendlich schadet. Solche Freunde brauchen Sie nicht.

Was Freunde nicht tun, weist oft eher auf den Grad der Freundschaft mit ihnen hin als auf das, was sie tatsächlich tun. Sind Ihre Freunde beispielsweise für Sie da, wenn Sie Probleme haben oder vor einer Herausforderung stehen, oder sind sie urplötzlich von der Bildfläche verschwunden? Wenn Sie einen Schönwetterfreund ausmachen, jemand, dem Sie nur in guten Zeiten begegnen, dann wissen Sie, dass es sich nicht um echte Freundschaft handelt. Wir brauchen Freunde nicht bloß, wenn es uns gut geht und wir bei bester Laune sind. Wir brauchen sie auch, wenn die Dinge schiefgehen. Loyalität ist heutzutage etwas sehr Seltenes und Kostbares.

Sie wissen, dass Sie einen treuen Freund haben, wenn er sich für Sie und über Ihre Erfolge oder Ihre neue Beziehung freut oder darüber, wenn es Ihnen einfach gut geht. Wenn deren Stimme dabei leicht gepresst klingt, dann achten Sie auf eventuelle Eifersucht oder Neid. Neid und Eifersucht haben in einer echten Freundschaft keinen Raum.

KONKURRENZ ZERSTÖRT JEDE FREUNDSCHAFT

Weiblich sein bedeutet, eine gute Freundin zu sein. Die männlich orientierte Frau hat Probleme mit dem Konzept von echter Freundschaft, weil sie oft mit ihren Kolleginnen und Freundinnen konkurriert. Dadurch, dass sie in einem ständigen Zustand des Wettbewerbs lebt, fühlt sie sich leicht bedroht. Aber gerechterweise muss man über unsere männlich orientierten Frauen auch sagen, dass viele von ihnen die Geldverdiener sind und sie sich einen Platz für sich selbst und ihre Familien in der Welt mühsam erkämpfen müssen. Die Fähigkeit, ihre männliche Seite einzusetzen, verschafft ihnen einen besseren Lebensstandard, aber dies kann sie am Arbeitslatz und in gesellschaftlichen Kreisen auch zu einer tödlichen Gefahr machen. Es wirkt sich sehr destruktiv aus, wenn die *Andro-Frau* das Konkurrenzbewusstsein vom Arbeitsplatz auf die Privatsphäre überträgt, ohne ihr Verhalten anzupassen. Männlich orientierte Frauen neigen dazu, in allen anderen Rivalen zu sehen. Wettbewerb untereinander bringt Freundschaften unter Frauen zum Erliegen.

Die sozialen Medien haben auch nicht gerade zum Gedeihen von Frauenfreundschaften beigetragen. Das ist bloß ein weiteres System, das Frauen in scharfe Rivalität aufsplittet. Wie viele Freunde haben Sie bei Facebook? Viele sind wahrhaftig keine echten Freunde, es sind bloße Nummern mit einem Foto auf dem Bildschirm. Die sozialen Medien fördern Oberflächlichkeit. Die meisten Onlinefreunde haben keine Ahnung davon, wie Sie wirklich sind. Das Konzept der sozialen Medien insgesamt ist ein Schwindel. Man kann ja über sich selbst schreiben, was man will, ob es stimmt oder nicht. Viele Leute lügen einfach, um sich interessanter oder beliebter zu machen, als sie sind. Dadurch erzeugen sie für sich selbst aber nur mehr Einsamkeit.

Viele meiner Klienten haben Hunderte von Facebook-Freunden, sind aber trotzdem einsam und traurig. Ironischerweise sind es die unechten Freundschaften, durch die viele Frauen sich noch einsamer und unglücklich fühlen. Wir haben die Wahrheit gegen den Anschein von Beliebtheit im Internet eingetauscht. Wir brauchen aber die Aufrichtigkeit und die Unterstützung von echter Freundschaft, wenn wir die traditionelle Schwesternschaft wiederfinden wollen, die sich durch Verbundenheit, Gesellschaft und tief gehende, offene Gespräche auszeichnet. Die Liebe und Fürsorge, die Frauen einst einander geben konnten, sind heute zu einem seltenen Privileg geworden.

FREUNDSCHAFTEN AM ARBEITSPLATZ

Vielleicht nützt es, wenn wir uns als Beispiel ansehen, wie die *Andro-Frau* auf Freundschaften am Arbeitsplatz reagiert. Fangen wir mit einer *Andro-Frau* an, die vielleicht das älteste Kind war. Wir wissen, dass zwei Dinge ihre Freundschaften beeinflussen: ihr Platz in der Ursprungsfamilie und ihr Grad an maskuliner Energie. Diese bilden die Grundlage für ihre Schwingungen und bestimmen, wie sie auf Arbeitskollegen/Arbeitskolleginnen und persönliche Freunde/Freundinnen reagiert.

Bei der Arbeit ist die *Andro-Frau* stets in Alarmbereitschaft, denn sie hält beständig Ausschau nach Andro-Rivalinnen. Sie freundet sich nie mit anderen *Andro-Frauen* an, weil männlich-männliche Polarität enge Freundschaften im Büro ausschließt. *Andro-Frauen* können nicht einfach in ihre weiblichen Aspekte überwechseln, daher klappt das einfach nicht. Sie hält eher Ausschau nach den *Gutmütigen* bei der Arbeit und freundet sich mit diesen an. *Gutmütige* stellen für sie keine Bedrohung dar und sind sehr nützlich, weil man Mehrarbeit und Aufgaben leicht auf sie abwälzen kann. Die *Gutmütigen* beklagen sich nur selten; es liegt in ihrem Wesen, alle Aufgaben anzupacken, die sich ihnen stellen. Die *Andro-Frau* ist clever genug, diesen Frauentyp einzustellen, weil sie instinktiv weiß, dass er alles schafft.

Faux-Frauen hingegen haben für Arbeit nicht viel übrig, daher hat eine *Andro-Frau* am Arbeitsplatz kaum etwas mit ihnen zu tun. Deren Schwingungen passen ohnehin nicht gut in die Arbeitswelt. Außerdem haben diese beiden Archetypen sehr unterschiedliche Zielvorstellungen. *Andro-Frauen* sehnen sich nach Macht und Status und finden Polarität bei jenen, die ihnen dabei helfen. *Faux-Frauen* gehen nur zur Arbeit, um jemanden kennenzulernen, der sich schließlich auf immer um sie kümmert. Sie sind zwar auch ziemlich männlich ausgerichtet, aber da männlich nicht männlich anzieht, halten die *Andro-Frau* und die *Faux-Frau* einander auf Distanz.

Je nach ihrer Lebenssituation kann sich eine *Andro-Frau* außerhalb der Arbeit mit einer *Faux-Frau* anfreunden. Diese beiden Energietypen haben ein paar Dinge gemeinsam. Sie sind zum Beispiel beide ziemlich unaufrichtig. *Faux-Frauen* sind in der Regel recht amüsant, daher sind sie angenehme Gesellschaft, wenn man nichts Tiefergehendes will. Die *Andro-Frau* ist nicht auf der Suche nach einer tiefen, bedeutungsvollen Freundschaft. Sie ist auf Vorteile und Macht aus, und die *Faux-Frau* kann ihr auf diesem Gebiet recht behilflich sein. Die *Faux-Frau* ist nämlich eine erstaunlich geschickte soziale Aufsteigerin, und die *Andro-Frau* findet diese Eigenschaft in der oberflächlichen Freundschaft ziemlich nützlich. Das funktioniert besonders gut, wenn die *Andro-Frau* eine *Faux-Frau* als Mutter hatte und beobachten konnte, wie diese sich durch die gesellschaftlichen Kreise manövrierte. Sie ist mit diesen Spielchen vertraut und begreift deren Notwendigkeit. Doch wenn die *Andro-Frau* eine Andro-Mutter hatte, konzentriert sie sich vermutlich auf ihre Arbeit. Dann sind diese gesellschaftlichen Manöver für sie wenig interessant.

GUTMÜTIGE FRAUEN SIND GUTE FREUNDE

Außerhalb der Arbeit verbringen *Gutmütige* Frauen ihre Zeit gerne mit anderen *Gutmütigen*. Wir haben bereits mehrfach erwähnt, dass die *Gutmütigen* flexibler in ihrer Polarität sind als andere Archetypen. Sie können locker zwischen ihrer männlichen und ihrer weiblichen Seite wechseln. Daher sind sie gute Freunde füreinander. Wenn eine sich in einer »femininen« Phase befindet, können die anderen polarisieren und die maskuline

Rolle spielen. Wenn eine einen »maskulinen« Anfall hat und Fürsorge braucht, dann können die anderen leicht in ihre weibliche Essenz gleiten und der Freundin die gewünschte weibliche Unterstützung geben. *Gutmütige* sind die einzigen Chamäleons unter den heutigen männlich orientierten Frauen. Denn die *Gutmütigen* verstehen einander, sie sind nicht bösartig und einfach gern mit anderen Frauen zusammen, die ähnlich wie sie ticken. Sie können leicht und locker ihre Polarität wechseln, um sich an andere anzupassen. Das alte Sprichwort »Gleich und gleich gesellt sich gern« stimmt tatsächlich für diese Frauen.

Es ist zwar von Vorteil für *Gutmütige*, einer Gruppe anzugehören, aber sie müssen trotzdem auf der Hut sein, weil sie in dieser Umgebung auch anfällig für Gruppenmitglieder sein können, die ihre *Gutmütige* Natur und flexible Polarität ausnutzen. Da kommt die *Andro-Frau* ins Spiel, die ihre eigenen Ziele verfolgt.

DIE *ANDRO-FRAU* IST MITTEN UNTER UNS

Die *Andro-Frau* findet die *Gutmütige* sehr fürsorglich, wenn sie einmal Freundlichkeit und ein williges Ohr braucht. Außerdem braucht die *Andro-Frau* gewöhnlich eine Freundin, denn die meisten Frauen erweisen ihr keine echte Loyalität. *Gutmütige* bieten ihr eine Freundschaft, die nicht fordernd und loyal ist. Aber man muss aufpassen. Die *Andro-Frau* schmeichelt sich bei der *Gutmütigen* ein und verändert dann deren Polarität, um alles zu bekommen, was sie von ihr braucht – und die *Andro-Frau* will alles, was die *Gutmütige* hat, das sie zum eigenen Vorteil nutzen kann.

Eine weitere interessante Kombination ergibt sich, wenn eine *Andro-Frau* sich eine *Gutmütige* als Freundin aussucht. Das kommt vor, wenn eine *Andro-Frau* einen *Gutmütige*n Vater oder Geschwister hatte und nun versucht, dieses Energie-Element zu ersetzen, indem sie sich einer *Gutmütigen* oder einer Gruppe anschließt, an der sich auch einige *Gutmütige* beteiligen. Die *Andro-Frau* kann allen möglichen Freundeskreisen gleichzeitig angehören, und zwar aus einem klaren energetischen Grund: Sie investiert eigentlich keine eigene Energie in diese Gruppen. Die Gruppen bestehen bloß für sie und ihre Bedürfnisse. Im Fall der *Gutmütigen*-Gruppe schluckt die *Andro-Frau* sämtliche Energie, ohne irgendetwas zurückzugeben. Man braucht sie eigentlich nicht, denn die *Gutmütigen* sind zufrieden damit, mehr zu geben, als zu nehmen. Sie hören ihr zu, sie umsorgen sie, passen auf sie auf, weil sie das am besten können. Das ist für sie auch leicht, und sie tun das gern.

Als Gegenleistung zieht die *Andro-Frau* ihnen das Fell über die Ohren. Es dauert vielleicht eine Weile, bis die *Gutmütigen* merken, dass die *Andro-Frau* eigentlich nie ihre Gutherzigkeit erwidert. Falls die Gruppe jemals die Hilfe oder den Beistand der *Andro-Frau* braucht, wird sie vermutlich nicht für sie da sein. Es ist ja keine Gruppe, die für ihre größeren Ziele von Vorteil ist. Die *Andro-Frau* weiß, dass sie die Gruppe als Fußmatte benutzen kann, und hegt deshalb nur wenig Respekt für sie, weil sie keine Angst vor ihnen hat. Wenn sie sie fürchten würde, wie sie andere *Andro-Frauen* oder die *Faux-Frau* fürchtet, dann würde sie sich besser benehmen. Aber die *Andro-Frau* hat fast ausnahmslos kein Problem damit, einfach zu verschwinden, wenn die Dinge für die *Gutmütige* mal nicht so gut stehen. Schließlich taucht sie wieder auf, aber nur dann, wenn absolut sicher ist, dass niemand Anspüche an sie stellt.

FAUX-FREUNDINNEN IN DER GRUPPE

Gruppen von *Faux-Frauen* und *Andro-Frauen* werden zwar ihre Probleme untereinander besprechen, aber die Freundschaft bleibt in der Regel ziemlich oberflächlich. Es wird von niemandem erwartet, viel Energie für die Bedürfnisse anderer einzusetzen. *Faux-* und *Andro*-Frauen gelingt es sehr geschickt, an der Peripherie jeder Gruppe zu bleiben, der sie sich anschließen. Die *Faux-Frau* hegt gesunden Respekt für die *Andro-Frau*. Sie sind sich ähnlich, aber die *Faux-Frau* ist sich sehr bewusst, dass die

Andro-Frau fähig ist, sich in der nächsten Sekunde gegen sie zu wenden. Daher versucht die *Faux-Frau* so zu tun, als würde sie Anteil nehmen, lässt sich aber eigentlich auf nichts ein, was bedeuten würde, dass sie sich tatsächlich engagiert. Das ist ihr typisches Verhaltensmuster.

Die *Faux-Frau* spiegelt männliches Verhalten im Extrem. Diese Frau ist keine Kandidatin für die sich neu bildende Schwesterngemeinschaft. Sie ist keine Freundin, und man sollte ihr nie trauen. Sie ist zu ungeahnten Täuschungen fähig. Sie kann sich nicht einmal selbst vertrauen, denn sie hat ja keine Ahnung, wer sie ist.

DIE MACHT DER NEUEN SCHWESTERN

Kollektiv gesehen sind Frauen die einzige machtvolle Lösung für den Zustand der heutigen Zivilisation. Frauen haben die Welt schon immer regiert, aber meistens hinter den Kulissen. Früher haben Frauen die Verantwortung akzeptiert, stets die Stimme des Verstandes zu sein. Sie brachten die Ausgewogenheit ihrer weiblichen Energie in alle möglichen Situationen ein und waren oft bei Friedensverhandlungen der unsichtbare Katalysator.

Der Inbegriff einer Frau als Pazifistin ist Bertha von Suttner, die nicht nur als erste Frau 1905 den Friedensnobelpreis erhielt, sondern die angeblich auch ein Jahr zuvor Alfred Nobel anregte, diesen Preis überhaupt auszuschreiben. Sie wurde 1843 in Prag geboren und begann im Alter von 33 Jahren bei Nobel als Sekretärin zu arbeiten. Von dieser recht niedrigen Position aus entwickelte sich Suttner zu einer weltberühmten Friedensaktivistin und Schriftstellerin und verschrieb sich die nächsten fünfunddreißig Jahre der Friedensbewegung. Im Jahr 1899 nahm sie an den Haager Friedenskonferenzen teil und beeinflusste das Forum, den Ständigen Schiedshof einzurichten, der noch heute existiert.

Frauen sind traditionellerweise immer die Friedensstifter gewesen, und wir brauchen sie erneut in dieser Rolle. Dies erreichen die Frauen am besten, indem sie sich zunächst selbst wieder mit ihrer unschätzbaren weiblichen Essenz verbinden und dann miteinander. Wir sind in der Mehrheit, und Frauen, die ausgewogen sind und starke Freundschaften untereinander pflegen, können erneut für ein Gleichgewicht in dieser chaotischen Welt sorgen.

Aber wir wissen, dass es heutzutage für Frauen sehr schwer ist, starke Freundeskreise aufzubauen, die das ganze Leben lang halten. Sie vermissen diese Freundschaften, die aufrichtig, freundlich und unterstützend sind. Ohne diese Art von Schwesternschaft können Frauen leicht isoliert werden. Wahre fürsorgliche Freundschaft ist für die weibliche Seele essenziell. Als Frauen brauchen wir einen Platz, um uns mit unseren Schwestern vertrauens- und liebevoll auszutauschen, voll und ganz bereit, füreinander und für Familien der anderen da sein.

Ich finde es aufregend, dass meine Leserinnen nun vielleicht besser auf sich achten und Zeit in echte Freundschaft investieren werden. Sie wissen nun, wie unendlich viel sie daraus gewinnen, und fühlen sich hoffentlich angeregt, Veränderungen vorzunehmen, um wieder echte Frauenfreundschaft in ihr Leben zu bringen.

Jetzt lade ich Sie dazu ein, mit mir zusammen in die Zukunft zu schauen. Auf der Grundlage, dass Polarität alle Aspekte unseres Lebens beeinflusst, werde ich ein Bild entwerfen, wie die Welt aussehen könnte, sofern wir eine ehrliche innere Ausgewogenheit erreichen und echte Bindung in unseren Liebesbeziehungen finden. Meiner Ansicht nach ist das für Frauen und Männer möglich, wenn wir die Rückkehr des Helden begrüßen und eine Rückbesinnung auf Anmut.

TEIL VIER

KAPITEL 19
Die Rückkehr des Helden

SIE SAGT: »ICH SUCHE EINEN GUTEN MANN.«
ER SAGT: »KOMME ICH DA INFRAGE? ICH GEBE MIR MÜHE ...«

DIE ENTSCHEIDUNG, ZUM HELDEN ZU WERDEN

Was ist eigentlich ein Held? Ist er jemand, der einen verteidigt? Ist er ein Beschützer? Steht er immer noch für Recht und Ordnung ein? Aber was sind Recht und Ordnung heutzutage eigentlich? Die Männer reagieren verwirrt. Sie haben kein deutliches Bild mehr vor Augen, wer sie sind oder was von ihnen erwartet wird. Früher kannte ein Held deutlich seine Rolle. Vielleicht war er ein Gladiator, ein Soldat oder ein Kreuzritter, ein wahrer Verteidiger des Glaubens. Er war der Versorger und brachte die erlegte Beute heim zur Familie. Oft diente er auch als edler Ritter. Und natürlich zeichnete er sich besonders aus, wenn er in Gefahr geratene Jungfrauen rettete ...

Doch die meisten Jungfrauen brauchen keinen Retter mehr, und wenn Männer einer solchen Frau begegnen, dann ist es vielleicht klug, ein wenig vorsichtig hinsichtlich ihrer Motive zu sein, ehe man sie rettet. Vielleicht ist sie eine *Faux-Frau*, und man handelt sich mehr ein als erwartet! Wenn also all die alten Heldenaufgaben nicht mehr anstehen, wie kann ein Mann heute auf seine Maskulinität bauen? Er lebt ja in einer Welt, in der die

Frauen sich sehr gut um sich selbst kümmern können, und in vielen Fällen kümmert sie sich ebenso selbstverständlich um den Mann und die ganze Familie.

Bei derart verschwommenen Grenzen reagieren Männer unterschiedlich. Ein guter Typ ist immer noch ein guter Typ. Er weiß, was sich gehört, und führt das auch aus. Er übernimmt stets seinen Anteil an allem. Er ist ehrenwert und respektiert die Frauen in seinem Leben. Dann gibt es den Männertyp, der erlebt hat, wie die Grenzen sich langsam auflösten und unsere Gesellschaft starke, männlich orientierte Frauen entwickelte. Er hat diese Gelegenheit ergriffen, um die Entgrenzung noch weiter zu treiben und nutzt sie nun zu seinem Vorteil. Dieser Mann ist und war stets ein Opportunist, ein Typ, den wir in allen Zeitaltern kannten. Aber früher konnte man einen solchen Mann leicht identifizieren und meiden, weil er sich nur schwer vor einem selbst und vor der Gemeinschaft tarnen konnte. Es gab jede Menge Helden, die einen starken Kontrast zu seinem unzulänglichen Verhalten bildeten – und er war und ist ein Mann, der niemals seine Verantwortung mit Stolz übernahm. Diese weniger guten Männer wurden beim Namen genannt und beschämt, wenn sie nicht den entsprechenden gesellschaftlichen Maßstäben entsprachen.

DIE HEUTIGE REALITÄT FÜR DEN HELDEN

Kehren wir in die heutige Zeit zurück: Alles ist viel mehr im Fluss begriffen. Die gesellschaftlichen Normen sind nicht mehr so starr, es ist nicht mehr unbedingt nötig, dass Männer das Geld verdienen, und man betrachtet sie nicht mit Verachtung oder Herablassung, wenn sie weniger verdienen als ihre Partner oder überhaupt keine Stelle haben. Es besteht mehr Spielraum für die Deutung dessen, was korrekt, akzeptabel und sogar machbar ist. Innerhalb dieses flexiblen Rahmens haben viele Männer den Boden unter den Füßen verloren. Sie streben nicht mehr danach, ihr Bestes zu geben, weil die Frauen in ihrem Leben so erfolgreich und kompetent sind. Sie betrachten den Erfolg der Frau als Gelegenheit, sich in den Hintergrund zu verziehen. Hier sollten wir uns zwei Fragen stellen: Sollten Männer angesichts des Erfolgs ihrer Frauen ihre Männlichkeit aufgeben? Und welchen Preis zahlen Männer, die sich so zurückziehen? Ich lasse Sie hier Ihre eigenen Schlussfolgerungen ziehen und setze die Diskussion fort.

In unserer heutigen Kultur begegnen wir Helden in zwei Ausführungen. Das Spektrum reicht vom Hausmann, der sich um die Kinder kümmert, bis zum Industriekapitän. Mit der Verkehrung und der Verschiebung unserer inneren Polarität scheint niemand mehr eine klare Definition dessen zu kennen, was es heißt, ein Mann zu sein. Starke männliche Rollenvorbilder scheinen verschwunden zu sein. Viele der heutigen Männer wurden entweder von einer alleinerziehenden Mutter großgezogen, der Vater war beruflich abwesend oder hatte seine Rolle als Beschützer und Versorger aus irgendwelchen Gründen aufgegeben. Mit dem Verschwinden männlicher Rollenvorbilder zu Hause wuchsen Jungen in dieser Hinsicht so richtungslos auf wie ein steuerloses Schiff.

Im Dschungel heutiger Grundsätze und Erwartungen kann man leicht den Boden unter den Füßen verlieren. Für Männer bedeutet das letzten Endes, sich damit abzumühen, für sich zu definieren, was es heißt, ein aufrechter Mann zu sein. Wenn ihre Art zu direkt und bestimmend ist, werden sie leicht als Tyrann bezeichnet. Wenn sie aus Angst, als dominant betrachtet zu werden, überhaupt keine Initiative mehr ergreifen, werden sie leicht als Schwächling ausgemacht. Gute, sensible Männer befinden sich in einer fast unmöglichen Situation. Sie haben das ausgeprägte Gefühl, so oder so zu verlieren. Das Bild von Männlichkeit ist sehr unklar, und sie fischen in den sehr trüben Gewässern unklarer Erwartungen. Bis jetzt jedenfalls.

WIE MAN HELDEN ERKENNT

Im heutigen Fernsehen wimmelt es von falschen Helden. Es sind die Sieger im Sport, die von der Gesellschaft zu Halbgöttern erhoben werden. Sie zeichnen sich in ihrer Disziplin aus, aber ihr Benehmen jenseits der Kamera ist oft wenig bewundernswert. Das ist verständlich, denn die meisten dicser sogenannten Helden haben sich auf nichts anderes konzentriert als die Ausbildung ihrer körperlichen Fähigkeiten. Leider aber werden sie für Kinder zum Rollenvorbild, und das Problem setzt sich fort.

Wir sehen Fußballspieler, die Frauen sehr verächtlich behandeln. In Wirklichkeit sind sie das genaue Gegenteil von einem echten Helden. Ein echter Held ist sich im Klaren über seine männliche Energie und behandelt seine weibliche Energie sowie die Frauen, denen er begegnet, beschützend und bestimmend. Zu viele professionelle Sportler verhalten sich Frauen gegenüber wie Unterdrücker und schlimmer: Sie werden besitzergreifend und benutzen Frauen als bloße Objekte.

In den meisten Männern schlummert das Herz eines Helden, doch es muss geweckt werden. Es sind auch einige praktische Schritte nötig, um ihn wieder zu aktivieren. Eine Frau, die sich einen Helden wünscht, sucht sich am besten einen *Sensiblen Mann* und hofft, dass er der Herausforderung gewachsen ist. Wir brauchen diese neuen *Sensiblen Männer*, denn sie bilden das Rückgrat für die Weiterentwicklung unserer Gesellschaft. Für uns alle ist es überaus wichtig, dass sie sich dabei nicht verzetteln.

Der *Sensible Mann* steht in enger Verbindung zu seiner Männlicheit. Er ist innerlich ausgewogen und operiert vornehmlich von seiner starken maskulinen Seite aus. Diese innere männliche Gesundheit ermöglicht es dem *Sensiblen Mann*, sich auch als Kämpfer zu verhalten, falls das erforderlich ist. Er verteidigt die angemessene Ordnung innerhalb seiner Familie und am Arbeitsplatz oder immer da, wo die Dinge nicht zum Besten stehen. Genauso wichtig ist es, dass er jederzeit auf die Sensibilität seines weiblichen Aspekts zugreifen kann, um zwischen Gut und Böse zu unterscheiden.

Mir ist klar, dass es schwierig ist, in unserer neuen Welt zwischen den Männern zu unterscheiden. Die meisten haben Kontakt zu ihrer weiblichen Seite. Sie haben aber auch kaum eine andere Wahl, denn so viele Frauen haben sich voll und ganz ihrer männlichen Seite verschrieben. Dieser Prozess allein hat dazu geführt, dass Männer in größerer Zahl auch Zugang zu ihrer weiblichen Energie haben. Da praktisch alle Männer heutzutage sensibler geworden sind, kann eine Frau nur sehr schwer herausfinden, wer ein guter Mann ist und wer nicht.

Welcher Unterschied besteht zwischen einem Mann, der seine Frau in ihrer beruflichen Laufbahn unterstützt, weil sie dies anstrebt, und einem Mann, der die Kompetenz der Frau ausnutzt, wenn sie eine Karriere mit guten Verdienstaussichten verfolgt? Die Antwort ist sehr einfach. Wir müssen die persönliche Absicht dieses Mannes untersuchen, um herauszufinden, ob er wirklich seine Frau unterstützt oder ob er sie ausnutzt. Und seine wahren Absichten lassen sich aufgrund seiner Worte, seines Tonfalls und seines Verhaltens bestimmen. Man braucht nur die Kapitel über die männlichen Archetypen nachzulesen, um zu sehen, was ich hier meine.

Wenn ein Mann seine eigene Karriere opfert, um die der Frau zu unterstützen, dann verdient er wahrhaftig den Titel eines Helden. Wenn ihr Beruf so wichtig ist, dass er beschließt, sie zu unterstützen und die Versorgung der Familie zu übernehmen, in Wirklichkeit aber auch den Rest ihres Lebens organisiert, wenn er sich schon mal dazu entschieden hat, dann opfert er sich zum Besten für die ganze Familie: Wenn er sich derart der Familie insgesamt verpflichtet, kann man ihn wahrhaftig als modernen Helden bezeichnen. Falls er aber andererseits seine Arbeitslosigkeit als Chance betrachtet, weil er nur wenig eigenen Ehrgeiz hat und viel dabei gewinnt, wenn er zu Hause bleibt, dann ist er eher ein Opportunist und hat vermutlich nur wenig Antrieb. Das ist kein heldenhaftes Verhalten; dieser Mann tut zu Hause nur das Nötigste für das Familiensystem. Seine Frau fühlt sich dann nicht umsorgt, geliebt oder beschützt, sondern eher ausgenutzt und erschöpft.

RESPEKT DURCH VERANTWORTLICHKEIT

Viele Männer in umgekehrten Rollen innerhalb einer Familie fühlen sich manchmal minderwertig. Ein Mann, der eine geringere Rolle als die des Brotverdieners einnimmt, endet leicht in der gleichen Position wie Frauen in den vergangenen Jahrhunderten. Frauen wurden damals nicht genug geschätzt und waren dem Hauptverdiener restlos ausgeliefert. Der heutige Mann, der ein wahrer Held ist, steht vor dem schwierigen Problem, innerhalb dieser Rollenverschiebung männlich zu bleiben. Das ist eine Herkulesarbeit, bei der die Partnerin sehr sensibel auf seine Schwierigkeiten als Mann in der Rolle des Hausmanns/Erziehers statt des Jägers eingehen muss. Niemand will ja, dass dieser gute Mann seine Männlichkeit verliert. Beide Partner müssen hier sicherstellen, dass der Mann für seinen Beitrag und sein Opfer geschätzt und respektiert wird. Seine Rolle als wahrer Beschützer und Unterstützer seiner Familie ist natürlich nicht weniger wichtig, auch wenn er kein Gehalt einbringt.

Und der Mann, der immer noch das Haupteinkommen nach Hause bringt und eine verantwortliche und anspruchsvolle Position hat? Er ist ein Held, indem er in der Welt draußen aktiv ist, solange er seine Familie mit Respekt und Liebe behandelt und seine Frau in deren Karriere unterstützt, wenn sie sich dazu entscheidet. Dann wird auch er zum Helden.

Doch der schwer arbeitende Mann, der sich in seiner Maskulinität wohlfühlt, aber sensibel ist, wenn dies erforderlich ist, stirbt langsam aus! Er ist es leid, ständig gegen eine *Andro-Frau* zu kämpfen und nur wenig Unterstützung von den eher weiblichen Männern in seiner Umgebung zu bekommen. Es ist wichtig für uns, dass dieser Mann seinen Glauben beibehält und den

Kampf nicht aufgibt. Es ist wichtig für uns, dass er seine natürlichen Heldenfähigkeiten sogar noch weiter ausbaut. Und er ist wichtig für uns als Rollenvorbild für andere Männer, besonders jüngere, die sich nicht mehr auskennen. Dieser Held darf nicht zulassen, durch starke männlich orientierte Frauen zu sehr weiblich polarisiert zu werden. Es ist wichtig für uns, dass er sich seine vornehmlich maskuline Energie bewahrt, damit die Gesellschaft im Gleichgewicht bleibt. Er ist unsere Hoffnung und unser Beschützer des Gleichgewichts.

Leider ist seine Rolle eine recht einsame, und wenn er sich der Bedeutung der damit verbundenen Anforderungen nicht bewusst ist, haben wir alle darunter zu leiden. Wir stehen vor der Gefahr, dass sich ein vollständiger Rollentausch der inneren Geschlechter vollzieht. Frauen verlieren ihre Weiblichkeit in fast unkontrollierbarem Ausmaß, und sie scheinen keine Ahnung zu haben, wie sie sie angesichts der Maskulinität in ihrem Leben erhalten können. Letztendlich wollen Frauen aus einer inneren Perspektive diese Situation nicht haben. Männlich orientierte Frauen sind innerlich unausgeglichen und können keinen wahren Frieden und keine wahre Zufriedenheit finden. In einer Welt, in der Frauen zu männlich sind, verlieren die Männer ihre Maskulinität und werden unausgeglichen und unerfüllt. Das wäre katastrophal!

WIE MAN ZUM HELDEN WIRD

Was muss der heutige Mann also tun, um seine Männlichkeit zu behalten und anständig zu bleiben? Als Erstes muss er aufhören, den Frauen in seinem Leben die Schuld daran zu geben. Als möglicher Held muss er die volle Verantwortung für den Zustand seiner Männlichkeit übernehmen. Die Tatsache, dass Frauen heute männlicher geworden sind als je zuvor, kann für ihn keine Entschuldigung sein, seine eigene Maskulinität aufzugeben.

Der Held muss in sich den Mut finden, für sich selbst einzustehen und seine voll funktionsfähige Männlichkeit zu vertreten. Mit anderen Worten, der Held entschuldigt sich nicht dafür, ein

Mann zu sein. Er respektiert die Rolle des Mannes voll und ganz. Ich habe in meiner Praxis oft erlebt, dass Männer Angst haben, ihre Männlichkeit auszudrücken, weil sie sonst vielleicht als frauenfeindlich oder chauvinistisch bezeichnet werden. Aber echte Helden sind beides nicht. Ich habe noch keinen echten Helden kennengelernt, dem es nicht gelungen war, seine Liebe zu Frauen zu bewahren.

Heuzutage streben Frauen stark nach Führungsrollen, aber das bedeutet nicht, dass Männer die eigenen Führungsqualitäten zu deren Gunsten aufgeben sollten. Helden begreifen die Bedeutung der Vaterrolle und nehmen sie auch voll und ganz an. Jeder braucht letztendlich den Schutz, den ein kluger Führer bieten kann.

Die Rollen des Führers und Beschützers sind nicht verschwunden, nur weil Frauen heute in jedem Sinne gleichberechtigt sind. Mehr als je zuvor müssen daher zu den Führungsqualitäten des männlichen Helden Stärke und Verlässlichkeit gehören. Er muss verhindern, von der *Andro-Frau* mit ihrer zuweilen robusteren und direkteren »Führung« gestürzt zu werden. Männliche Führung kann wieder stark und tragfähig sein, und die Arbeitswelt wird das gesunde Gleichgewicht zwischen männlichem und weiblichem Führungsstil begrüßen.

Abgesehen von diesen Eigenschaften sollten wir auch anerkennen, dass der Mann als Held anständig ist und Überzeugungen vertritt. Diese Überzeugungen machen ihn immun gegen Schmeicheleien und Manipulation. Er handelt konzentriert, fair und respektvoll und verhält sich ebenso in seinen Beziehungen. Er ist ein wahres Juwel in der wachsenden Schar der femininen und extrem femininen Männer.

DIE FÄHIGKEIT, AUF SEIN HERZ ZU HÖREN

Der Held hat die Fähigkeit, auf sein Herz zu hören, das er mit seiner weiblichen Essenz erreichen kann. Ich rede hier von der inneren weiblichen Essenz, die Frauen wie Männern zur Verfügung steht, und wenn ein Mann das begreift, kann er sich seiner Weiblichkeit ebenso zuverlässig bedienen wie eine Frau. Auf sein Herz hören bedeutet, dass er mitfühlend, empathisch und nachdenklich ist. Beide Geschlechter müssen daran arbeiten, diese wichtigen weiblichen Eigenschaften gesund und ausgewogen auszudrücken.

Ein sehr sensibler femininer Mann begann während eines Seminars ein Gespräch mit mir über genau dieses Thema, und er sagte, dass er vor Jahren aufgegeben habe, eine Krawatte zu tragen. Ich fragte nach dem Grund. Er sagte, wer immer die Krawatte erfunden habe, hatte nur einen Zweck im Sinn: Männern zu helfen, Kopf und Herz voneinander getrennt zu halten, besonders im Beruf.

Das gefiel mir als Symbol. Wenn Männer ihren Anzug mit Krawatte anziehen, sind sie zum Kampf bereit. Sie könnten genauso gut eine Rüstung aus Metall anlegen. Dieser Mann hatte seine eigene Interpretation für oder gegen die übliche Krawatte gefunden. Er wollte sich nicht von Konventionen vorschreiben lassen, was hinderlich sein würde, auf sein Herz zu hören – was letztendlich bedeutete, wie er sein Leben führen wollte. Ich weiß, dass es heute viele, viele Männner gibt, die absolut keine Schwierigkeiten haben, aus dem Herzen heraus zu handeln. Das finde ich sehr beruhigend, denn sie haben eine wichtige Rolle bei der Weiterentwicklung der Gesellschaft zu spielen.

MENTOR FÜR DIE NÄCHSTE GENERATION VON MÄNNERN

Eine der Hauptaufgaben des Helden ist es, jüngeren Männern vorzuleben, wie man die Frauen in ihrem Leben behandelt. Wenn er nur ein schwaches Rollenvorbild gibt, das den Respekt ignoriert, der Frauen zusteht, befinden wir uns vor einem gefährlichen Abgrund, denn dann werden Frauen missachtet und sind schutzlos. Sie sind dann für jeglichen Missbrauch angreifbar, weil sie körperlich schwächer sind als der durchschnittliche Mann.

Wenn Frauen körperlich oder emotional missbraucht werden, gefährden wir unsere Gesellschaft insgesamt. Wenn Frauen nicht als die Leben spendenden Schöpferinnen unserer Gesellschaft beschützt und geehrt werden, ist das Fundament dessen, wer wir sind, gefährdet.

Das Gleichgewicht liegt in den Händen des Helden, es liegt in seinen Händen, welche Richtung wir in der Revolution, in der wir uns gegenwärtig befinden, einschlagen. Er stellt das Gleichgewicht sicher zwischen Männern, die ihre männliche Energie aufgegeben haben, und Frauen, die ihre weibliche Energie nicht mehr spüren. Er besitzt die einzigartige Fähigkeit, das Leitbild für eine Rückkehr zum rechten Gleichgewicht zwischen den Geschlechtern zu sein. Die Frage ist, wird er sich der Herausforderung stellen? Und was verlieren wir, wenn er das nicht tut?

KAPITEL 20
Die Rückkehr zur Anmut

ER SAGT: »ICH SUCHE EINE GUTE FRAU.«
SIE SAGT: »OB ICH DAFÜR INFRAGE KOMME? ICH GEBE MIR MÜHE ...«

DER VERLUST UNSERER KOLLEKTIVEN WEIBLICHKEIT

Die Frauen von heute fragen sich vielleicht ab und zu, ob die Aufgabe der Weiblichkeit es wert war, dafür die volle Gleichberechtigung zwischen Männern und Frauen zu erreichen. Oder gibt es vielleicht einen besseren Weg dorthin, den wir vielleicht noch nicht bedacht haben? Das größte Problem heuzutage scheint zu sein, dass die Frauen energiemäßig nicht ausgeglichen sind. Das kollektive weibliche Bewusstsein quält sich schon so lange herum, dass Frauen nicht mehr wissen, wie sie innere Gelassenheit finden können. Es scheint ständig einen neuen Anlass zu geben, für den man sich einsetzen muss, eine neue Aufgabe, die bewältigt sein will – und niemand findet mehr die nötige Ruhe.

Frauen finden Gelassenheit und Harmonie, wenn sie ein Gefühl von echter Sicherheit erlangen, das der echten Überzeugung entstammt, dass sie gleichberechtigt sind und sich aufgrund dieser starken Basis weiterentwickeln. Man stelle sich mal eine Welt vor, in der alle Frauen sich sicher fühlen! Ich meine mit *Sicherheit* hier den Zustand, wenn man für nichts mehr zu kämpfen braucht und keine Schlachten mehr auszutragen hat. Wenn Frauen den Punkt erreicht haben, an dem sie genau wissen, dass sie gleichberechtigte Mitschöpferinnen dieser Erde sind und in jeder, aber auch jeder Hinsicht ebenbürtig.

EINE ANMUTIGE NEUE WELT

Wie könnte diese Welt tatsächlich aussehen? Nun, als Erstes würde der Kampf zwischen den Geschlechtern sofort aufhören. Denn was für einen Sinn hätte er? Die Spielchen, die Männer und Frauen miteinander treiben, wären dann völlig sinnlos. Sie hätten keinerlei Bedeutung mehr. Wir würden auch nicht mehr die Bücher und Artikel brauchen, in denen es um die richtige Partnerwahl geht, denn sie wären völlig überflüssig.

Und dann stelle man sich die Welt der Mode vor! Man würde all dies neu überdenken müssen, denn die ständige Suche nach der neuesten provokativen Modeverrücktheit wäre ebenfalls überflüssig. Neue Designerentwürfe würden sich darauf konzentrieren, welche Bedeutung sie für Frauen haben statt für die Männer, die heutige Frauen damit »einfangen« wollen. Frauen wären sich ihres Wertes voll und ganz bewusst, und es würde keine Diskussionen mehr darüber geben, was sie der Welt als Individuen zu geben haben. Das wäre die Anmut in Person.

Wenn Frauen sich zuallererst selbst schätzen und nicht mehr die Zusicherung anderer brauchen, dass sie in Ordnung sind, werden sie den vollen Respekt der Männer erlangen. Und wenn Frauen diesen Respekt erwiesen bekommen, können die Männer ihre Angst vor der Weiblichkeit aufgeben. Das Verschwinden dieser Angst ist sehr wichtig, denn die Geschichte hat immer wieder bewiesen, dass, wo Angst herrscht, Gewalt regiert.

Man stelle sich auch vor, wenn Frauen Vergebung finden würden! Als Erstes müssten sie sich selbst vergeben für all die Wut und den Hass auf das Unrecht, die Unterdrückung und die Verfolgung, die sie jahrhundertelang erlitten haben. Grundsätzlich müssen Frauen sich selbst ihre andere Hälfte verzeihen. Auch den Männern in dieser Welt würde man vergeben, und sie würden diese Vergebung auch spüren. Das wäre der Balsam, den Männer brauchen, um ihre eigenen Wunden aus den letzten Jahrhunderten zu heilen. Wenn dies erreicht ist, können beide Geschlechter sich weiterentwickeln.

WAS HEISST ES, WEIBLICHER ZU WERDEN?

Weiblich sein heißt, inspirierend zu sein. Wenn eine Frau sich weiblich verhält, dann inspiriert sie. Sie hat die Macht, Leben in die Welt zu bringen. Sie kann aber nicht nur für Männer und ihre Kinder inspirierend sein, sondern auch für sich selbst. Inspirieren heißt, andere zu Möglichkeiten anzuregen, die sie nie für sich erträumt hätten. Eine Frau, die anmutige Weiblichkeit verkörpert, hat die Fähigkeit, die Perspektive auf fast alles zu verändern. Inspiration kann Veränderungen in einem Freundeskreis, der Familie oder nur innerhalb eines Paares bewirken.

Da das Weibliche der Funke der Schöpfung ist, müssen Frauen sich wieder mit diesem Teil ihres Ichs verbinden, und wenn sie ihre Weiblichkeit finden, müssen sie sie mit der ganzen Kraft, zu der sie fähig sind, beschützen. Wir nehmen ja all die einfallslosen Männer in unserer Umgebung wahr, und vielleicht müssen wir ein wenig nachbohren, um den Grund dafür zu finden. Wer kann Männern ohne weibliche Inspiration schon Flügel geben? Können sie das selbst? Um sich selbst zu inspirieren, müssen Männer sehr viel engeren Kontakt mit ihrer inneren Weiblichkeit aufnehmen. Die Gefahr dabei ist, dass sie vielleicht nie wieder zurückkehren, und die Frauen haben dann ihren wahrhaft männlichen Gefährten auf immer verloren.

Ein Mann, der sich mit seiner maskulinen Essenz wohlfühlt, spricht gut auf echte Weiblicheit in einer Frau an. Sie hat die Macht, ihn zu befähigen, seinen weiblichen Aspekt zu verstehen, einen Teil, der ihm selbst vielleicht verborgen ist. Das Gleiche gilt aber auch für die Frau. Wenn ein Mann eine gesunde innere Maskulinität hat und sich authentisch männlich verhält, ist sie davon bezaubert. Sein Beispiel kann sie ermutigen, jenen standhaften Mann, die gesunde männliche Essenz, in sich selbst zu finden. Wenn ein Mann wahrhaft seine Männlichkeit einsetzt, kann die Frau ohne Risiko in seiner Gegenwart ihr weibliches Selbst ausdrücken. Männer und Frauen sind ja fasziniert von den gegensätzlichen Polen am rechten Platz, damit die eigene vorherrschende Energie nicht beeinträchtigt wird.

Wir haben mit diesem Wissen heute die Chance, Frauen von Macht, Integrität und Authentizität neu zu erschaffen. Wir können eine neue Welt gestalten, die für Männer wie Frauen inspirierend ist. Wir können mehr zustande bringen und uns verbessern und neuen Atem in unser emotionales Leben und in das derjenigen in unserer Umgebung einhauchen.

MUT ZUR FÜRSORGE

Weiblich sein heißt, mutig zu sein – mutig genug, um andere zu nähren. Fürsorge ist eine essenzielle weibliche Eigenschaft, ob man nun ein Mann ist oder eine Frau, und mit immer mehr maskulinen Frauen unter uns ist diese Eigenschaft in Gefahr zu verschwinden. Es ist überaus wichtig, dass Männer wie Frauen sich wieder mit dieser Eigenschaft verbinden, um unsere Kinder, unsere Tiere und unseren Planeten zu retten. Die Welt wäre ohne eine verlässliche Quelle der Fürsorge ein trauriger Ort. Die Rolle des Nährens oblag traditionell immer den Frauen, aber immer mehr Männer haben in letzter Zeit auf die Herausforderung reagiert, weil Frauen zu Hause nicht mehr so zur Verfügung stehen, um die Familien zu versorgen.

Aber zuallererst ist es nötig, sich selbst zu nähren, und auch dazu braucht man Mut, besonders wenn man als Frau eher männlich orientiert ist. Man glaubt, keinerlei Fürsorge zu brauchen, wenn man so zäh ist, und genau da liegt das Problem. Wenn wir uns nicht uns selbst zuwenden können, wie können andere sich dann um uns kümmern? Wenn wir nicht erkennen, dass das eigene Nähren uns erlaubt, die fürsorgliche Energie für andere frei fließen zu lassen, und dass diese Energie auch wieder zu uns zurückkehrt, dann sind wir alle in Gefahr, keine Liebe und Unterstützung mehr zu empfinden.

Folglich brauchen die anmutige Frau und der heldenhafte Mann Mut, um sich tief in das weibliche Selbst zu begeben und den Frieden zu finden, der dort ruht. Es ist ein Ort der Ruhe und eine Zuflucht, es ist ein Ort, an dem keinerlei Rivalität herrscht. Es ist ein Ort, an dem alles möglich ist. Man braucht Mut, sich nicht zu Konkurrenzdenken herausgefordert zu fühlen. Wenn Sie diesen Ort in Ihrem weiblichen Selbst erreichen können, haben Sie einen sicheren Hafen vor der Außenwelt geschaffen. Mit der Beherrschung dieser Fähigkeit kann man auch für seine Mitmenschen einen sicheren Raum schaffen, wenn sie unglücklich sind. Wenn Sie den Mut haben, Ihr weibliches Selbst zu besetzen und zu nähren, schaffen Sie ein Sprungbrett für Ihre männliche Seite, um sich sicher und bewusst in der Außenwelt zu bewegen. Nur diese Sicherheit schafft das Selbstvertrauen, das echt ist und nicht auf einem falschen Ego beruht. Es ist ein Gefühl von Sicherheit, das auf Vertrauen beruht, dem Selbstvertrauen. Das alles ist zwar nicht leicht, aber ein bewundernswertes Ziel für uns. Es ist ein Maßstab und ein Leuchtfeuer für ein wahrhaft weibliches Leben.

DAS HERZ SPRECHEN LASSEN

Wie im letzten Kapitel bereits erwähnt, erlaubt der Zugang zum Weiblichen einem, mehr auf das eigene Herz zu hören. Es ist die Fähigkeit, mitfühlend, empathisch und nachdenklich zu sein, fähig, andere zu berücksichtigen, statt sich ausschließlich auf die eigenen Wünsche und Bedürfnisse zu konzentrieren. Wenn ich Frauen rate, mehr auf ihr Herz zu hören, fragen sie oft: »Wie meinen Sie das?« Es ist vielleicht schwer zu erklären, dass man dazu zuallererst das Herz *fühlen* muss, sein »Bauchgefühl«. Das führt einen schließlich zum Herzen, dem Zentrum. Wahrhaft weiblich sein bedeutet, echte Gefühle zu empfinden und zu wissen, wie man sie durch Worte vermittelt. Verschließen Sie sich nicht dem, was Ihr Bauchgefühl oder Ihre Intuition Ihnen rät. Es rührt vom Kern Ihres weiblichen Selbst her.

Viele männlich orientierte Frauen haben sich von ihren Gefühlen völlig abgetrennt. Das ist verständlich, denn sie stehen im heutigen Arbeitsleben unter starkem Druck. Sie werden ununterbrochen von Terminen bedrängt, stehen ständig unter dem Druck, den Ansprüchen der Familie und denen einer Vollzeitstelle gerecht zu werden. Der Luxus, einfach mal einen Moment auszuspannen und nachzudenken, ob sie gefühlsmäßig richtig handeln, ist nicht immer eine Option. Zu viele männlich orientierte Frauen sind sich dessen einfach nicht bewusst oder haben keine Zeit. Als das Leben weniger hektisch war, hatten wir noch Zeit zum Nachdenken, und Nachdenken ist eine Voraussetzung dazu, mehr auf sein Herz zu hören.

WIR WISSEN NICHT IMMER ALLE ANTWORTEN

Der Zugang zu unserem weiblichen Aspekt bedeutet, ständig für viele Möglichkeiten offen zu sein. Weiblichkeit ist weiträumig und ungeformt, chaotisch und oft schwer zu verstehen. Es ist eine Welt der Intuition und Schönheit, die darauf wartet, zu Wirklichkeit geformt zu werden – das Rohmaterial, das darauf harrt, eine Form zu finden und in der physischen Welt manifestiert zu werden. Wir müssen begreifen, dass wir Gefahr laufen, von Kräften außerhalb von uns geprägt zu werden, wenn wir den Zugang zu diesem weiblichen Aspekt in uns verlieren. Wir verlieren damit nämlich auch den Zugang zu unseren kreativen Fähigkeiten. Wir verlieren die Inspiration, die unser maskulines Selbst antreiben kann. Wir verlieren die Integrität dessen, wer wir im Kern sind, und werden zu bloßen Kopien anderer.

Das ist überall offensichtlich. Manche richten ihr Leben an dem von Rockstars und anderen zweifelhaften Prominenten aus oder imitieren Diktatoren im Klein- oder Großformat, weil sie kein Gefühl mehr für die eigenen inneren Prozesse haben. Ohne

Urteilsvermögen hat man nur wenig persönliche Macht, denn wir erzeugen sie nicht von innen heraus. Stattdessen folgt man anderen, die man für mächtig hält, die aber in Wirklichkeit auch bloß gute Imitatoren und Manipulatoren sind. Glücklicherweise können Sie Ihr weibliches Selbst anzapfen, das Ihnen einen inneren Kompass zur Verfügung stellt, der Sie zu Integrität und Authentizität führt. Andere zu imitieren ist niemals authentisch, und daher ist der Mut des Weiblichen ein unersätzlicher Gewinn für Ihre innere Führung.

DIE INNERE NEIN-TASTE

Um zum neuen Menschen zu werden, müssen wir uns also verändern. Neue Menschen entdecken dazu die nötigen Instrumente: Stärken und Fähigkeiten, die sie vorher nicht in sich vermuteten. Vielleicht hatte man sie geahnt, aber wusste nicht, wie man dazu Zugang findet. Ein machtvolles Instrument im Weiblichen selbst, das Frauen wie Männern zur Verfügung steht, nenne ich die *innere Nein-Taste*. Allgemein im Leben ist man, wenn man Nein zu etwas sagt, je nach Umständen entweder erfolgreich oder nicht. Man kommt damit oft nicht durch, wenn die Energie hinter diesem Nein nicht so stark ist wie die Ansprüche der anderen Person. Doch wenn man guten Zugang zu seiner Weiblichkeit hat, erlaubt einem dieser innere Schaltknopf, sich einer sehr starken Energie zu bedienen, die in den meisten Fällen die Oberhand gewinnt. Wenn man auf dieser Ebene funktioniert, braucht man sich nicht mit den Intrigen, dem Mobbing oder den Manipulationen einer maskulin orientierten Frau abzufinden und auch nicht mit den Annäherungsversuchen eines Mannes, an dem man nicht interessiert ist.

Eine solche innere Nein-Taste ist essenziell, wenn Sie Anmut anstreben. Als Erstes sollte man sich darüber im Klaren sein, wer man ist und für was man einsteht. Dann kann man ebenso deutlich ausdrücken, wie man das Verhalten anderer einschätzt, und entscheiden, was man tolerieren will und kann und was nicht. Es ist wichtig, kein Verhalten zu belohnen oder zu dulden, mit dem man nicht einverstanden ist, sonst wird es sich wiederholen, bis Sie Ihre innere Nein-Taste drücken und von jenem tiefen weiblichen Ort aus Nein sagen, um dem ein Ende zu bereiten, was Sie nicht wünschen. Dadurch erscheinen Sie klar und eindeutig als Frau, was von allen in Ihrer Umgebung erkannt wird. Man kann zu seinen Überzeugungen stehen und Nein sagen, wenn es sein muss. Wie ein großer, fest verwurzelter Baum können Ihre Überzeugungen dann nicht entwurzelt werden, denn sie sind ja fest und tief mit Ihrer Weiblichkeit verbunden.

Wenn Sie diesen Grad an energetischer Klarheit erreicht haben, wird Ihr inneres Nein stärker und kann Sie beschützen. Dies bedeutet die Umkehr vom gegenwärtigen gesellschaftlichen Zustand, in dem die meisten Frauen Anerkennung und Aufmerksamkeit anstreben, statt für ihre Überzeugungen einzustehen. Wenn Ihre Überzeugungen fest in Ihnen verwurzelt sind und klar ausdrücken, was Sie wollen, und Sie so von Ihrem inneren Nein beschützt werden, senden Sie keine mehrdeutigen Botschaften mehr aus oder stellen eine stark sexualisierte Version von sich dar. Wenn Ihr inneres Nein stärker und präsenter wird, gewinnen Sie an Selbstvertrauen. Sie greifen auf die Anmut zu, die von Natur aus die Ihre ist als eine Frau, die mit ihrer Weiblichkeit verbunden ist. Sie können dann selbstbewusst die inneren und äußeren Veränderungen steuern. Wenn Sie wissen, wer Sie sind und was Sie wollen, und wenn Sie durch die starke Weiblichkeit darin unterstützt werden, werden Sie zu einer mächtigen Kraft, einem starken Magneten, der anzieht, was Sie sich wünschen, ohne zu manipulieren, zu mobben oder zu intrigieren.

KOPF HOCH, WENN SIE SICH VERÄNDERN!

Sobald Sie sich in die Anmut bewegen, sind Sie auch bereit für die Veränderungen, die in Ihrer Welt anfangen sich zu ereignen. Mit der Verschiebung der inneren Energie bewirkt man gleichzeitig eine Verschiebung in der Außenwelt. Sie müssen mit der

Missbilligung Ihrer Umgebung rechnen. Wenn die anderen sich nicht ebenfalls ändern, begreifen sie Ihren Prozess nicht und fühlen sich vielleicht bedroht, weil Sie das Gleichgewicht in der sozialen Gruppe oder bei der Arbeit stören. Man wird subtil oder ganz offen versuchen, Sie wieder dorthin zu lancieren, wo Sie vorher waren: in einem Zustand, in dem Sie erneut beeinflusst werden können. Mein Rat lautet: Bleiben Sie auf Kurs. Hören Sie auf Ihre innere Stimme und folgen Sie Ihrer Intuition, um zu erkennen, was für Sie das Richtige ist. Wenn Ihre innere Energie ausgewogen ist, dann ist auch Ihr Leben ausgewogen.

Während Sie stetig die Fähigkeit entwickeln, zu einem anmutigen Individuum zu werden und sich selbst anzuerkennen, lösen Sie sich letztendlich von dem Massenbewusstsein des Scheins und der Effekthascherei. Langfristige Beziehungen können sich auflösen, denn wenn jemand nicht bereit ist, die anmutige, selbstbewusste Frau zu akzeptieren und zu lieben, zu der Sie sich entwickelt haben, dann sollten Sie sich von ihnen trennen. Anmut wird Ihr Eigentum sein, und Sie brauchen die Anerkennung anderer nicht mehr. Ihre Seele wird singen, wenn sie weiß, dass Sie allein bestimmen, was für Sie richtig ist. Sie übernehmen die Verantwortung für Ihr ganzes Leben: zu Hause, am Arbeitsplatz, im Freundeskreis und in der Ursprungsfamlie. Wer Sie sind als energetisches Wesen, ist immer bei Ihnen, egal wohin Sie gehen und wo Sie sind. Und Sie sind für die Schwingungen und das Bild, die Sie der Welt vermitteln, in vollem Umfang verantwortlich.

EINE NEUE SCHWESTERNGEMEINSCHAFT

Anmut erfordert Mut, aber sie wirkt auch ansteckend. Wenn jede Frau, jedes Mädchen mit kleinen Schritten beginnt, ihre Schwestern zu unterstützen, statt sie bei jeder Gelegenheit herunterzuziehen, stärkt sich diese Gruppe bald und kann zu einer neuen Gemeinschaft von Schwestern werden. Diese neue Schwesternschaft wird nicht perfekt sein, denn das Weibliche ist eben nie perfekt. Dazu ist die weibliche Essenz viel zu weiträumig und rebellisch, aber die Frauen, die sich zu dieser Gemeinschaft bekennen, erkennen einander und unterstützen einander, ihre innere Ausgewogenheit beizubehalten.

In dieser neuen Gemeinschaft werden Kinder nicht nur von ihren Müttern beschützt, sondern auch von deren Verwandten und Freunden. Sehr bald entwickelt sich das »Dorf«, das wir brauchen, um Kinder großzuziehen. Damit reduziert sich der Druck für Alleinerziehende, die sich mit der enormen Aufgabe der Versorgung ihrer kleinen Kinder oft so alleingelassen und isoliert fühlen. Mütter im Allgemeinen werden sich besser unterstützt fühlen und die Mithilfe und Selbstsicherheit älterer Frauen für ihre Elternrolle in Anspruch nehmen können.

Durch kollektive Anmut findet das innere Nein der Frauen Unterstützung von der Schwesterngemeinschaft. Dieses innere Nein wird energisch gegen die schlechten Väter eingesetzt, die sich nicht an der finanziellen Absicherung ihrer Kinder beteiligen. Wir sagen Nein zu Männern, die sich herausnehmen, die Mütter ihrer Kinder zu terrorisieren. Wir sagen Nein zu schlechten Arbeitgebern, ob männlich oder weiblich, die Mütter und andere Schwache ausnutzen.

Die weibliche Energie, die in jeder Frau ruht, ist eine Macht, mit der man rechnen sollte. Sie kann aber zum Guten oder zum Schlechten eingesetzt werden. Von Anfang unserer Geschichte an bis zum heutigen Tag haben wir immer wieder erlebt, wie Frauen sich schlecht benehmen. Zu viele Frauen sind es gewöhnt, aus den Schatten heraus zu agieren statt durch ihr reiches, strahlendes weibliches Selbst. Ich glaube, dieses schlechte Betragen ist nach jahrhundertelanger patriarchalischer Macht zur Gewohnheit geworden, doch Frauen brauchen sich heute keiner Tricks mehr zu bedienen, um zu bekommen, was sie sich wünschen. Diese Macht ruht in ihnen selbst. Sie brauchen sich nur mit dem Sitz dieser positiven Macht in ihnen zu verbinden.

Durch eine Rückkehr zur Anmut auf individueller und kollektiver Ebene kann die neue Schwesterngemeinschaft die Gewohnheit der undurchsichtigen weiblichen Verhaltensweisen brechen. Wir haben jetzt unsere Rechte. Wir brauchen sie nur umfassend und positiv in Anspruch zu nehmen.

EIN HOCH AUF ALLE ANMUTIGEN MÜTTER

Eine anmutige Frau versteht die ungeheure Verantwortung, die auf ihren Schultern ruht, wenn sie neues Leben in die Welt bringt. Elternschaft ist die Verantwortung von beiden, Mann und Frau, aber die Frau ist die Verkörperung der weiblichen Energie, der nährenden Kraft. Der positive Ausdruck ihrer Fürsorge sichert, dass die Kinder zu positiven, ausgeglichenen Menschen heranwachsen.

Eine anmutige Mutter sorgt dafür, dass die Kinder beiderlei Geschlechts füreinander Respekt und Achtung entwickeln. Wenn man einen Jungen dazu erzieht, seine Mutter und seine Schwestern zu respektieren, entwickelt er alle Voraussetzungen, als erwachsener Mann im Verhältnis zu Frauen gut zu funktionieren.

Doch die Erziehung von Kindern zu anmutigen, respektvollen Erwachsenen ist leichter gesagt als getan. Es ist besonders schwer für alleinerziehende Frauen, von den Kindern Respekt zu verlangen, aber die anmutige Mutter geht mit gutem Beispiel voran. Eine anmutige Mutter achtet ihre weibliche Energie und sorgt dadurch gleichzeitig dafür, dass ihre Kinder den weiblichen Aspekt als kostbar und achtenswert empfinden.

Eine anmutige Mutter bezieht sich falls nötig auch auf ihre maskulinen Eigenschaften, um sicherzustellen, dass ihre Söhne das Weibliche in ihr und allen anderen Frauen, die ihnen begegnen, achten. Als anmutige Mutter kann sie bewusst auch maskuline Energie einsetzen, ohne dabei die weibliche Essenz aufzugeben. Dadurch wirkt sie auch als Rollenvorbild für ihre Töchter, dass Frauen Respekt verdienen und falls nötig auch sehr stark sein können.

Eine anmutige Frau verlangt Respekt und Achtung. Mit diesem Anspruch werden auch die Kinder sich verändern. Das Kind einer Mutter, die respektiert und geachtet wird, kann nur respektvoll und achtenswert sein. Dieses Kind sieht die Welt mit Selbstvertrauen und verhält sich mit ebensolcher Sicherheit. Alles hat seinen Platz, auch wenn es nicht perfekt ist.

Eine anmutige Mutter missachtet das Weibliche nicht, indem sie sich manipulativ oder betrügerisch verhält, denn dies kann der weiblichen Essenz auf eine Weise schaden, die nicht wiedergutzumachen ist. Diese Art schlechtes Benehmen lernt man stets zu Hause. Kinder sind sehr empfänglich für das, was sie zu Hause erleben. Kinder tun nicht, was man ihnen *sagt*, sondern was man ihnen *vormacht*.

Daher demonstriert eine anmutige Mutter durch ihr eigenes Verhalten, wie man sich benimmt. Sie muss gleichzeitig der achtenswerte Mann und die moralische Frau sein. Anmutige Mütter wissen, dass sie in erster Linie Frauen sind und erst dann maskulin. Tag für Tag demonstrieren sie ihren Kindern die Macht der weiblichen Energie, die in jedem einzelnen Menschen ruht. Daher erkennen und fühlen die Kinder diese weibliche Essenz in sich selbst.

Eine Frau von Anmut erzieht ihre Söhne so, dass sie das wahre Weibliche, und ihre Töchter so, dass sie das wahre Männliche achten können. Mit dieser neuen Erziehungsweise können wir Leid und Schmerz ausmerzen und dem Frieden und der Harmonie in der Familie der Zukunft freudig entgegensehen.

EINE GESELLSCHAFT IST SO WIE IHRE FRAUEN

Wenn eine Frau mit einer gesunden weiblichen Energie handelt, die in Harmonie mit ihrer inneren Männlichkeit ist, ist sie mit sich im Reinen und im Zustand der Empfänglichkeit. In einem aktiven Zustand zieht sie alles zu sich, was sie zu einem Leben im Gleichgewicht braucht. Diese Frau wird beschützt werden, denn sie ist beschützend. Sie wird von dem Partner, den sie anzieht, geachtet und respektiert, und seine Energie ist mit ihrer im Gleichgewicht. Diese harmonische Vereinigung erzeugt eine

Kettenreaktion von Anmut, die sich durch Generationen fortsetzen wird.

Da Frauen, die sich im Einklang mit ihrer weiblichen Energie befinden, nährend sind, nähren sie im weiteren Sinne auch die Gesellschaft. Die weibliche Weisheit ist als Gegengewicht zur Maskulinität fundamental. Das Wohlergehen einer jeden Gesellschaft ist abhängig vom Wohlergehen ihrer Frauen. Wo Frauen entmachtet sind, gerät die Gesellschaft aus dem Gleichgewicht und wird oft von Gewalt regiert. Frauen müssen ihre Weiblicheit annehmen – für ihre eigene Gesundheit, für die Gesundheit ihrer Kinder und für die Gesundheit der Gesellschaft.

KAPITEL 21
Der neue Weg

SIE SAGT: »DER BESCHREIBUNG NACH MÜSSEN WIR HIER LINKS ABBIEGEN.«
ER SAGT: »ABER WIR SIND DOCH SCHON DA!«

Wie oft sind Sie nach Hause gefahren, ohne anschließend die geringste Ahnung zu haben, wie Sie dort angelangt sind? Sie fuhren einfach mit Autopilot. Vielleicht ist Ihr ganzes Leben so: wie in einem Trancezustand. Wissen Sie was? Es ist Zeit aufzuwachen. Ihr Wecker klingelt. Was Sie da hören, ist der Alarmruf für Männer und Frauen, vor dem Krokodil wegzurennen. Ich mache mir wirklich Sorgen, was aus unseren Beziehungen, ja, aus der Welt wird, wenn dieses gefährliche Reptil sich weiter anschleicht. Das Raubtier entspricht in diesem Fall der Gefahr, vor der wir wirklich stehen – der Gefahr, das Selbst zu verlieren, die Hoffnung, die Liebe und unser Erbe.

Sicherlich wollen wir alle, dass man sich an uns positiv erinnert. Jede Generation trägt etwas Dauerhaftes, etwas Unauslöschliches zum Netzwerk der Geschichte bei, aber was für Rollenvorbilder bieten wir den kommenden Generationen? Was glauben wir, wie unsere Abkömmlinge Beziehungen herstellen sollen, wenn wir offenbar nicht mehr von Angesicht zu Angesicht über unser Leben reden können?

Junge Menschen leben immer mehr in einer virtuellen Welt –

nun, eigentlich wir alle. Wir konstruieren uns ein wohldurchdachtes Leben im Netz, wo wir Hunderte von Freunden haben, von denen wir vielen noch nie begegnet sind oder die wir kaum jemals treffen. Ich glaube, wir alle haben es uns in dieser virtuellen Realität und im Kopf so bequem gemacht, dass wir vergessen, dass es eine körperliche Realität mit echten Menschen gibt, die wir tatsächlich sehen und hören und berühren und mit denen wir lachen können. Mit echten Menschen können wir zusammenleben und Spaß haben. Wir können uns auf sie verlassen, und sie können sich in guten wie in schlechten Zeiten auf uns verlassen.

Menschen war es nie bestimmt, als isolierte Individuen zu leben, die nur über einen Bildschirm und Mausklicks miteinander verbunden sind. Erst unsere Bindung an andere macht uns vollständig. Nur dies verleiht unserem Leben Sinn. Erst wenn wir uns mit der Familie, mit Freunden und Kollegen treffen und besonders wenn wir Zeit mit dem Intimpartner verbringen, werden wir lebendig. Wir haben Spaß. Wir lernen und reifen. Wir lachen und weinen. Wir befinden uns nicht länger in einem Trancezustand oder auf Autopilot und überwinden die verzweifelte Einsamkeit, die oft dicht unter der Oberfläche lauert.

Die gute Nachricht lautet, dass wir nicht länger in stummer Verzweiflung leben müssen. Es besteht Hoffnung. Man kann sein Leben auf andere, tiefere Weise leben. Man braucht sich nur zu entscheiden, die Verantwortung für sich selbst zu übernehmen. Alte Verhaltensmuster sind nur schwer zu brechen, aber es ist durchaus möglich. Warum machen Sie nicht eine genaue innere Bestandsaufnahme, wo Sie gerade stehen, und überlegen, was Sie daran gerne ändern würden?

Wissen ist Macht. Durch das Lesen meiner Fallstudien wissen Sie nun viel mehr über Ihre inneren Motive hinsichtlich Polarität und Anziehung und über diejenigen der Menschen in Ihrer Umgebung. Mit diesem neuen Wissen haben Sie allen Grund zur Hoffnung. Sie haben ein paar neue Methoden und Strategien gelernt, um Ihr inneres Yin-Yang auszugleichen. Und wenn Sie im

Umgang mit anderen ein neues Verhalten ausprobieren, erkennen Sie, dass diese Ideen tatsächlich funktionieren. Sie werden zu mehr inneren Frieden finden und empfänglicher werden, den richtigen Intimpartner anzuziehen, mit dem Sie ihr Leben teilen wollen.

Sie wissen nun, welche Archetypen Sie meiden sollten, und können sich für einen Arbeitsplatz oder eine Karriere entscheiden, wo nicht viel Drama und Stress herrschen. Sie können offen sein, um neue Aktivitäten auszuprobieren, die Ihnen Spaß machen, statt am Rand des Geschehens sitzen zu bleiben und wieder einmal einen Samstagabend damit zu verbringen, im Internet zu surfen. Sobald Sie sich auf die Welt einlassen und Dinge tun, die Sie erfüllen und herausfordern, ziehen Sie auch Freunde und Gruppen an, die Ihnen helfen, auf dem neu gewählten Weg weiterzugehen. Warum wollen Sie weiter durchs Leben schlafwandeln? Jede Reise beginnt mit einem einzigen Schritt. Raffen Sie sich auf, sich diesen Schritt vorzustellen und mutig voranzugehen.

Ob Männern oder Frauen, dieser Alarmruf gilt uns allen. Wir müssen dazu nur unseren weiblichen Mut einsetzen, um die gewünschten Veränderungen zu bestimmen und mit unserer männlichen Tapferkeit anzustreben! Diese neue Denkweise ermöglicht uns, zu der anmutigen Frau oder dem heldenhaften Mann zu werden, die beide in uns angelegt sind. Nutzen Sie Ihren inneren Mut und die äußere Tapferkeit, um zum Mittler für Veränderungen und Rollenvorbild für die nächste Generation zu werden.

Es wird ein sehr wertvolles Erbe sein, das Sie weitergeben. Stellen Sie sich vor, wie in zwanzig Jahren unsere Kinder sagen können, dass wir die Generation waren, die sich befreite und einen Weg zurück zu persönlichen Beziehungen fand, die tatsächlich funktionieren und dauerhaft sind! Dass wir dafür sorgten, dass die Menschen sich wieder geliebt und erfüllt fühlten und dass niemand sich nach den alten Zeiten sehnt.

Ich glaube, dieser neue Weg des Seins kann der aufregendste Prozess sein, an dem wir uns jemals beteiligen werden. Die Männer haben die Chance, zu den besten Männern zu werden, die die Geschichte je gekannt hat. Sie haben Kontakt zu ihrer weiblichen Seite, bewahren aber eine gesunde männliche Essenz in sich. Jeder Mann hat die einzigartige Gelegenheit, sich mit Frauen in gegenseitigem Respekt zu verbinden und eine passende, liebevolle Partnerin zu finden, der sie vertrauen können.

Die Frauen haben bei ihrem Kampf um Gleichberechtigung viel Wahlfreiheit erreicht, und in Wirklichkeit hat das auch für die Männer Vorteile gebracht. Die Befreiung der Frau hat gleichzeitig auch den Mann erlöst. Wir alle sind jetzt frei, ohne Angst oder Scham beide Seiten unserer inneren Struktur zu zeigen. Maskulin und Feminin, Yin und Yang, wir sind gleich, aber unterschiedlich und unauflöslich aneinander gebunden.

Die Zeit ist nun für Frauen gekommen, diese Gleichheit voll und ganz anzunehmen. Die Frauen hatten noch nie eine solche Chance, ihre maskuline Essenz auch in der Außenwelt einzusetzen. Solange sie dabei ihrer weiblichen Essenz einen wichtigen Platz einräumen, haben Frauen die beste aller Welten. Wenn wir die Gleichheit in vollem Umfang annehmen, bedeutet dies, dass wir sie eine Stufe weiterentwickeln und integrieren. Sobald die Integration dieser Gleichheit heranreift und sich in der kollektiven Psyche der Frau eingebettet hat, werden wir nicht länger fragen müssen, wer wir sind.

Dieser Prozess steckt aber noch in den Kinderschuhen. Um ihn zu festigen, tragen Frauen, in größeren Zusammenhängen betrachtet, nun die Verantwortung nicht nur für sich selbst, sondern auch füreinander, diese Herausforderung voll und ganz und mit all ihrer inneren Anmut anzunehmen. Es ist ganz klar, dass Frauen heute Gelegenheit haben wie nie zuvor, zu den großartigen Wesen zu werden, die sie immer schon waren. Wir können heute ändern, wie wir übereinander denken, wie wir einander als Frauen behandeln und wie wir mit Männern umgehen. Wenn wir einander umarmen, statt uns stets rivalisierend und konfrontierend zu verhalten, wird das Leben umso viel besser. Alle Frauen finden dann den richtigen Partner, jemanden, der sie liebt und durch dick und dünn begleitet.

Ja, die Zeit für Entschuldigungen ist vorbei. Die Trance löst sich auf. Wir haben die Alarmsignale gehört und sind zur Tat bereit. Der neue Weg ist recht einfach. Im Idealzustand sieht es so aus: Wir sind gleichberechtigt. Wir haben die richtige innere Ausgewogenheit. Unsere Polarität ist gesund ausgerichtet, und wir ziehen den passenden Partner sowie loyale Freunde an, die zu unserem neuen Leben passen. Wir unterstützen einander und schreiten voran als voll integrierte, gänzlich gleichberechtigte, glückliche, friedfertige Menschen – als anmutige Frauen und heldenhafte Männer.

Bibliografie

Atkinson, William Walker. *Kybalion – Die 7 hermetischen Gesetze: Das Original.* Aurinia Verlag 2011

Bailey, Alice A. *Glamour: A World Problem.* New York: Lucis, 1978

Berg, Yehuda. *Die Macht der Kabbalah. Von den Geheimnissen des Universums und der Bedeutung unserer Leben.* München 2003

Cross, Robin, und Rosalind Miles. *Warrior Women: 3000 Years of Courage and Wisdom.* London: Quercus, 2011

Haanel, Charles. *The Master Key System. Der Universalschlüssel zu einem erfolgreichen Leben.* München 2012

Johnson, Robert A. *She.* New York: Harper & Row, 1976

Jung, Emma. *Animus and Anima.* 1996

MacDonald-Bayne, Murdo. «Lecture Notes, 1948–49." In *Life Everlasting,* 2nd rev. ed. Christchurch, NZ: Mystica, 2008

Mares, Theun. *The Quest for Maleness.* Cape Town: Lionheart, 1999

Lao Tse. *Tao Te Ching. Das Buch vom Innehalten.* München 2011

Neville, Gregory O. *Our Emotional Links to Disease.* National Library of Australia, 1996

Salaman, Clement, Dorine van Oyen, William D. Wharton, und Jean-Pierre Mahe. *The Way of Hermes.* Rochester, VT: Inner Traditions, 2004

Danksagung

Ein kluger Mensch hat einmal gesagt, dass man allein niemals etwas Wertvolles schafft. Diese Weisheit hat sich mir beim Schreiben dieses Buches immer wieder bestätigt. Ich bezweifle, ob ich ohne die außergewöhnliche Unterstützung und die Überzeugung der Menschen in meiner Nähe diese manchmal echt schwierige Reise abgeschlossen hätte.

Harvey Weinstein, Ihnen gilt mein besonderer Dank, weil Sie an dieses Projekt geglaubt haben.

Danke, meine wunderbaren Lektoren, danke, Amanda Murray, Programmleiterin bei Weinstein Books. Ihre gelassene Haltung war für mich sehr beruhigend. Ich habe mich bei Ihnen stets sicher gefühlt. Danke, Simone Graham – wir haben eine epische Reise hinter uns! Danke für Ihr Talent, dieses Buch so lesbar zu strukturieren. Danke, Peter Guzzardi, für Ihre sanften, klugen Ratschläge, welche Richtung wir einschlagen mussten, sowie für Ihre tiefen Einsichten, die so viel klärten.

Ein Dank ergeht an meinen Agenten Bill Gladstone bei Waterstone Productions. Ihre ständige Präsenz war sehr beruhigend für mich. Danke, dass Sie an mein Projekt geglaubt haben und mich unterstützten, wenn ich mich manchmal nicht so sicher fühlte.

Ein tief empfundener Dank geht an Jan Jacobs bei Johannes Leonardo in New York für die großzügigen Beiträge zur Umschlaggestaltung. Danke, Andrea Gustafson, eine begabte Künstlerin, die freundlicherweise so viele fantastische Umschläge zur Auswahl entwarf. Ich danke Ihnen beiden aus ganzem Herzen.

Ohne meine guten Freunde hätte ich es nicht geschafft, so viel in so kurzer Zeit zu schaffen: Sophie O'Shaunnessy, eine meiner ersten Klientinnen, die zu einer wunderbaren Freundin wurde, ich danke dir, weil du immer überzeugt warst, dass dieses Buch geschrieben werden musste.

Danke, Sue Fennessy, die mich ständig drängte, weiterzuschreiben. Danke, dass du an diesen Prozess – und an mich – geglaubt hast. Dir und James danke ich, mir in New York eine Bleibe zur Verfügung gestellt zu haben. Für eure Unterstützung bin ich so dankbar.

Danke, Corrie Perkin, meine liebste Freundin, die mich bei diesem Prozess mit wunderbar professionellen Ratschlägen begleitet hat. Ich fühle mich privilegiert, eine solche Freundin zu haben, die sowohl Schriftstellerin als auch Buchhändlerin ist, danke für jedes Frühstück, das wir gemeinsam einnahmen, für alle Kaffeepausen und deine zuverlässige Freundschaft.

Ein Dank geht an meinen Freund Rob Cromb, der den wunderbaren Begriff der *Faux-Frau* prägte. Rob, deine Kenntnisse über diesen Frauentyp waren unschätzbar, und ich danke dir, dass du sie mir mitgeteilt hast.

Danke, liebste Freundin Nicky Whelan, für deinen unerschütterlichen Glauben an mein Werk und deine Großzügigkeit, mit der du mir deine persönlichen Erfahrungen mitgeteilt hast. Dein Mut, diese Reise mit mir zu beginnen, ist für einen so jungen Menschen einfach bemerkenswert.

Ein großer Dank ergeht an meinen Sohn Rob. Ich war verzweifelt auf der Suche nach Antworten für dich. Ich sah, als du älter wurdest, all das Herzeleid und die Qualen deiner Generation und war entschlossen, dazu eine Lösung zu finden. Ich danke dir, weil du meine ständige Inspiration bleibst, grundlegende Lösungen für die Probleme zu finden, die sich in heutigen Beziehungen stellen. Ich hoffe, dass wir gemeinsam weiter versuchen werden, so viel inneres Leid wie möglich zu vermeiden.

Und schließlich gilt mein immerwährender Dank meinem Mann Iggy. Liebling, ich danke dir für deinen Glauben an mich und an dieses Projekt. Du hast schon an mich geglaubt, lange bevor ich es selbst tat. Deine unerschütterliche Überzeugung half mir über die unvermeidlichen Herausforderungen hinweg. Deine kluge, maßvolle weibliche Essenz bildete für mich stets die Stimme des Verstandes. Deine männliche Tapferkeit schützte mich bei der Entwicklung dieses Konzepts vor der Welt und oft vor mir selbst. Für deine Unterstützung hierbei werde ich ewig dankbar sein.

Die Autorin

Jennifer Granger ist ein begabter und intuitiver transformationaler Coach und Autorin, die ihre Praxis vor vierzehn Jahren in Melbourne, Australien, eröffnete. Zuvor hatte sie über zwanzig Jahre lang auf vier Kontinenten in leitender Position in der Wirtschaft gearbeitet und kann mit dieser Grundlage ihr praktisches Verständnis in Verbindung mit ihrem tiefen spirituellen Bewusstsein ihren Klienten zur Verfügung stellen und ihnen helfen, ihr volles Potenzial zu entwickeln. Jennifer arbeitet als Coach mit erfolgreichen Menschen aus den unterschiedlichsten Kreisen – Künstler und Kreative, Manager und Unternehmer. Sie alle wollen einen tieferen Sinn im Leben finden und Blockaden überwinden, die vielleicht verhindern, dass sie Glück und Frieden in sich finden. Ihr weltweiter Klientenstamm reicht von Sydney bis New York, von Los Angeles bis Monaco, von Singapur bis London.

Da so viele Frauen und Männer Hilfe bei ihr suchten, um die Schwierigkeiten in ihren privaten, beruflichen und intimen Beziehungen zu verstehen, entwickelte Jennifer eine einzigartige Theorie darüber, wie Menschen aufeinander reagieren. Im Laufe der Jahre identifizierte sie immer häufiger bestimmte »Typen«, wenn ihre Klienten ihr berichteten, vor welchen Herausforderungen sie tagtäglich zu Hause und bei der Arbeit standen. Sobald Jennifer begann, Männer und Frauen präziser aufgrund gemeinsamer Charakteristika zu unterscheiden, entfaltete sich ein neues Paradigma, das hier in ihrem bahnbrechenden Buch *Die unterdrückte Weiblichkeit* vorgestellt wird.

www.jennifergranger.com